工业和信息化
高等教育“十二五”规划教材

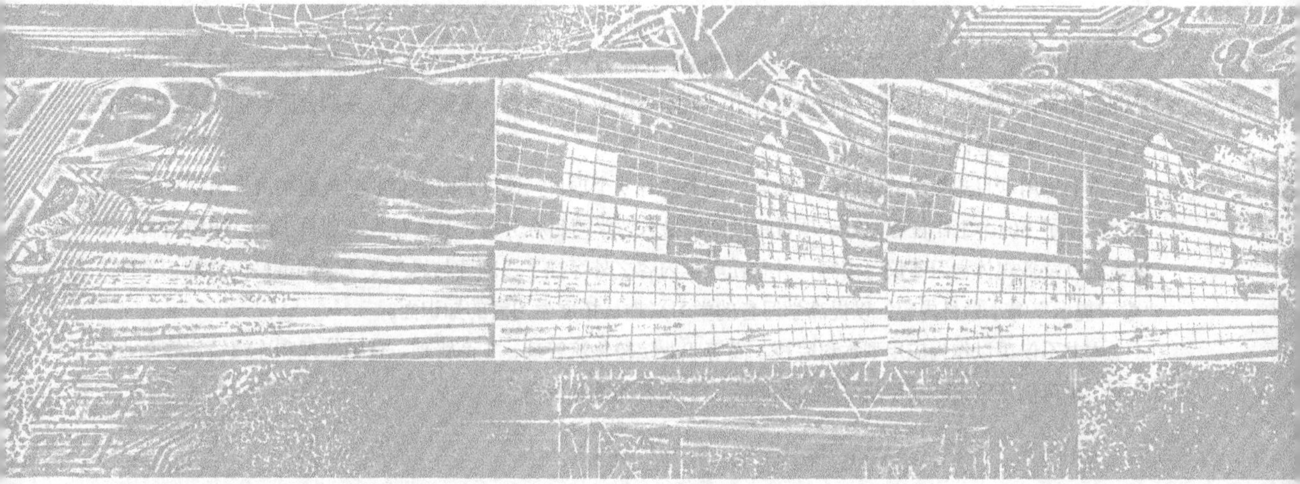

采购管理实务

Procurement Management Practice

◎ 王峰 李春富 主编 ◎ 周艳 胡昉 副主编

人民邮电出版社
北京

图书在版编目（CIP）数据

采购管理实务 / 王峰，李春富主编. -- 北京 : 人民邮电出版社，2015.10（2022.7重印）
ISBN 978-7-115-40379-7

Ⅰ. ①采… Ⅱ. ①王… ②李… Ⅲ. ①采购管理 Ⅳ. ①F253.2

中国版本图书馆CIP数据核字(2015)第210204号

内容提要

本书以培养学习者的采购管理、供应管理的职业能力为核心，详细介绍了采购管理认知、采购管理组织、采购战略与计划管理、采购价格与成本分析、采购与供应关系管理、采购谈判、采购合同管理、采购绩效评估和专项采购这些内容。

本书采用项目式教学的体例组织内容。全书共有9个项目，通过来源于企业的典型案例导出项目中的任务，共设了30个工作任务。每个项目包括案例导入、学习目标分析、具体任务、项目小结、职场指南、知识检测以及多媒体学习建议等内容，并且在教学内容之外穿插了“阅读与思考”“案例链接”“知识延伸”“学习提示”等小栏目内容，以提高学习者的学习兴趣、拓展学习者的知识面。

本书不仅可以作为应用型本科院校、高等职业院校物流管理、工商管理、营销管理和连锁经营等专业的教材，也可供从事采购与供应管理工作的广大工作者阅读和参考。

◆ 主　　编　王　峰　李春富
副 主 编　周　艳　胡　昉
责任编辑　刘　琦
执行编辑　朱海昀
责任印制　张佳莹　杨林杰

◆ 人民邮电出版社出版发行　　北京市丰台区成寿寺路11号
邮编　100164　　电子邮件　315@ptpress.com.cn
网址　http://www.ptpress.com.cn
北京天宇星印刷厂印刷

◆ 开本：787×1092　1/16
印张：14　　2015年10月第1版
字数：356千字　　2022年7月北京第9次印刷

定价：33.00元

读者服务热线：(010) 81055256　印装质量热线：(010) 81055316
反盗版热线：(010) 81055315
广告经营许可证：京东市监广登字20170147号

前 言

采购管理是物流工作高技能人才必须具备的工作技能。采购管理课程旨在培养能够从事企业采购管理岗位工作的高技能应用型人才，是物流管理专业的核心课。该课程内容以优化采购与供应为基础，使学生通过课程学习具备合理组织和管理采购活动的技能，提升供应商选择及管理水平，学会构建采购组织架构，能有效降低采购成本，能合理运用各种采购技术来保证供应质量。

本书根据物料采购工作岗位的职位需求，依据采购工作流程逻辑，以采购岗位的工作任务为载体，共设计了 9 个学习项目及 30 个工作任务。

本书的主要特点是：既能为学生提供职业技能训练的基本项目与典型任务，又能引导学生系统掌握采购管理专业知识，并适当延伸学习能力。

参与本书编写的作者都工作在高校的教学一线，大多数还与企事业单位采购或供应部门的人员保持着密切的联系，因此对采购一线的工作流程和经验教训有着较为深刻的认识。本书由广州航海学院的王峰、宁波城市职业技术学院的李春富任主编，由广州航海学院的周艳、宁波城市职业技术学院的胡昉任副主编，参与编写的还有宁波城市职业技术学院的胡志伟。具体编写分工如下：王峰负责全书结构设计、统稿，并编写了项目一、项目五、项目六；李春富编写了项目四、项目九；周艳编写了项目二、项目三；胡昉编写了项目四、项目七；胡志伟编写了项目八。

本书的参考学时为 48～60 学时，建议采用理论实践一体化教学模式，各部分的参考学时见下面的学时分配表。

学时分配表

项　目	课 程 内 容	学　时
项目一	认识采购管理	2
项目二	采购管理组织	2～3
项目三	采购战略与计划管理	6～8
项目四	采购价格与成本分析	6～7
项目五	采购与供应关系管理	8～10
项目六	采购谈判	6～7
项目七	采购合同管理	6～8
项目八	采购绩效评估	6～7
项目九	专项采购	6～8
课时总计		48～60

在本书的编写过程中，编者参考了大量的文献资料，引用了一些专家学者的研究成果，采纳了一些媒体的案例资料，在此向文献资料中的作者表示诚挚的谢意！本书配套了 PPT 课件、习题参考答案等教学资源，选书的教师可登录人民邮电出版社教育服务与资源网 www.ptpedu.com.cn 下载使用。由于编者水平和经验有限，书中难免有欠妥和错误之处，恳请广大读者批评指正。

编者

2015年6月

目 录

目 录

项目一

认识采购管理

案例导入

某公司的主要产品是小型家电，公司的产品销量这几年一直保持稳定增长，但利润却不断下滑。公司决定彻底改变这种状况，从采购环节的改造开始。公司采购部采购的物品包括电子元器件、钢材、涂料、办公用品，以及包装材料、各种设备及维修用的零部件。目前采购部门所有的订单都是手工完成的，公司虽然有采购系统，但计算机只是用于处理文字和打印发票。对采购员的考核标准主要是所采购的原材料价格的高低，以致采购员总是想方设法让供应商给予折扣。上星期的检查发现，公司的原料仓库存储了可供使用 6 个月的瓦楞包装材料、可供使用 10 个月的涂料和 4 个月的木材。但是在元器件基本产品的采购上，生产线却因为断料而停工。不能按计划生产，生产计划被全部打乱，进一步导致营销系统不能按客户订单要求及时出货，并遭到客户的连续投诉。车间、生产催料，营销系统催货，客户投诉，整个公司乱成一锅粥。

李经理刚刚被任命为采购供应负责人，原以为只要按照要求买进原材料和产品配件就可以了，可让李经理没想到的是，采购管理远不止“买东西”那么简单……

思考与讨论：

（1）从案例中能看出的采购管理的工作内容有哪些？

（2）采购在企业管理中主要发挥什么作用？

学习目标

知识目标

（1）理解采购与采购管理的含义，以及采购的重要性；

（2）熟悉采购管理的任务与目标；

（3）掌握采购种类和采购过程的内涵。

能力目标

（1）明确区分采购与采购管理的不同之处；

（2）正确区分采购的不同方式；

（3）明晰采购管理的基本要求。

素质目标

（1）具备持续的学习能力；

（2）树立良好的现代采购管理理念。

任务一　理解采购与采购管理

一、理解采购管理

1. 认识采购

采购活动古已有之，它是伴随着人类基本经济活动而产生的，是社会分工的结果。一般来说，采购是由需求引起的，每个组织、每个家庭、每个人都有采购需求。

正如导入案例所提示，采购不同于简单的购买。随着时代的发展，尤其是为适应企业管理的现代化要求，采购已经由单纯的买卖和交换行为发展成一种专门职能、一个职业领域，同时也是一门学科。

（1）采购的含义

当今，我们所说的采购（Purchasing）既指为完成某项采购任务而进行的具体操作活动，即狭义的采购，也指围绕采购与供应管理的系列活动（采购是企业经营管理的一个关键职能），即广义的采购。

狭义的采购，是指以购买的方式，由买方支付对等的代价，向卖方换取物品的行为过程。具体而言，就是指企业为获取所需商品，对获取对象的渠道、方式、质量、价格、时机等进行择优选择，并把货币转化为商品的交易过程。企业采购，在采购的质量、数量、价格、交货的条件等方面都有更高的要求，因而，企业的采购活动比起个人生活中的采购活动要复杂得多。成功的商品采购，需要企业既要了解市场的行情，掌握商品采购的渠道，还要懂得对商品价格进行比价、议价以及成本分析；熟悉所需购买商品的主要特性、质量标准及相关常识，如商品应符合哪些规格标准或认证等。

基于这种理解，我们把采购定义为：企业根据需求提出采购计划和审核计划，选好供应商，经过商务谈判确定价格、交货及相关条件，最终签订合同并按要求收货付款的过程。

广义的采购，是指企业或者个人为了满足某种特定需求，以购买、租赁、借贷、交换等各种途径，取得商品及劳务的使用权或者所有权的活动过程。这里有两层含义：一是指企业除了购买商品之外，还要和供应商建立合作关系，从而适应供应链管理的需要；二是指除了购买商品之外，企业还可以通过其他方式或途径获得所需物品或服务，来满足企业生产经营所需，常见途径有如下几种。

① 租赁，即一方以支付租金的方式取得他人物品的使用权。

② 借贷，即一方以无须支付任何代价的方式取得他人物品的使用权，使用完毕后返还原物品。这种无偿借用他人物品的方式，通常是基于借贷双方的情谊与密切关系，特别是借方的信用。

③ 交换，即以物易物的方式，取得物品的所有权及使用权，无须支付货款。具体地说，双方交换价值相等时，不需要以金钱补偿对方；当交换价值不等时，仅由一方补足差额给对方。

对企业而言，采购就其功能来讲并不单单是采购员或采购部门的事，而是企业整体供应链的重要组成部分，是集体或团队的工作。同时，采购也是物流的重要组成部分。一般意义上讲，我们所说的采购都是指广义采购。

（2）对采购的理解

我们可以从较深的层面通过以下几个方面来理解采购。

① 采购是从资源市场上获取资源的过程。采购的意义就在于提供生产和生活所需要的而自己又缺乏的资源，这是采购的基本职能之一。采购的范围既包括生活资料也包括生产资料，从另一个角度来说，既包括物质资料（如原材料、设备和工具等），也包括非物质资料（如信息、技术和软件等）。企业从资源市场上获取这些资源都是通过采购的方式进行的。

② 采购是商流过程与物流过程的统一。采购就是将资源从占有方转移到需求方的过程。这个过程既是所有权转移的过程（即资源所有权从供应者手中转移到需求者手中），也是实体的转移过程（即物质实体从供应者手中转移到需求者手中）。前者是商流过程，主要通过商品交易、等价交换来实现；后者是物流过程，主要是通过运输、存储、包装、流通加工、配送等手段来实现。采购是这两个过程的完整结合，只有这两个方面都实现了，采购过程才算完成了。

③ 采购是一种经济活动。采购是企业活动的重要组成部分。采购活动一方面要获取资源，保证企业的正常经营与生产，实现采购的效益；另一方面，采购过程会发生各种费用，存在采购成本。采购就是要以最少的成本去获取最大的效益。

（3）相关概念

购买（Buy）：指简单的买卖行为，是使用货币换取商品的交易过程。和购买相比，英文单词 Purchasing 所指的采购概念更为专业，含义更为广泛，包括购买、储运、运输、接收、检验及废料处理等。

Procurement 所指的采购含义是采办、获取、获得、征收、征购，是实现资源获取、整合与更好地获得资源的意思。很多时候，我们把 Procurement 和 Purchasing 等同使用。相对而言，Procurement 比较传统，也更官方化。例如，政府的采购叫 Procurement，政府采购部门叫 Department of Procurement，大学的采购部门也多用 Procurement。

供应（Supply）：是指在生产经营过程中，企业不间断地以新的物品补充生产经营过程的消耗。供应过程包括采购、存储、供料等环节，涉及商流、物流、信息流和资金流。

采购与供应是两个相辅相成的概念，只有存在采购，表明存在需求，供应才显得有意义；如果没有供应，采购人员也无法采购到物品。

订购（Order）：是指采购中下订单的过程。

资源、供应源开发（Sourcing）：一般适用于制造企业，其要求企业去找到最好的资源，然后将找到的货源和资源组合在一起来更好地加以利用，它侧重于物料和供应商的开发。

（4）采购管理

采购管理是指为维护企业利益、实现企业目标而对企业采购工作所进行的计划、组织、协调和控制活动。采购管理要在取得商品的过程中，统筹事前的规划、事中的执行以及事后的控制，以达到维持正常的企业经营活动，降低产销成本的目的。从职能上看，采购管理主要实现的是，调动整个企业的资源，满足企业的物资供应，确保企业经营战略的实现。

（5）采购与采购管理的比较

① 内涵不同。采购是按订单规定指标，在资源市场完成采购任务，是一种具体的业务活动。而采购管理是对这个企业的采购活动进行计划、组织、指挥、协调和控制，是管理活动。

② 参加人员不同。采购通常只由采购人员承担，只涉及采购人员个人。而采购管理不但面向企业全体采购人员，而且也面向企业其他人员（进行有关采购的协调配合工作，一般由企业的采购科（部、处）长或供应科（部、处）长或企业副总来承担）。

③ 任务权限不同。采购就是采购人员完成采购经理布置的具体采购任务，采购人员的权力和资源仅限于部门经理分配的权利和有限资源。而采购管理则要面向全企业或整个组织，要保证其物资供应，实现企业利益最大化，因此采购管理人员有权力调动整个企业的资源为其服务。

当然，二者之间也有必然的联系。采购本身也涉及具体的管理工作；采购管理本身，可以直接管理到具体的采购业务的每一个步骤、每一个环节、每一个采购员。由此可见，采购与采购管理并不完全是一回事，两者有区别也有一定的联系。

2. 采购与物流、供应链、电子商务的关系

（1）采购与物流

物流的概念有一个发展演化的过程，现代物流是指以满足客户需求为目的，为提高原料、在制品、制成品以及相关信息从供应到消费的流动、储存效率与效益，而对其进行的计划、执行和控制的过程。物流所指范围包括采购、运输、仓储、配送、装卸、物流信息管理等一系列活动。我们常常把企业物流划分为三个部分，即生产物流、销售物流、采购物流。前两者分别是创造价值和实现价值，而采购物流则为前两者提供条件和保障。

如前文所述，采购中包含着商流、物流，自然也有运输、仓储、库存等环节的工作。从这个意义上讲，采购包含于物流之中，同时又与物流管理的其他环节相交叉。

（2）采购与供应链

供应链是围绕核心企业，通过对信息流、物流、资金流的控制，从采购原材料开始，制成中间产品以及最终产品，最后由销售网络把产品送到消费者手中，从而将供应商、制造商、分销商、零售商、最终用户连成一个整体的网链结构和模式。它不仅是一条连接供应商到用户的物流链、信息链、资金链，而且是一条增值链。物料在供应链上因加工、包装、运输等过程而增加其价值，给相关企业带来收益。

供应链管理是一种集成的管理思想和方法，它把不同企业集成起来以增加整个供应链的效率，注重企业之间的合作。早期供应链管理的重点放在库存管理上，作为平衡有限的生产能力和适应用户需求变化的缓冲手段而存在。它通过各种协调手段，寻求把产品迅速、可靠地送到用户手中所需要的费用与生产、库存管理费用之间的平衡点，从而确定最佳的库存投资额。现代供应链管理则把供应链上的各个企业作为一个不可分割的整体，使供应链上各企业分担的采购、生产、分销和销售的职能成为一个协调发展的有机体。由此，采购与供应管理成为供应链的中枢环节。

采购管理对供应链的具体支持体现在准时交货、提高交货可靠性、提高响应性、降低库存费用等方面。采购管理可以从创造用户价值，降低用户成本；协调制造活动，提高企业敏捷性；提供用户服务，塑造企业形象；提供信息反馈，协调供需矛盾等方面提高供应链管理水平。

（3）采购与电子商务

简单地说，电子商务是指交易双方利用互联网，按照一定的标准所进行的各类商业活动，是商务活动的电子化。

电子商务的产生使传统的采购模式发生了根本性的变革，电子商务采购应运而生。这种电子商务环境下的采购模式，通过建立电子商务交易平台，发布采购信息，或主动在网上寻找供应商、寻找产品，然后通过网上洽谈、比价、网上竞价实现网上订货，甚至网上支付货款，最后通过网下的物流过程进行货物的配送，完成整个交易过程。

在这种模式下，我们可以借助电子目录，快速找到更多的供货商；根据供应商的历史采购电子数据，可以选择最佳的货物来源；通过电子招标、电子询价比价等采购方式，形成更加有效的竞争，降低采购成本；通过电子采购流程，缩短采购周期，提高采购效率，减少采购的人工操作错误；通过供应商和供应链管理，可以减少采购的流通环节，实现端对端采购，降低采购费用；通过电子信息数据，可以了解市场行情和库存情况，科学制定采购计划和采购决策。

相对于传统的采购方式，这种采购模式有着自身独特的特点和优势，越来越多地受到重视和得到广泛应用。近年来，网络技术的进步使得传统采购向电子采购的转变成为一个趋势。在企业集中采购和政府采购领域，这种转变显得尤为突出。

阅读与思考

随着电子商务的发展，政府采购电商化的趋势越发明显。2013 年，政府采购规模稳步增长。全国政府采购金额为 16 381.1 亿元，比 2012 年增加 2 403.4 亿元，增长了 17.2%。政府采购规模占全国财政支出和 GDP 的比重分别为 11.7%和 2.9%。而在政府采购制度较发达的国家，政府采购范围几乎涵盖了全部公共机构和部门采购活动，包括货物、服务以及涉及国计民生的铁路、市政工程、电力、通信、机场和港口等公共基础设施项目；其规模通常占 GDP 的 10%～15%，占政府财政支出的 30%～50%。

早在 2010 年，京东商城就成为首家中标中央国家机关采购协议的电子商务企业。在电商企业深耕政府采购市场之时，一些地方政府陆续与众多电商展开政府采购合作。2014 年 3 月，浙江省财政厅、浙江省政府采购中心与阿里巴巴集团联合宣布，浙江省政府采购将与阿里巴巴集团旗下采购批发平台 1688 进行全面战略合作，浙江政府采购专区正式在阿里巴巴 1688 网站政府“阳光采购”平台上线亮相。同年 4 月，上海市政府采购电子集市成功对接电商平台史泰博、晨光和 1 号店。2014 年 8 月，四川省政府则宣布自 9 月 1 日起全面取消政府采购协议供货，取而代之将实行“网上竞价和商城直购”。同年，深圳市政府宣布，自 9 月 15 日起，深圳市本级各单位采购小额零星商品的，可通过京东、史泰博两家电商平台选购，享受政府采购折扣价。

二、采购管理的基本职能、任务与演变

1. 采购管理的基本职能

（1）保证供应，满足企业运营所需

采购作为生产运作的首要环节，是整体供应链管理中“上游控制”主导力量，居于源头地位。

在商品生产和交换的整体供应链中，每个企业既是顾客，又是供应商。为了满足最终顾客的需求，企业都力求以最低的成本将高质量的产品以最快的速度供应到市场，以获取最大利润。

一般来说，企业的利润是同制造及供应过程中的物流和信息流的流动速度成正比的。为了获取尽可能多的利润，企业都会想方设法加快物料和信息的流动，这样就必须依靠采购的力量，充分发挥供应商的作用，因为，大约占成本60%以上的物料以及相关的信息都发生或来自供应商。供应商提高其供应可靠性及灵活性、缩短交货周期、增加送货频率可以极大地改进企业的运营效率，如缩短生产总周期、提高生产效率、减少库存、加快资金周转、增强对市场需求的应变力等。

此外，在保证供应的基础上，产品开发"同步工程"（Concurrent Engineering）也具备了可行性。所谓产品开发"同步工程"，是指企业通过采购将供应商纳入早期开发的过程。尽早让供应商参与企业自身的产品开发，不仅可以利用供应商的专业技术优势大大地缩短产品开发时间、降低开发费用及制造成本，还可更好地满足产品功能性的需要，提高产品的竞争力。许多大公司都将供应商看作自身产品开发与生产的延伸，与供应商建立"伙伴关系"。自己不用直接投资，充分利用供应商的能力为自己开发生产产品。

越来越多的企业不仅将对供应商的利用局限于原材料和零部件领域，还将范围扩大到总成品甚至成品，甚至有些企业根本就停止自己生产，完全依靠供应商进行原厂委托制造（Original Equipment Manufacturer，OEM）。

（2）降低成本，提高企业经济效益

在全球范围内，企业的产品成本构成中，采购的原材料及零部件成本占企业总成本的比例因行业不同而异，在30%～90%之间浮动，平均水平在60%以上。在现实中，许多企业在控制成本时，将大部分时间和精力放在不到总成本40%的企业管理费用以及工资和福利上，而忽视其主体部分——采购成本。事实上，产品成本中的材料部分每年都存在着5%～20%的潜在降价空间，而采购品价格每降低一个百分点，在其他条件不变的前提下，经营资产收益率可增加数十倍甚至更多。

通过科学的采购管理和控制，降低企业采购成本，对降低企业的总成本，改善企业经营管理、提高经济效益有着极为重要的意义。企业可以以较小的采购节省，取得较大的利润提升。这种以小博大的方式被人们形象地称为采购的"利润杠杆"，具体体现在以下几个方面。

① 实际成本的节约，直接显著提高营业利润。采购成本是企业产品成本的主要组成部分。直接成本的节约可以显著提高营业利润。

② 合理的管理质量和物流，能够为实现更高的资本周转率做出贡献。

③ 产品标准化、质量成本降低和产品交货时间的缩短等间接方式对公司竞争地位的提高有很大贡献。

案例链接

假设某公司现销售额为1 000万元，为此，需购进原材料的费用为600万元，管理营销费用80万元，人工费用220万元，现销售利润为50万元，公司计划使利润翻番，如何实现？

解决方案：

（1）销量增加1倍：2×1 000−2×600−2×220−2×80−2×50=100（万元）

（2）价格提高5%：1 000×105%−600−22−80−50=100（万元）

（3）工资降低23%：1 000−600−220×（1−50÷220）−80−50=100（万元）

（4）企业管理费降低63%：1 000−600−220−80（1−50÷80）−50=100（万元）

（5）采购成本降低8.3%：1 000−600×（1−50÷600）−220−80−50=100（万元）

由以上分析可以看出，除了价格和采购外，其余各项都必须经过大幅度变动才能获得两倍的利润，实现起来非常困难。在价格和采购两项中，价格一项，由于不仅要受外部市场的制约，而且受生产能力的限制。要扩大生产能力，提高产品差异化程度，企业往往一时也很难办到。结论很明显，采购的小幅度节省就能带来明显的利润提升，良好的采购将直接增加企业的利润和价值，有利于企业在市场竞争中赢得优势。对比分析表明，以降低采购成本的方法来提高企业利润率比其他方法更为有效。因此，采购部门被越来越多的专家视为企业最后一个尚未开发的利润源。

学习提示

“在一个公司里，采购和销售是仅有的两个能够产生收入的部门，其他任何部门产生的都是管理费用。”

——杰克·韦尔奇（通用电气公司前CEO）

（3）控制库存，提高企业资金使用效率

保证企业物料供应的一个常用方法是保持大量库存。这意味着资金占用，这些资金就不能用于其他方面。库存成本在很多企业占到库存商品价值的20%～50%。如果通过科学的采购管理减少资金占用、降低库存成本、提高资金使用效率，一方面可以使净利润上升，另一方面又能够降低总资产。如此，企业的资产收益率会大大提高。

资产收益率＝净利润÷总资产＝（净利润÷销售收入）×（销售收入÷总资产）

上述公式右边第一个括号里的内容为利润率，第二个括号里面的内容为总资产周转率（投资周转率），这样，资产收益率就可以表示为企业的利润率和总资产周转率的乘积的形式。即：

资产收益率＝净利润×总资产周转率

案例链接

某公司总资产为100万元，其中存货占总资产的40%，销售额为150万元，总成本为140万元，采购成本占销售额的50%，问企业的资产收益率是多少？假设采购部门能够降低采购成本10%，存货资产总额也减少10%，那么企业资产收益率变为多少？

问题一解析：

总资产周转率为：150万÷100万=1.5;

利润率为：（150万-140万）÷150万≈6.7%;

资产收益率为：1.5×6.7%≈10%

问题二解析（当采购成本降低10%后，利润变更为10万+75万×10%=17.5万；总资产变更为100万-40万×10%=96万）：

总资产周转率为：150万÷96万≈1.56

利润率为：17.5÷150万≈11.7%;

资产收益率为：1.56×11.7%≈18.3%;

由以上解析可以看出，采购与供应领域的小幅度下降可以使利润增长70%以上。另外，库存下降减少了公司资产的基数，使资产周转率相应提高。资产收益率从原来的10%增长到18.3%，提高了80%。这就是采购的杠杆作用在企业资金效率上的体现。

（4）保证质量，提高企业竞争力

首先，产品价值的60%是经过采购由供应商提供的，毫无疑问，产品“生命”的60%应在来货质量控制中得到确保，也就是说企业产品质量不仅要在企业内部控制好，更要在供应商的质量管理过程中进行把关。供应商上游质量控制得好，不仅可以为下游质量控制打好基础，同时可以降低质量成本，减少企业来货检验费（降低检验频次甚至免检）等。经验表明，一个企业要是能将1/4～1/3的质量管理精力花在供应商的质量管理上，那么企业自身的质量水平至少可以提高50%。

其次，采购部门能够保证企业在恰当的时间和地点获得需要的产品和服务，从而保证企业可以及时提供满足客户需要的产品，维系和提高客户满意度。

最后，采购部门的行动还会直接影响到公共关系和企业形象。采购部门的行为为企业带来了良好的形象，就会和供应商建立良好的关系，带来企业持续成本节减，增强企业的竞争力。

知识延伸

迈克尔·波特的价值链理论认为，一个企业的竞争优势归根结底取决于其供应链能够为顾客创造的价值，为此进行的活动分为基本活动和支持性活动，这些构成了企业的价值链。波特认为：每一个企业都是用来进行设计、生产、营销、交货以及对产品起辅助作用的各种活动的集合。企业竞争优势来源于在设计、生产、销售、交货和维护产品等过程中所进行的许多分立活动。这些活动都对企业的相对成本地位的提高有所贡献。企业正是通过比竞争对手更廉价或更出色地开展这些战略上相关的活动来赢得竞争优势的。

我们可以通过图1-1来了解波特的价值链理论。

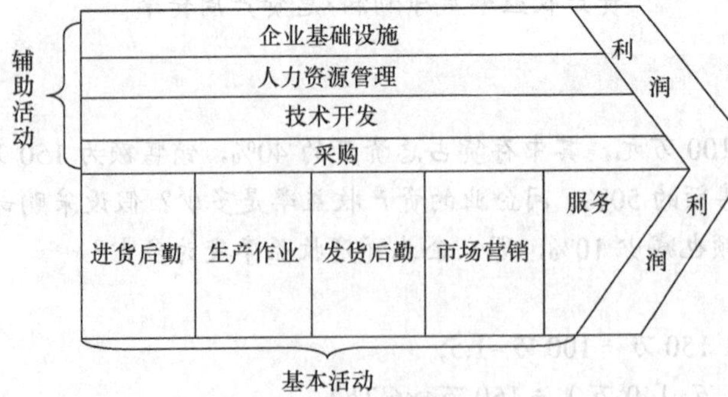

图1-1　波特价值链理论

2. 采购管理的任务

（1）基本原则

不论采购主体、采购对象如何，所有的采购都应该遵循以下基本原则。

① 遵守相关法律法规。对于一个国家内部的采购，首先应该遵循的就是所在国的相关法律法规，主要服从所在国的物资调拨和控制计划，服从运输管理规定等。国际采购要符合国际贸易规则等。

② 遵循市场规则。采购是一种经济活动，应该追求经济效益，遵循价值规律，注意“效益、择优、信用”。

③ 遵守本团体的规章制度，维护公共利益。每个企业、团体都有维护自身利益的规章制度，采购时应该自觉遵守。这些规章制度在采购方面表现为：“采购作业规范”“采购规定”“采购流程”等。

（2）“5R”原则

采购领域普遍认为，应用“5R”原则指导企业采购活动，能够保证物料供应的有效性，确保企业经营战略的实现。所谓“5R”，即在确保适当质量下，能够以适当的价格，在适当的时期，从适当的供应商那里采购到适当数量的物品和服务。也就是适质、适时、适价、适地、适量。

① 适质（Right Quality）。不重视品质的企业在今天激烈的市场竞争环境中根本无法立足，为此，优秀的采购人员不仅要做一个精明的商人，同时也要在一定程度上扮演管理人员的角色，在日常的采购活动中要安排部分时间去推动供应商改善、稳定物品品质。采购物品的质量应该适当，一般以“匹配”为标准。对于生产企业，即通过价值分析，使各种物品的质量与性质相当。物品的品质不能低于标准，否则不能保证质量。采购了质量较差的物品会增加额外成本甚至使企业蒙受损失。但是物品的品质也不能高于标准太多，高标准的物品往往要付出更多采购成本，会造成浪费。

② 适时（Right Time）。采购时机不可过早也不能延迟。不同采购模式的时间要求不同，一般采购时的选择依据是仓库管理的订货时点控制、连锁企业的销售时点控制、生产企业的MRP管理等。此外，对季节和市场的波动因素的把握也是选择采购时机时需要考虑的重要因素。通俗地讲，企业已安排好生产计划，若原材料未能如期到达，往往会引起企业内部混乱，即产生停工待料，当产品不能按计划出货时，会引起客户强烈不满。若原材料提前太多时间买回来放在仓库里等待生产，又会造成库存过多，大量积压采购资金，这是企业应尽力避免出现的事情。故采购人员要扮演协调者与监督者的角色，去促使供应商按预定时间交货。

③ 适价（Right Price）。价格永远是采购活动中的敏感焦点。企业在采购中最关心的要点之一就是采购能节省多少采购资金，因此，采购人员与供应商“讨价还价”成为一个常见现象。物品的价格与该物品的种类、是否为长期购买、是否为大量购买及市场供求关系，以及采购人员对该物品的市场状况熟悉程度等，都会在讨价还价中有所体现。一般来说，对采购人员的基本要求是，保证同等品质情况下，不高于同类物资的价格。当然，在供应链管理下的采购需要考虑的因素会更多。一个合适的价格往往要经过以下几个环节的努力才能获得。

第一，多渠道获得报价。这不仅要求现有渠道供应商报价，还应该要求其他供应商报价。企业与某些现有供应商的合作可能已达数年之久，但它们的报价未必优惠。获得多渠道报价后，企业就可对该物品的市场价格有一个大体的了解，并进行比较。

第二，比价。为此需要建立比较标准，分析供应商提供材料的性能、规格、品质等。由于供应商的报价单中包含的条件往往不同，故采购人员必须将不同供应商报价中的条件转化为一致标准之后再进行比较，只有这样才能得到真实可信的比较结果。

第三，议价。经过比价环节后，筛选出价格最适当的几个报价。随着进一步的深入沟通，企业不仅可以将详细的采购要求传达给供应商，而且可进一步议价，最后双方议定出一个大家都能接受的价格。

第四，定价。经过上述三个环节后，买卖双方均可接受的价格便被作为日后的正式采购价，一般需要保持两三个供应商的报价。这两三个供应商的价格可能相同，也可能不同。

④ 适量（Right Quantity）。采购数量涉及生产计划的执行和库存控制。批量采购虽有可能获得数量折扣，但会积压采购资金；采购量太少又不能满足生产需要，故采购数量的确定必须经过严格测算。一般按经济订购量采购，采购人员不仅要监督供应商准时交货，还要强调按订单数量交货。

⑤ 适地（Right Supplier，即合适的供应商，也可以理解为 Right Place）。一批适合于企业需要的供应商是企业的宝贵资源。供应商适时、适地为企业提供物质供应，保证企业生产和流通的顺利进行，是企业最大的需要。“天时不如地利”，企业往往容易在与距离较近的供应商的合作中取得主动权，企业在选择试点供应商时最好选择近距离供应商来实施。近距离供货不仅使得买卖双方沟通更为方便、处理事务更快捷，也可降低采购物流成本。

越来越多的企业甚至在创办之初就考虑到选择供应商的“群聚效应”，即在周边地区能否找到企业所需的大部分供应商，这对于企业长期的发展有着不可估量的作用。

3. 采购管理的演变

尽管采购行为古已有之，历史悠久，但是直到 20 世纪中叶以后，人们才真正重视采购管理，逐步把采购管理的战略重心放在采购过程、供需关系、供应绩效、系统效益上。其大体经历了以下 5 个阶段。

（1）以采购产品为中心的采购阶段

这一阶段企业强调对具体产品的采购。其注重“5R”原则，只强调对具体产品的采购及其结果的重要性，采购职能未能以战略为指导，主要对采购的需求做出反应，属于被动适应的阶段。这个阶段的特征是：大量时间用于日常事务工作，信息交互不畅，供应商选择主要根据价格高低和产品的获取方便程度。

（2）以运作过程为中心的采购

在这一阶段企业开始关注采购的过程管理，采纳了新的采购技术和方式，但其战略方向仍未与企业的整体竞争战略接轨，是一个相对独立的阶段，这个阶段的特征是：以降低成本和提高效率来衡量绩效；加强对采购的技术培训；企业高层开始认识到采购专业化的重要性并意识到采购中有许多创造利润的机会。

（3）以采购关系为中心的采购

在这一阶段企业已经充分认识到了供需关系的重要性，加入了供应商关系管理。采购战略开始对企业整体战略起支撑作用。这个阶段的特征是：采购计划与销售计划同步；供应商被看成是一种资源，强调其能力、经验、态度；市场产品和供应商的动向时刻被关注和分析。

（4）以采购绩效为中心的采购

这一阶段企业强调最佳产品管理方法。企业采用综合管理的方法论来处理关系、运作和结果，认为采购绩效是多目标的，采购的战略应与企业整体战略相一致。这个阶段的特征是：对采购人员进行交叉功能的培训；各职能部门间的信息交流通畅；采购的战略是竞争战略；采购的绩效是以对企业的贡献来衡量。

（5）以供应链管理为中心的采购

供应链管理在这一阶段成为热门，采购的权力下放但同时又能得到集中控制，企业着力于大幅度降低采购成本和供应链管理成本。这个阶段的特征是：多种新型采购模式得以应用，信息化程度和效率明显提高，采购呈现出杠杠效应，资源组织全球化。

知识延伸

PMI（Purchasing Managers' Index）指数，中文含义为采购经理指数，是一套通过对采购经理的月度调查汇总，月度发布的、综合性的经济监测指标体系，分为制造业 PMI、服务业 PMI、建筑业 PMI 等。PMI 反映了经济的变化趋势，一般以 50 为荣枯分水线。大于 50 时，说明经济在发展，小于 50 时，说明经济在衰退。PMI 体系无论对于政府部门、金融机构、投资公司，还是企业来说，在经济预测和商业分析方面都有重要的意义。

建议大家进一步了解 PMI 的计算方法，弄清楚这一指数对采购管理的参考价值。

任务二 明确采购管理的内容和采购方式

一、采购管理的内容

采购管理的工作领域基本包含三个方面：一是与采购需求有关的企业内部管理；二是企业外部的市场和供应商管理；三是采购过程本身的管理。

具体包括物料质量管理、采购成本管理、库存控制、供应商管理和采购信息管理五个方面。

1. 物料质量管理

产品质量依赖于构成产品物料的质量。物料质量控制应将重点放在供应商的质量控制过程中，即“上游质量控制”。供应商上游质量控制得好，不仅可以为产品质量控制打好基础，同时可以降低质量成本。经验表明，采购方将 30%的质量管理精力花在供应商的质量控制上，采购方自身产品的质量可以提高 50%以上。可见，将采购质量控制延伸到供应商环节，是提高企业自身质量水平的基本保证。

2. 采购成本管理

采购成本管理是为了尽可能地降低采购成本，这就需要采购企业进行科学的采购规划，通过成本分析，找出降低成本的可行办法。

3. 库存控制

采购库存控制是对采购实效的控制，库存控制的目的是尽量以最小的资金占用保证生产的正常进行。在企业里，往往是生产部门要求仓库不要缺料，财务部门要求库存最低，采购部门希望大量购买和生产以降低价格，即各部门对库存控制有不同的要求。有效的库存控制需要平衡互相矛盾的库存控制目标，实现企业资产收益率的最大化。

4. 供应商管理

采购部门的重要职责之一就是供应商管理，即选择、评审、管理供应商，建立供应商档案。供应商的选择是确保商品品质和服务最重要的措施之一，正确选择供应商，才能在最恰当的价格下，得到恰当品质和数量的产品和良好的服务。一般来说，这方面职责的具体工作由采购人员来完成，采购部门执行这一职责时，必须要具备一定的经验和专业技能。

5. 采购信息管理

采购信息是指采购部门需要了解的货源、价格、交货期、供应商状况和运输等方面的知识。获取并利用充分、及时的采购信息是做好采购管理的基础。从采购信息的内容来看，一般来说，采购信息主要包括物料信息、市场信息和供应商信息等。采购信息是企业控制采购物料价格的关键因素。

高效的采购信息管理可为采购政策的制定提供依据，同时帮助采购方获取更大的利润空间。

二、采购方式的类型

根据不同的划分标准，我们可以对采购进行不同的分类，进而针对不同的类别，实施不同的采购策略。

1. 按采购主体分类

根据采购主体不同，我们可以把采购分为企业采购、政府采购、军队采购及其他社会团体采购。其中，企业采购是采购的主体，占了全社会采购总额的绝大部分。

政府采购是指各级国家机关、事业单位和团体组织，使用财政性资金进行的集中采购目录以内或者采购限额标准以上的货物、工程和服务的采购。政府采购是利用财政款项进行采购的主流，是提高各级政府及事业单位的采购质量和效益，减少采购中的腐败现象的重要措施。

2. 按采购品的形态分类

根据采购对象的形态不同，我们可以将采购划分为有形采购和无形采购。

（1）有形采购

有形采购是指对有形商品的采购。有形商品包括所有的生产资料和生活资料，主要包括原材料、零部件、半成品、成品、能源、辅助材料及低值易耗品等。

（2）无形采购

无形采购是指不具有实物形态的对象的采购，主要是指技术、服务和信息，如制造某种产品的技能知识、安装服务、培训服务、维修服务等。

3. 按采购的科学化程度分类

按采购的科学化程度，我们可以将采购划分为传统采购和科学采购。

（1）传统采购

传统采购模式是在季（年、月）末，企业各部门申报下季采购申请单，由采购部门汇总，制订统一的采购计划。采购计划被批准后用于下季度采购，填充库存，满足下季度企业各部门的供应。

传统采购的特点是管理简单、粗糙，市场响应不灵敏，库存量大，资金积压多，库存风险大。传统采购的操作一般是通过询价现购、比价采购、议价采购及公开市场采购等方式来实现的。

（2）科学采购

科学采购是在采用科学的方法和现代科技手段下实施的采购。相对于传统采购而言，科学采购主要是在采购数量、采购价格、采购时间、采购方式的确定及采购操作上更加科学有效。

科学采购主要包括订货点采购、MRP（Manufacturing Planning System，物料需求计划）采购、JIT（准时化）采购、供应链采购、招标采购及电子采购等。

4. 按采购的组织形式分类

按照采购的组织形式，我们可以把采购分为集中采购、分散采购与混合采购。这种分类方式实际上决定了采购的审批权限。这三种采购方式各有自己的优缺点，企业可以根据自身的特点，选用不同的采购方式。

（1）集中采购

集中采购是指企业的采购部门全权负责企业的采购工作。即企业生产所需的物资，都由一个部门负责，其他部门（包括分厂、分公司）均无采购职权。

集中采购具有很多优点：可以获得较多优惠的采购条件；便于企业统筹安排采购物资；不需要设立过多采购机构；便于控制采购成本；有利于建立各部门共同物料的标准规格等。

集中采购的缺点主要表现在：采购流程过长，时效性差，难以适应零星采购、地域采购、紧急情况采购；采购与需求分开，有时难以准确了解内部需求，降低采购绩效。

一般来说，集中采购主要适用于集团范围实施的采购活动，跨国公司的采购，连锁经营、OEM 厂商和特许经营企业的采购。同时，集中采购也是政府采购的重要组织实施形式。

（2）分散采购

分散采购是指按照需要，由单位设立的部门自行组织采购，以满足生产经营的需要。

对比集中采购，分散采购的优缺点很明显：分散采购有利于激励机制的贯彻实施，调动采购人员的积极性；减少采购审批等工作环节，提高了工作效率，使采购具有较好的时效性。但与此同时，企业采购管理的难度就会加大，特别是资金、人员管理的难度会加大。

分散采购一般适用于企业的零星需求、紧急需求及地域性很强的需求，或者各下属单位地理分布比较分散的企业。

（3）混合采购

除了采用集中采购和分散采购的方法进行采购外，有的企业采用集中采购和分散采购相结合的采购模式。一般将需求的共性较强、采购额较大、重要度与风险性较高的项目集中起来采购；将个性需求、零星需求、一定金额内的临时需求等项目作为分散采购。混合采购一般适用于总公司与分公司分层管理的企业组织。

5. 按采购的范围分类

依据采购辐射的范围不同，我们可以把采购划分为国内采购和国际采购。

（1）国内采购

国内采购是指在本国境内进行的采购。例如，国内机械制造企业向国内的钢铁企业采购钢材，服装厂向纺织厂采购布料等。国内采购机动性强、手续比较简单、物流费用较低、供应保障性较好，一般以本币进行结算，遵循本国的法律法规。

国内采购又分为本地市场和外地市场采购两种。通常情况下，企业首先考虑本地市场，这样可以节约采购成本、减少运输时间、保障供应。在本地市场不能满足供应时，企业再考虑外地市场。

（2）国际采购

国际采购是指利用全球的资源，在全世界范围内去寻找供应商，寻找质量最好、价格合理的产品（货物与服务）的采购。这种采购一般直接向国外厂商咨询，同国外厂商谈判，或者向国外生产厂商设在本地的代理商咨询采购。随着经济全球化的发展，国际采购已经成为企业发展的主要趋势。

三、采购管理的发展趋势

自 21 世纪以来，企业面临的大环境从过去的短缺经济时代过渡到相对平衡时代再到后工业化时代、信息时代，市场竞争的重点不断变换，从价格、交货期、一致性、质量演变为快速交货能力、服务、产品稳定性、工作质量等方面。

企业的竞争模式也发生了重大变革，由单个单位之间的竞争转变为群体竞争，即一条供应链与另一条供应链的竞争，其竞争力主要体现在整条供应链的总成本和对最终用户的需求的反应速度上，利润最大化目标建立在整条供应链基础上。供应商、制造商、分销商以及专业服务提供商之间瓜分利润的竞争关系转为共同拓展利润空间的合作伙伴关系。

1. 传统采购向现代采购的发展

（1）采购角色由被动反应转变为主动采购

大型组织中采购人员只花很少时间在行政管理和业务活动上，他们将精力集中在如何同供应商建立和发展恰当的关系上。这些组织的重点已经超出了简单地在用户需求出现时才对需求做出反应的行为，而是发展成为一种具有前瞻性的主动采购行为。

（2）供需业务关系由交易关系转变为合作关系

“交易论”的采购观点认为采购就是单纯的购买，在这种简单的采购活动中，买方根本利益是用尽可能少的资金获取尽可能多的资源，买卖双方保持一定的距离以避免相互影响。“关系论”的采购观点认为，在买卖双方相互关系中，分享和交换的理念使双方在共同交易的过程中都得到好处，取得共同满意的结果。前者以临时的或短期的合作机制为主，竞争多于合作，进而导致了采购过程的不确定性。这种不稳定的合作关系会给企业经营带来显著的负面影响。

（3）采购地位由战术地位转变为战略地位

在今天，采购被看作是一种具有重大战略意义的活动。很多大型组织都在利用专业采购供应团队所提供的专业化服务。在人们关注的许多主要商业问题中，采购供应的战略性作用和贡献已经得到充分的认识，“战略性”采购决策可能由董事会级别的人员做出决定。采购供应的战略性关注不再将重点放在订货以及补货的日常事务上，而是更多地关注通过协商建立长期关系、开发供货商、降低总成本等高水平活动。

2. 采购管理的新发展趋势

① 持续改进的要求。其背后的驱动因素是：成本、质量、配送绩效、周期时间缩短，产品和技术开发时间缩短。

② 供应商的重要性增强。主要表现在：管理层对供应商和采购的重视；产品和加工技术对外部供应商的依赖。

③ 组织结构和人力资源的模式创新要求越来越高。采购部门和供应链组织结构转变；跨职能采购团队出现；战略职责和战术职责分工明确；大量采用新型的采购和供应链技能。

④ 信息技术越来越广泛应用。基于互联网的系统平台，催生了电子商务模式下的采购技术及组织方式；供应链计划和执行软件广泛应用。

⑤ 供应基础管理变化大。直接供应商数目减少；长期合同数目增加；采购量累计和合并增多；供应商开发力度加大。

⑥ 采购职责活动增加。外部采购活动增加；全球性采购和供应链活动增加；非核心业务和能力外包。

⑦ 绩效评估越来越多。正式绩效评估系统迅猛发展。

⑧ 实施采购与供应链战略愈加深入。实施长期外包决策；供应链整合和战略供应商协作；高层次信息共享和透明度；总体价值链管理；提供价值增值服务。

学习提示

“21 世纪的竞争不是企业和企业之间的竞争，而是供应链和供应链之间的竞争，市场上将只有供应链而没有企业。”

——马丁·克里斯多夫（英国物流学家）

项目小结

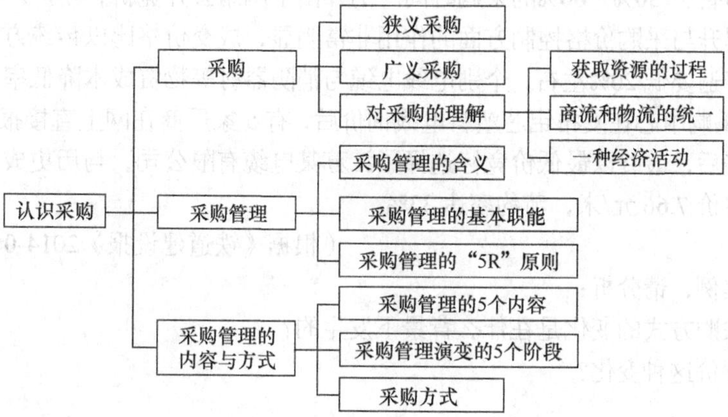

职场指南

1. 案例分析

某铁路建设公司的电子化集中采购

近年来，随着某铁路建设公司经营规模的不断扩大，平均每年在建项目达400多个，物资采购金额高达100多亿元。为加强项目重点物资的集中采购与供应管理，降低物资采购成本，公司早期就推行了旨在强化工程项目物资集约管理的区域物资集中招标采购。

2013年1月，公司正式成立物资招标交易中心，进一步促进招标采购交易规范化、常态化和有效化，使相对孤立的采购集中和资金集中，向一体化实施的集中采购、集中结算、集中支付和集中债务规划转变，真正实现物资由集中管理向集约管理的转变。仅在2013年，全公司物资集中采购额就达125亿元，占全公司物资采购供应总额的92%，物资集中度较上年有较大提高，成本降低率在0.3%～15%，在集团公司中保持先进水平。

在尝到项目重点物资集中采购带来管理效率和经济效益提升的甜头后，公司又将目光瞄准到工程项目常用物资网络竞价采购模式。网络竞价采购相对于传统的采购方式，具有不受地域限制、更加方便快捷、有效降低采购成本、交易过程更加理性和经济等特点，已成为当下企业降低成本、提高整体竞争能力最频繁使用的电子商务应用之一。2013年9月，常用物资网络竞价采购模式应运而生并迅速试点推行。

为保证此项工作的顺利进行，公司网络采购中心首先从各项业务操作流程入手，制定出《中铁×局集团常用物资网络竞价采购操作细则》，就网络竞价采购业务流程做出统一规定，从而理顺和明晰了计划提报、需求发布、报价比较、双方洽谈、下单成交到验收交割、单据传递及资金内外结算等工作。他们积极寻求阿里巴巴网络技术公司的技术支持，签订了《中铁×局工程常用物资网络竞价采购方案合作协议》，并在其"名企采购"平台上开辟了"中铁×局采购专区"，将物资需求投放到采购专区上，进行网络竞价采购，由公司统一办理结算。为维护网络采购支付信用，公司采取了由各成员单位分散下订单采购、公司统一办理结算的模式，从结算信用上给供应商提供支付担保，打消供应商在货款结算方面的顾虑。该中心还指导帮助各试点单位开展此项工作，利用各种途径答疑解惑、培训人员，并通过会议、通报制度及债务集中支付平台加强网购工作。

由于竞价采购可根据采购方的要求自由设定交易时间和交易方式，采购周期大大缩短，较传统招标采购节省了 30%～60%的采购时间。另外由于网络公开竞价，生产厂家直销，在一般物资采购效率提升与采购价格控制方面的作用非常明显，成交价格比以传统方式开展市场调查所获得的价格普遍要低 20%左右，个别电线电缆与消防器材等物资成本降低率接近 40%。2013 年 10 月，网络采购中心在发布铝芯塑料电线询价后，有 5 家厂商在网上直接报价。在通过综合比较、双方洽谈后，最终以最低价竞标选择了江苏某电缆有限公司，与历史成交价 23 元/米比较，直接节约单价 7.66 元/米，节约率达 33%。

（根据《铁道建设报》2014-06-10 报道整理）

根据以上案例，请分析：

（1）公司采购方式的变化是在什么背景下发生的？

（2）如何评价这种变化？

2. 实训

选择一家企业，了解其采购理念和常用的采购方式，了解并总结其采购管理中最突出的问题有哪些（要求学生分成若干采购小组，每组 5～8 人，形成调查报告）。

知识检测

1. 名词解释

采购　　采购管理　　供应

2. 选择题（不定项选择）

（1）广义的采购概念包括（　　）。

A. 租赁　　B. 借贷　　C. 交换　　D. 物流

（2）采购管理“5R”原则是指，适当的质量、适当的价格以及（　　）。

A. 适当时间　　B. 适当数量　　C. 适当预算　　D. 适当供应商

（3）采购与供应链的利润杠杆效应是指（　　）。

A. 采购数量的增加可以带来利润的增加

B. 采购数量的增加可以带来利润率的提高

C. 采购费用较小比例的节省可以带来企业利润较大比例的提高

D. 采购费用的较小节省可以带来资本收益率较大提高

（4）开始关注采购的过程管理，采纳了新的采购技术和方式，但其战略方向仍未与企业的整体竞争战略接轨，这是采购管理演变的哪个阶段（　　）。

A. 运作过程为中心　　B. 采购关系为中心

C. 采购绩效为中心　　D. 供应链管理为中心

（5）混合制采购是将集中与分散采购组合成的采购制度，适用于（　　）的企业。

A. 采购物品种类多、数量大　　B. 下属单位地理分布比较分散

C. 总公司与分公司分层管理　　D. 零星需求比较多

3. 问答题

（1）如何理解采购？

（2）传统采购向现代采购的转变有何体现？

（3）对比分析集中采购和分散采购的优缺点。

多媒体学习

1. 建议阅读书目

[1] 米歇尔·R·利恩德斯，P·弗雷泽·约翰逊，安娜 E·弗林. 采购与供应管理（第 13 版）[M]. 北京：机械工业出版社，2009.

[2] 彼得·贝利，法摩尔，琼斯. 采购原理与管理（第 10 版）[M]. 北京：电子工业出版社，2009.

[3] 徐杰，鞠颂东，主编. 采购管理（第 3 版）[M]. 北京：机械工业出版社，2014.

2. 网络学习资源

[1] 国家精品课程资源网：http://www.jingpinke.com/

[2] 中国物流与采购联合会：http://www.chinawuliu.com.cn/

[3] 中国招投与采购网：http://www.chinabidding.com.cn/

[4] 中国政府采购网：http://www.ccgp.gov.cn/

[5] 阿里巴巴：http://china.alibaba.com

[6] 慧聪网：http://www.hc360.com/

[7] 中国物流人论坛：http://club.jctrans.com/

项目二

采购管理组织

案例导入

Devillier 集团的采购组织结构

Devillier 集团的总部设立在英国，它涉足 4 个运营分部。这些分部是建筑和民用工程设计、铁路和运输服务、专业工程设计以及设备管理等。分部的总经理负责每个分部的业务业绩，Devillier 集团每年的总营业额是 98 亿英镑，其中 88%是在英国创造的，余下的 12%主要在法国和德国创造。集团已任命一位新的运营总裁来审视现行的组织结构，自然也包括采购部门。

现有具有采购职能的组织结构包括以下几个。

1. 集团

集团设有一个采购部经理，但他被公认为缺少采购方面的经验。该经理的任命是集团在两年前签发的，那时集团从没有协商过采购战略，但集团内部已经存在对“采购”概念的阻力。尤其是来自分部的总经理们，他们认为，如果他们是利润中心，则必须被允许按照他们认为合适的方法去控制开支。

只有两部分交易获得实施。第一部分是差旅费，但是全部差旅开支中只有 15%是通过集团的合同。第二部分是车辆，去年有 1 500 辆新汽车、客车和货车通过反向拍卖程序购买。这一项比以前的成本节约了 30%，并且把 250 万英镑计入集团利润账中。

2. 建筑和民用工程设计

这个分部主要负责大型工程项目建设，包括新建的建筑物、高速公路、桥梁和管道架设。

分部中的每家公司均设有一个首席采购员和支持人员。实际上，多数的采购是由评估师和数量勘查员进行。采购是交易型的并且订单是与众多的供应商签订的，而这些供应商是以逐个项目为基础来进行选择的。

分部的总经理已经公开地表示不会支持集团的集中采购，因为集团采购部不会对其分部的需要做出反应。

3. 铁路和运输服务

该分部只有两家公司，每家公司有一个采购经理。在集团中这是最先进的一个分部，它的总经理非常支持集团采购。除了 IT、车辆和办公设备外，其开支不同于集团中的其他分部。

4. 专业工程设计

这个分部是通过收购一个极其专业的工程设计集团后，于 3 年前成立的。这个设计集团曾服务于一级方程式汽车赛，并为先进的核工业研究项目进行工程设计和研究，分部所属公司中没有一个正式的采购机构，但是分部盈利情况非常好，取得 40%的资本回报率。

该分部总经理的观点是，技术的和资金的能力比“削减几个百分点的采购价格”更重要。

5. 设备管理

这个分部是集团中成长很快的部分。预期未来 5 年会实现每年 20%的增长。它通过取得中央和地方政府以及私营公司的外包合同实现业务增长。费用开支是基于采购大量的服务业务，包括保安、建筑物维护、电话呼叫中心等，而有趣的是，采购的服务中还包括采购职能本身（也就是采购作为一种服务业务，它也被外包了）。

（资料来源：http://wenku.baidu.com/view/9bb7c622af45b307e87197e6.html）

思考与讨论：

（1）Devillier 采用的是哪种采购组织形式，这种采购形式有什么优缺点。

（2）结合采购管理知识，分析 Devillier 现在面临的问题，并分析该公司应该如何优化其采购组织。

学习目标

知识目标

（1）熟悉采购组织常见的类型及特点；

（2）掌握采购组织的设计原则及设计方法；

（3）熟悉采购人员应具备的知识和技能。

能力目标

（1）能够进行采购管理组织设计；

（2）明确采购人员的素质与能力要求。

素质目标

（1）具备进行采购组织机构的选型与设计的能力；

（2）具备为企业采购部门拟订任职要求的能力。

为保证企业生产经营活动的正常进行，企业就必须建立一套科学的采购组织机构。随着采购在企业中地位的提升，它对企业经营业绩和赢得竞争力产生越来越重要的影响，因此，如何规划采购组织成为一个重要问题。从单纯采购向采购与生产供应链整合的转移，传统的采购组织已不能产生预期结果。因此，采购组织的规划、设计显得十分重要。

任务一 采购组织及其类型

采购组织是指为了完成企业的采购任务，实现保证生产经营活动顺利进行，由采购人员按照一定的规则，组建的一种采购团队。

一、采购组织的职能

采购组织的基本职能主要包括以下三个方面。

1. 业务职能

业务职能包括制订采购计划、组织采购实施、进行采购品的库存管理。制订采购计划是指根据企业总体战略与目标以及内外部顾客的需求，根据企业下一阶段或年度的生产计划或销售预测来确定采购物品的需求，组织人、财、物实施采购计划，选择供应商，谈判价格，确定交货及相关条件，签订合同并按要求收货付款。采购品的库存管理主要是针对采购的物品进行验收入库、保管保养、发货，确定合理库存量并对库存量进行实时监控，以确保生产和流通的顺利进行。

2. 拓展职能

拓展职能是指将采购管理从企业内部拓展到对供应商的管理，甚至整个供应链的管理。拓展性活动包括对供应商的评估与选择，与供应商建立合作伙伴关系以及对供应商的绩效考评等，以此来降低成本，提高供应的可靠性和灵活性，提升企业的市场竞争力。在现代企业采购中，拓展职能已经越来越重要。

3. 支持职能

支持职能主要是对企业的采购进货业务提供支持与帮助，并对保证其顺利实现的诸多要素进行管理，包括人员管理、资金管理和采购信息管理。

采购组织的具体职能主要有以下几个方面。

① 企业资源市场分析，掌握市场的供求状况及未来的变化趋势。

② 对供应商的调查与选择。

③ 与供应商洽谈，保证最有利的供货条件，提高采购效率，降低采购成本。

④ 编制采购计划并进行采购预算。

⑤ 询价、洽谈采购条件并签订采购合同。

⑥ 对供应商的价格、品质、交货期、交货量等进行追踪、验收和处理。

⑦ 对采购绩效进行评估与改进。

二、采购组织的类型

在现实生活中，组织结构是千差万别的，选用一种最适合于本组织的结构设计方案，是组织结构设计的一条基本原则。作为企业组织结构的一个重要组成部分，随着企业组织结构的演变，采购组织结构也经历了“分散型采购组织—集中型采购组织—混合型采购组织—跨职能采购组织”结构的变迁。

1. 分散型采购组织

（1）基本概念

分散采购是指由各预算单位自行开展采购活动的一种采购实施形式。分散的采购组织结构是伴随着总部对企业运作管理权限的放开，分支机构掌管了日常事务后出现的。分散型采购组织的一个重要特点就是每个经营单位的负责人要对他自己的财务后果负责，从而使分支机构采购服务的客户满意度不断提高。总部通常以“参谋”（而不是直线职能）的角色或以内部咨询机构的名义进行监督，制定合作政策，消除部门间的障碍，最终成为各分支机构间沟通的桥梁。因此，每个经营单位的管理者要对所有的采购活动负完全责任。

（2）优、缺点

分散型采购组织的优点和缺点如表 2-1 所示。

表 2-1　　分散型采购组织的优、缺点

优点	缺点
自主性、灵活性、多样性	造成供应商分散和混乱
可在本地采购，受当地欢迎	技术人员短缺，成本上升
交叉交易	重复采购，分支机构间缺乏沟通
有利于部门间竞争	缺乏财务控制
有利于员工互换	过量的地方采购

分散型采购组织对于拥有多样化经营单位结构的跨行业公司特别有吸引力，每一个经营单位采购的产品都是唯一的，并且与其他经营单位所采购的产品有明显的不同。

2. 集中型采购组织

（1）基本概念

集中采购是指由一个部门统一组织本部门、本系统的采购活动。因此，集中采购的实施主体可以是集中采购代理机构，也可以是一个部门委托采购代理机构进行。集中的采购组织结构是建立在职能一体化基础上的，通常是在董事会的领导之下，这种模式下的采购部门是一个整体。企业内分支机构的采购活动都要接受总部的管理，而总部也就是专业技能、档案和权力的聚集地。

（2）优缺点及适用范围

在这种组织结构中，公司一级层面上设有一个中心采购部门，其中主要完成的工作有：公司的采购专家在战略和战术层面上的运作；产品规格的集中制定；供应商选择的决策；与供应商之间的合同准备和洽谈。

集中型采购组织的优缺点如表 2-2 所示。

表 2-2　　集中型采购组织的优缺点

优点	缺点
规模效应	上下级之间的抱怨
标准化，有利于采购战略的实施	对系统的反抗
有利于财务管理	丧失机会
有利于评估，有利于监督	过高的管理费用
有利于采用信息技术与系统	对市场的反应较慢

这种结构适用于几个经营单位购买相同产品，且产品对它们具有战略重要性的情况。

知识延伸

集中采购与分散采购需要考虑的标准

集中或分散采购的应用程度问题难以简单地回答。大多数公司选择在两个极端之间进行平衡：在某个时候，它们会采用集中的采购组织，而在几年以后它们可能会选择分散的采购组织。最近几年，许多汽车公司都决定将其采购业务集中化。很多其他的公司，如办公设备制造商也采取类似的措施，从职能结构转向部门结构。

下面的因素或标准在决定采购的集中或分散时经常被使用。

① 采购需求的通用性。经营单位对购买产品所要求的通用性越高，从集中的或协作的方法中得到的好处就越多。这就是为什么大型公司中的原材料和包装材料的购买通常集中在一个（公司）地点。

② 地理位置。当经营单位位于不同的国家和地区时，这可能会极大地阻碍协作。实际上，在欧洲和美国之间的贸易和管理实践中存在较大的差异。甚至在欧洲的范围内也存在着重大的文化差异。一些大型公司已经将其协作战略从全球转为地区。

③ 供应市场结构。有时公司会在它的一些供应市场上选择一个或数量有限的几个大型供应商组织。在这种情况下，力量的均衡肯定对供应商有利，采用一种协同的采购方法会更有意义。

④ 潜在的节约。某些类型的原材料价格对采购数量非常敏感。在这种情况下，购买的数量多，会使原材料的价格降低。

⑤ 所需的专门技术。有时，有效的采购需要非常高的专业技术，如高技术半导体和微芯片的采购。因此，大多数电子产品制造商已经将这些产品的购买集中化，在购买软件和硬件时也是如此。

⑥ 价格波动。如果物资（如果汁、小麦、咖啡）价格对政治、经济、气候的敏感程度很高，集中的采购方法就会受到偏爱。

⑦ 客户需求。有时，客户会向制造商指定其必须购买的一些产品，这种现象在飞机工业中非常普遍。这些条件是客户与负责产品制造的经营单位商定的。

3. 混合型采购组织

有些制造企业中，在公司一级的管理层次上设立公司采购部门，同时各个经营单位也有自己的采购部门。

公司采购部门和经营单位采购部门的分工一般如下。

① 公司采购部门通常处理与采购程序和方针相关的问题。

② 公司采购部门定期对下层经营单位的采购工作进行审计。

③ 公司采购部门对战略采购品进行详细的供应市场研究，经营单位的采购部门可以参考使用。

④ 公司采购部门协调、解决部门或经营单位之间的采购工作。

⑤ 公司采购部门不进行战术采购活动，完全由部门或经营单位的采购组织实施。

⑥ 公司采购部门可对各经营单位采购部门的人力资源进行管理。

而经营单位自己的采购部门实施具体的采购工作，包括制订采购计划、与供应商联系谈判、签订合同、支付货款等。

4. 跨职能采购小组

跨职能采购小组是采购中一种比较新颖的组织形式，在这里以 IBM 公司的采购小组为例来进行介绍。1992 年，IBM 公司由于巨大亏损而对采购职能部门进行重组。IBM 的新采购组织采用了一个与供应商的单一联系点，即商品小组，由这个小组为整个组织提供对全部部件需求的整合。合同的订立是在公司层次上集中进行的，然而，在所有情况下的采购业务活动都是分散的。

采购部件和其他与生产相关的货物是通过分布在全球的采购经理完成的，这些经理对某些部件组合的采购、物料供应和供应商政策负责。他们向首席采购官（CPO）和他们自己的经营单位经理汇报。经营单位经理在讨论采购和供应商问题及制定决策的各种公司业务委员会上与 CPO 会晤。CPO 单独与每一个经营单位经理进行沟通，使得公司的采购战略与单独的部门和经营单位的需要相匹配。这保证了组织中的采购和供应商政策得到彻底的整合。IBM 通过这种方法将其巨大的采购力量和最大的灵活性结合在一起。

任务二　采购组织的设计

为达到采购的目的，合理设计采购组织是采购管理中的一个重要内容，对采购绩效有着重大的影响。采购组织设计是为了将采购部门负责的各项职能组织起来，并以分工的方式建立不同的小组加以执行。合理的采购组织设计将促进采购工作的进行，反之则会造成工作效率低下、采购成本居高不下、采购质量不达标等，最终将会导致企业产品质量不过关、市场响应速度慢，使企业丧失竞争力，甚至导致企业被淘汰出局。

一、采购组织设计原则

采购组织设计主要有下列原则。

1. 精简原则

采购组织的设计应注意人员精选和机构简化。只有同时具有结合人员精选和结构简化这两个条件，才能达到提高采购组织效率的目的。

2. 责、权、利相结合原则

企业只有将责任、权利、利益结合起来，才能充分调动采购队伍的积极性，发挥采购队伍人员的聪明才智。任何一方面的缺失都将导致某些问题的出现。例如，有权无责将出现损公肥私现象；有责无权将贻误采购最佳时机；无利将使得采购员缺乏工作动力，效率低下。因此，企业必须结合三者才能实现采购工作的有效性。

3. 统一原则

任何企业要实现采购高效化，都必须保证目标统一、命令统一及规章制度统一。通过目标一致保证企业各子目标与总目标一致，当出现矛盾时，强调局部服从主体；通过命令统一防止多头控制、下级无法执行的现象，同时杜绝“上有政策下有对策”的散乱情况；规章制度统一提供了采购行为准则，保证了采购行为标准的一致性。

4. 高效原则

在横向方面，采购部门各部门、各层次、各岗位应加强沟通，各负其责，相互扶持，相互配合；在纵向方面，上情下达准确迅速，同时领导应善于倾听下级的合理化建议，快速解决出现的矛盾及问题，从而形成一个团结严谨、执行力强的采购队伍，促进采购工作的高效开展。

二、采购组织设计方法

根据企业业务及自身特点的不同，采购组织的设计方法也有所不同。

1. 按物品类别设计的组织形式

如图 2-1 所示，不同的物品具有不同的特点，按物品特点将采购部门划分为多个采购小组，各个小组各自承担每类物品的采购计划制订、价格确定、签订合同及结款的一系列采购活动。这种组织形式适合于采购物品繁杂的企业使用。

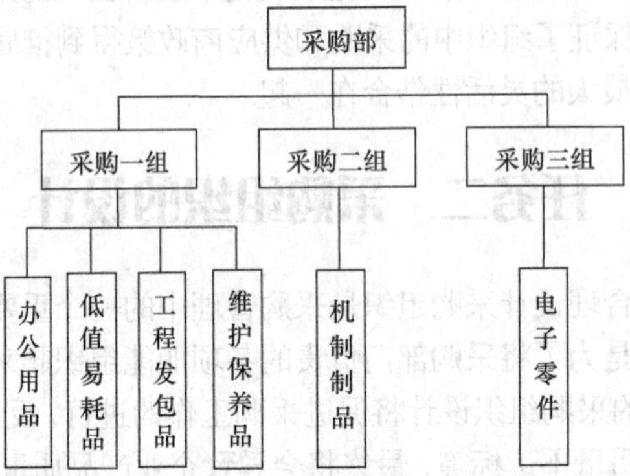

图 2-1　按物品类别设计的组织形式

2. 按采购地区设计的组织形式

如图 2-2 所示，企业采购的物品可能来自不同地区，涉及不同的法律法规、税收保险及仓储运输等问题，因此我们可以根据采购物品来源地的不同，将采购组织划分为不同的小组，每个小组负责一个地区的采购事宜。

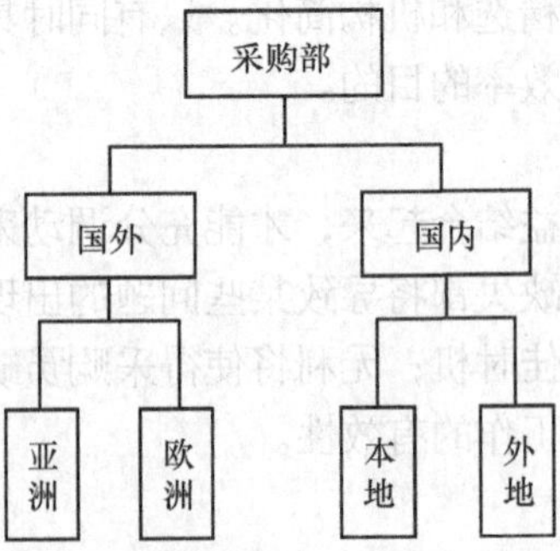

图 2-2　按采购地区划分的组织形式

3. 按采购物料的价值或重要性设计的组织形式

由于企业采购品的价值和次数各有不同，在实际操作过程中可以根据采购品的价值及采购次数，划分其采购负责小组。例如，采购次数少且价值高的物品可以由采购管理人员负责，采购次数多且价值低的物品则由底层采购人员负责。物料价值划分标准如表 2-3 所示。

表 2-3　　采购物料的价值或重要性划分参考标准

物品	价值	次数	承办人员
A	70%	10%	经理
B	20%	30%	主管
C	10%	60%	职员

案例链接

某公司的采购任务的分类为：将策略性项目（利润影响程度高、供应风险高）的决定权交与最高管理层（如采购总监），将瓶颈项目（利润影响程度低、供应风险高）的决定权交给较高层次（如采购经理）负责，杠杆项目（利润影响程度高、供应风险低）决定权交给中间阶层（如采购主管）负责，将非紧要项目（利润影响程度低、供应风险低）决定权交给较低层次（如采购员）负责，如表 2-4 所示。

表 2-4　　项目重要性与负责人对应关系表

类别	利润影响程度	供应风险程度	承办人员
策略性项目	高	高	总监
瓶颈项目	低	高	经理
杠杆项目	高	低	主管
非紧要项目	低	低	职员

4. 按采购功能设计的组织形式

按采购功能划分，即按照采购流程，将询价、比价等阶段划分给不同的人员负责，产生内部牵制作用，如图 2-3 所示。这种方式适用于采购工作量大的企业，同时可以将采购工作按照专业化分工，避免由一位采购员担任全部采购作业可能造成的不利情况。

5. 混合式设计组织形式

某些企业由于业务繁多、采购量大、涉及范围广，此时按照上述采购组织划分无法满足其要求。因此，需要综合上述方法，根据企业自身特点设计混合式采购组织形式，实行分类采购，责任明确，统一管理与协调，如图 2-4 所示。

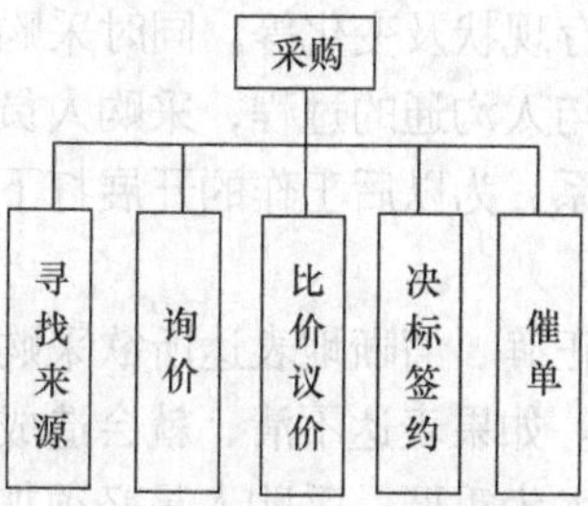

图 2-3　按采购功能划分的组织形式

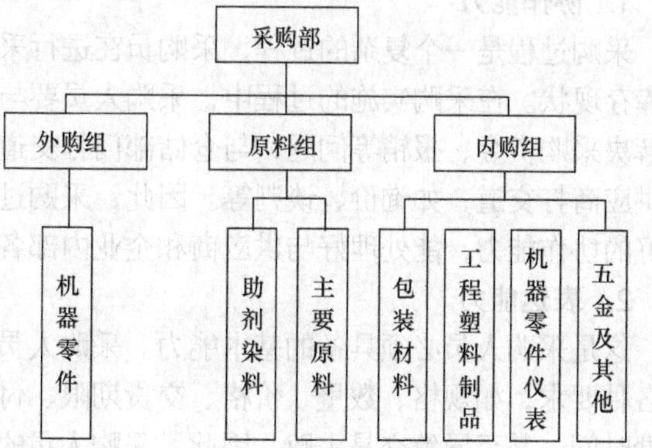

图 2-4　混合式组织形式

综上所述，不同的企业要根据采购组织设计的原则，充分考虑企业内外部影响因素，建立适合本企业的采购管理组织。同样不容忽视的是，采购管理组织建立后不是一成不变的，而是随着企业所面临的内外部环境的变化，不断调整自身的采购管理组织模式，以更好地适应环境，完成采购任务，最终实现企业的目标，但就短期而言，采购管理组织模式是相对稳定的。

任务三　采购人员的素质

从采购部门的重要性和任务复杂性可以感受到采购人员应该具备较高的综合素养。与西方发达国家相比，我国企业对采购人员配备的重视程度不够，以致高级采购人员的严重缺乏。作为一名合格的采购人员，必须是“能力”与“品德”兼备，“知识”与“经验”共存，才能更好地履行采购工作。

新商机带来新挑战，采购人员逐渐要从幕后走向前台，那么要成为一个合格的采购人员，需要哪些必备的素质呢？对采购人员素质的要求可以分为能力、知识及品德三个方面。采购人员的素质 SAK 模型如图 2-5 所示。

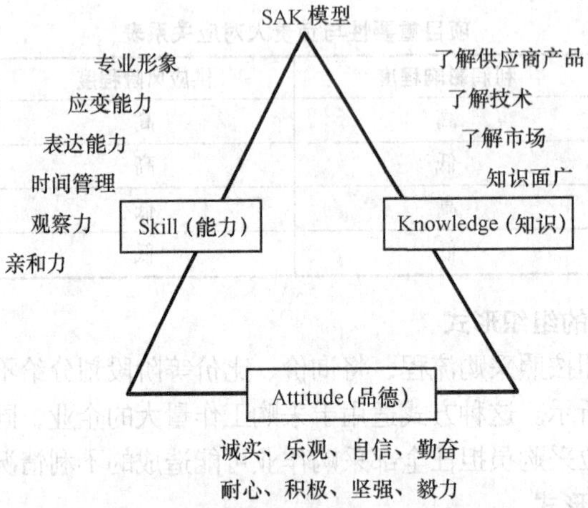

图 2-5　采购人员的素质 SAK 模型

一、采购人员的能力要求

1. 协作能力

采购过程是一个复杂的过程，采购员在进行采购之前先要了解各部门的需求状况，也要了解库存现状。在采购实施的过程中，采购人员要与企业内部各部门打交道，如与财务部门打交道解决采购资金、报销等问题；与仓储部门打交道，了解库存现状及变化等。同时采购人员要与供应商打交道，如询价、谈判等。因此，采购过程是一个与人沟通的过程，采购人员要具有很好的协作能力，能处理好与供应商和企业内部各方面的关系，为以后工作的开展打下基础。

2. 表达能力

这是采购人员必须具备的基本能力。采购人员必须做到正确、清晰地表达所欲采购的物品的各种要求，如规格、数量、价格、交货期限、付款方式等。如果表达不清，就会造成误解、浪费时间，甚至导致交易失败。因此，采购人员的表达能力尤为重要，采购人员必须加强表达技巧的学习和锻炼。

3. 分析能力

要分析市场状况及发展趋势，分析消费者购买心理，分析供货商的销售心理，从而在采购工作中做到心中有数，知己知彼、百战不殆。此外采购人员还必须了解供应商产品，具有成本分析能力，能够为企业节省资金，同时最大化地实现公司的利益。采购的商品的品质太好，虽然可以保证质量，但单价更高，增加了成本；若盲目追求"价廉"，则必须支付品质低劣的代价或伤害其与供应商的关系。因此，对于供应商的报价，要结合其提供的商品的品质、功能、服务等因素综合分析，以便买到适宜的商品。

4. 预测能力

在市场经济条件下，商品的价格和供求在不断变化，采购人员应根据各种产销资料及供应商的态度等来预测将来市场上该种商品的供给情况，如商品的价格、数量等。这样采购人员才能在合适的时间购买到使自己企业利益最优的物资。

知识延伸

未来采购经理所应具备的十大能力

在一次饮茶时，一位从事家电配件销售的朋友深有感触地说："现在的采购人员'手段多样'，供应商无所适从。"据他介绍，M公司的采购员Y女士是一个"高手"，她常常受到公司的表彰。Y女士的"高招"是：一方面采取多家同时供应的方式，挑起供应商之间对回扣的攀比；另一方面又大肆压低供应商的配件价格，以获取公司的高额奖金与表彰。供应商由于回扣不断增高而价格不断降低的压力，无法对配件生产进行"精耕细作"，导致配件质量不断下降，而企业由于只凭表象来评价采购人员，在一定的程度上助长了采购人员的暗箱操作风气，损害了企业的利益。

在一项关于采购的调查问卷中，被调查者认为未来采购经理最重要的十大能力是人际沟通能力、对变革的适应能力、客户导向意识、处理冲突的能力、决策能力、解决问题的能力、分析能力、个人影响力与说服力、谈判技巧和计算机技术应用能力。

二、采购人员的知识要求

采购人员应能够将现代科学知识运用于实际采购工作中，把握市场规律，从而提高采购工作的效率和效益。除了数理、自然、地理、气候等相关的一般知识外，采购人员还应具备采购管理、采购物品、物流运输、财务管理、政策法律、市场营销、商务谈判等相关的知识。当然根据岗位的不同，对采购人员知识要求的侧重点也不同。例如，对集团采购总经理而言，应具备较高的采购管理知识、价值分析能力，而采购员则不一定需要具备过高的相关知识。

三、采购人员的品德要求

觉悟高、品行端正是一个采购员应有的基本素质，只有思想品德高尚，才能大公无私、克己奉公，为大局着想，不贪图个人小利。具体来说，采购人员应做到以下几点。

1. 廉洁奉公的精神

由于采购人员的工作直接与金钱联系在一起，采购人员所处理的"订购单"就是金钱，因此，拥有采购权的业务人员经常会被各种各样的供应商所包围。他们或是向采购人员打起感情牌，或是利用物质条件进行诱惑。但是，面对种种的诱惑，采购人员必须保持廉洁，不能以牺牲企业的利益来换取个人的财富增加，违背法律道德的做法终将害人害己。企业在选择采购人员时一定要考虑这一点。

2. 敬业精神

没有敬业精神，再有才华的人也无法做好本职工作。采购人员对待工作的态度决定他在采购过程中付出的努力程度，认真的工作态度会促使采购人员对市场多做一份了解。良好的敬业精神可以保证企业供应的稳定，从而保证生产的顺利进行。

3. 毅力

采购工作重要而艰巨，经常会受到来自企业内外的“责难”。因此，采购人员要具有应对复杂情况和处理各种纠纷的能力，能在心理上承受得住各种各样的“压力”。

4. 虚心、诚心和耐心

采购人员在与供应商打交道的过程中往往占据主动地位，拥有局面的控制权。但采购人员对供应商一定要保持公平互惠的态度，甚至要做到不耻下问、虚心求教，不可趾高气扬、傲慢无礼。在与供应商建立良好的合作伙伴关系过程中充满了艰辛，这要求采购人员要有足够的耐心，有良好的涵养，只有虚心和耐心地同供应商沟通，诚心诚意地与供应商交往，才会换来对方的合作，达到我们的采购目的。

项目小结

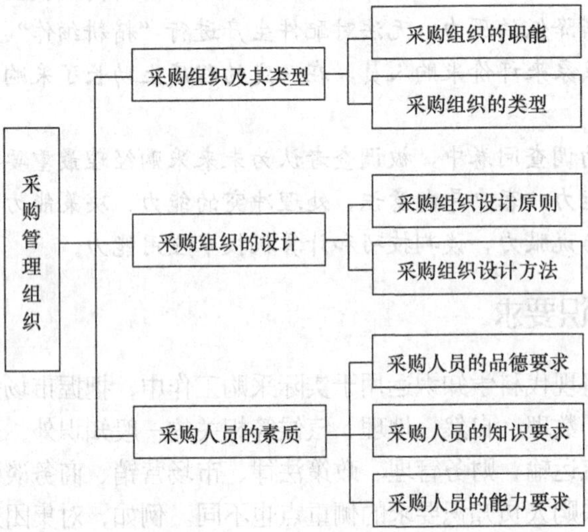

职场指南

1. 案例分析

在沈阳汽车厂，采购工作一直被认为是辅助性的工作。采购部门是附属于制造、科研、销售、财务等的机构之一。虽然原材料采购的成本占汽车总成本的50%以上，但采购工作却一直未能得到应有的关注。

企业的领导层并没有认识到要保持产品的市场竞争优势，班子成员依然随意干涉采购的具体业务，采购程序仍不规范，而且没有约束机制。此外，从组织机构来看，配套和供销部门作为采购的职能部门，归口管理却是负责生产制造的副厂长，没有专职的负责采购质量和技术开发的人员与之配合，采购职能分散在全厂的多个部门。没有统一的采购系统，无法实行集中管理，从而提高采购质量，降低采购成本。从采购程序和供应商管理程序来看，其具体采购方式不够完善：一方面，对大宗、中宗和小宗物资的采购没有具体的界定，何时采取招标采购、何时采用密封报价、何时沿用竞价采购没有明确的规定；另一方面，如何采用定点采购、定点定价定量采购以及向直销商直接采购，也没有明确的要求。对供应商的选择与评估，没有按照ISO/QS9000质量体系的要求，建立科学的定期评审供应商质量保证能力的制度和配套件主产审批程序，因此，无法推动整车质量水平的提高。其组织机构如图2-6所示。

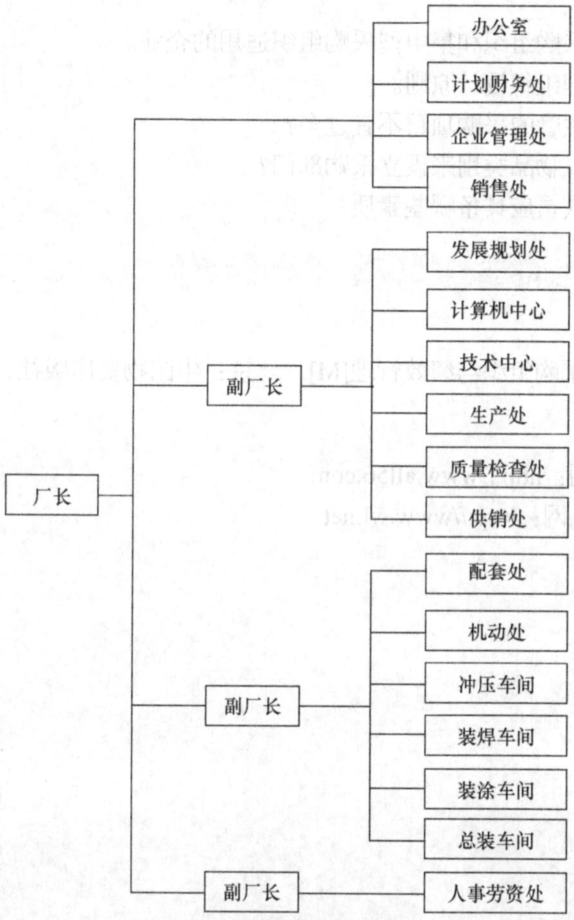

图2-6　沈阳汽车厂组织结构

请对沈阳汽车厂的现有采购组织结构存在的问题进行分析，并提出合理的采购组织结构建设的建议。

2. 实训

将学生分组，每8～10人为1组，深入物流企业调查采购职业岗位规范并撰写调查报告。

知识检测

1. 选择题（不定项选择）

（1）某企业采购部按原料、燃料、设备、办公用品等将采购分为不同的小组，原料又细分为铅、铜、电器等，交由不同的采购员承办。这种采购部门设计的方法属于（　　）。

A. 按采购过程分类　　B. 按采购区域分类

C. 按采购物品分类　　D. 按采购价值分类

（2）采购部门从属于其他部门时，主要可从属于（ ）。
A. 生产部门 B. 行政部 C. 资财部 D. 物流部

（3）采购组织的类型包括（ ）。
A. 集中型采购组织 B. 分散型采购组织
C. 混合型采购组织 D. 跨职能型采购组织

2. 简答题

（1）简述分散型采购组织和集中型采购组织适用的企业。

（2）简述采购管理组织设计原则。

（3）为什么采购主管的采购项目不宜过多？

（4）为什么通常以物品类别来设立采购部门？

（5）优秀的采购人员应具备哪些素质？

多媒体学习

1. 建议阅读书目

邓明荣，冯毅．采购组织与绩效管理[M]．北京：中国物资出版社，2009.

2. 网络学习资源

[1] 中国大物流网：http://www.all56.com

[2] 中国物流信息网：http://www.wl.net

项目三

采购战略与计划管理

案例导入

FIC 公司的采购难题及对策

FIC 公司为适应准时制生产模式的要求，采取准时制采购方式。这种方式使企业适应了多变的市场需求，增加了供应链的柔性和敏捷性。但由于企业生产管理方式以及与其相结合的采购管理方式的难度较大，FIC 公司在采购管理实际工作中存在着一些亟待解决的难点问题，这些难点问题如果得不到很好的解决，将影响企业采购管理目标的实现，影响企业的生产经营。

一、FIC 采购管理面临的问题

1. 供应商交货及时率低影响准时制采购的实现

交货及时率是准时制采购所强调和考察的主要指标。FIC 公司的供应商交货及时率低的影响因素很多。首先，在 FIC 公司的供应商中，有一部分供应商由于缺乏现代企业管理理念，根本没有意识到交货及时率对采购方以及整个的供应链运营运作的重要影响，另外企业生产经营管理方法落后，在生产计划、生产加工、质量检验、包装运输各个生产环节中存在问题，无法保证交货及时率。其次，FTC 公司的小批量订单使供应商无法保证交货及时率。每个供应商都有自己的生产计划，当 FIC 公司反复地给供应商下单，由于供应商的生产任务量大、生产计划安排得很满，供应商会按照自己企业的实际情况来制订生产计划和安排生产，这样，交货及时率就无法保证。

2. 采购工作量大

FIC 公司目前采用的是准时制生产系统，结合这种生产方式，公司在采购管理工作中推行的是准时制采购，以用户需求驱动生产订单，以生产订单驱动采购订单，最大限度地降低采购成本，最大限度地降低产品库存，最大限度地提高对用户需求的响应速度。但由于订单驱动下的采购管理需求是离散的，消耗是不稳定的，造成了日常采购工作任务繁杂。

3. 采购次数多导致成本增加

小批量采购造成公司采购成本增加，小批量准时制采购对供应商的交货期有严格的控制和要求，使得供应商无法整合采购商的采购订单，造成供应商送货频繁，同时也会造成公司的仓库检验、收料费用等费用的增加。

4. 供应商管理的不足

制造业供应商管理包括供应商的筛选、资信评估、合作评估及合作制度等，现在公司并未重视这项工作。通常的情况是，采购大权由某位负责人独掌；对供应商缺乏评价，即使采用招标制，考察的内容也局限于价格，从而导致不能选出合格的供应商，并在日后的合作中遭受损失；对供应商的合作状况没有记录和评估，产品及服务得不到改进。与现有供应商之间的关系难以协调且不易发展新的供应商。即使是以招投标方式进行的采购，也同样面临地域、流程不透明、过程烦琐、人力与资金耗费巨大等限制。

上述因素均造成了企业整体采购成本居高不下，难以面对激烈的市场竞争而形成规范高效的采购管理。采购管理成为企业在发展中的瓶颈。

二、针对 FIC 公司采购问题提出的对策

1. 策略采购的大力运用

策略采购就是针对某一特定物资或服务，通过内部客户需求分析，以及对外部供应市场、竞争对手、供应基础等分析，在标杆比较（Benchmarking）的基础上设定该物品的长短期采购目标，达成目标所需的采购策略及行动计划。计划内容包含采用何种采购技术、与什么样的供应商打交道，建立何种关系，如何培养与建立对企业竞争优势具有贡献的供应商群体，日常采购执行与合同如何确立等。策略采购现已被世界 500 强中约 1/3 的企业采用，通过策略采购，企业一般可以降低采购成本的 10%～15%。

2. 实施年度采购，增加采购批量，降低采购成本

由于销售订单驱动下的多品种、小批量采购，需求是离散的，消耗是不稳定的，频繁按需求批量补给生产会造成因无法形成经济采购批量而使采购成本增加，而且极易受到原材料价格波动的影响。因此，在实际的采购管理工作中，FIC 公司应采取各种有效措施增加采购批量，平抑采购产品价格，降低采购成本。首先，采购部门可以通过加强与销售部门的信息沟通，得到市场需求的准确信息，通过与生产部门的信息沟通，进一步了解企业的生产计划。通过这些措施确定一定时期内的采购需求量，然后根据预测的采购需求量，整合采购订单，与供应商签订年度采购协议，实施年度采购来增加采购批量，即用承包年采购量、分期交货来代替经常性的小批量采购，以形成产品的经济采购批量，降低产品采购成本。其次，通过分析主要原材料和零部件的市场长期价格走势，结合对市场需求的预测，与供应商先期签订订购合同。针对价格波动较大的产品，与供应商签订跨年度长期订购合同，旨在减小产品价格波动的影响，稳定采购价格，降低采购成本。

3. 加强对供应商的过程控制

首先，协助供应商建立并完善符合 FIC 公司要求的质量控制体系，从根本上提高供应商对所提供产品的质量控制能力。其次，与供应商密切配合，制定积极有效的供应商质量目标以及相应的条款以促进供应商持续改进其产品和服务质量。最后，设立考核评估目标的约束激励机制。

（资料来源：http://www.chinawuliu.com.cn/xsyj/201408/01/292309.shtml）

思考与讨论：

（1）准时制采购方式的特点是什么？

（2）准时制采购可能带来的采购难题有哪些？

（3）结合案例，从采购计划的角度谈谈你对该公司采购中存在的问题的建议。

学习目标

知识目标

（1）掌握采购环境分析的方法；

（2）掌握供应定位模型的方法；

（3）了解企业需求的类型、库存控制的方法及采购数量的确定；

（4）熟悉采购计划的编制。

能力目标

（1）能够使用“五力模型”“PEST”分析法、供应定位模型等分析方法分析问题；

（2）掌握供应定位模型中各象限的采购战略；

（3）掌握需求的类型分析及采购数量的确定方法；

（4）熟练掌握采购计划的编制流程。

素质目标

（1）具备供应市场分析的能力；

（2）具备根据企业实际情况选择采购战略的能力；

（3）具备编制采购计划的能力。

任务一　采购环境分析

一、产业（行业）竞争环境

环境是企业赖以生存的土壤，任何企业的生产经营活动都不可避免地受到内外环境的影响。产业（行业）竞争环境是企业生存与发展的最直接的外部环境，对企业的发展至关重要。产业竞争环境的变化不断产生大量的机会，同时也不断产生威胁。对企业来说，如何监测产业竞争环境的变化，抓住机会、规避威胁就成为与其休戚相关的重大问题。在目前我国的产业竞争环境中，产业结构、竞争格局、消费者需求、技术发展等都发生了急剧的变化，不确定性增强。任何企业都需时刻关注产业竞争环境的变化，才能趋利避害。任何对产业竞争环境变化的迟钝与疏忽都会对企业造成严重的甚至是毁灭性的打击。对产业竞争环境分析的常用方法是波特（Michael.E.Porter）“五力模型”。

根据波特的观点，构成行业环境的 5 种力量是：随时可能加入这个行业成为企业直接竞争者的“潜在进入者”，供应各种原料、组件、服务或产品给企业的“供应商”，向企业购买产品的“购买者”，可以提供企业所生产产品相同功能、有替代效果的“替代品”，直接与企业发生竞争的“直接竞争者”。上述 5 种力量的状况及综合强度，决定着行业的竞争激烈程度，从而决定着行业中最终的获利潜力以及资本向本行业的流向程度，并最终决定着企业保持高收益的能力。行业环境的 5 种力量模型如图 3-1 所示。

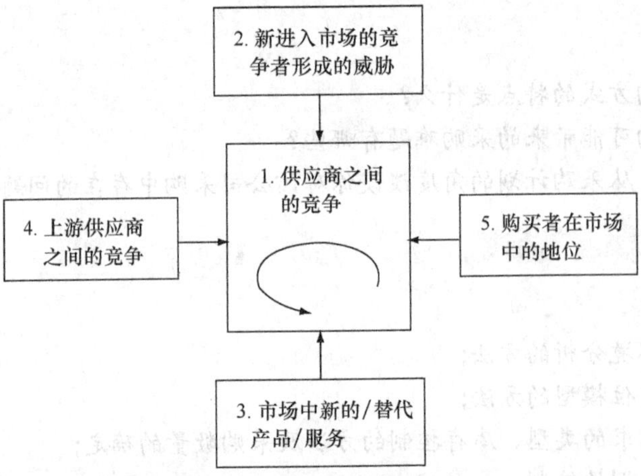

图 3-1　竞争的“五力模型”

① 供应商之间的竞争。企业面对的竞争者越多，为了获得和保持市场份额所需付出的努力就越大。

② 新进入市场的竞争者形成的威胁。新进入者一般要受到市场进入成本的影响。由于存在众多新加入的竞争者的潜在威胁，一个容易进入的市场，其不确定性比难进入的市场大得多。

③ 市场中新的/替代产品/服务。如果一种产品的价格过高，在替代产品出现之后，消费者可能将转而购买替代品。

④ 上游供应商之间的竞争。如果存在充分的竞争，供应商提供的产品价格将趋于稳定，生产厂家的利润可以得到保护。如果不存在竞争，来自供应方面的风险将增加，产品的价格将上涨。采购供应在此时的作用应该是寻找并保护最富有竞争性的供应资源，发展可供选择的供应资源并维护竞争优势。

⑤ 购买者在市场中的地位。如果需求超过供应，就像在一个成长的市场中可能出现的那样，更高的价格可以被接受，利润将上升。如果供给超过需求，市场将成为买方市场，企业将面临更大的风险。

二、供应市场分析

随着供应管理在企业价值链中地位的提高，越来越多的企业开始认识到供应环境分析的重要性和必要性。供应环境分析，就是要对供应环境进行全面系统的分析和预测，目的在于为供应决策提供客观依据。

1. 供应环境分析的内容

（1）企业内部环境分析

采购过程中的企业内部环境，主要包括以下几个方面。

① 企业领导对采购工作的重视程度。企业的高层领导是否认识到采购管理对产品价值率的贡献以及企业利润率的贡献，在企业流程重组中将采购管理放在什么位置。

② 各部门对采购工作的支持力度。销售部门是否及时提供顾客订单调整情况和顾客反馈信息，财务部门是否有充足的资金保证，设计部门提供原材料、零部件变动情况的及时程度，人力资源部门是否提供适合采购人员的激励机制、薪酬水平和培训机会。

③ 信息技术在采购工作中的应用程度。信息技术突飞猛进的发展和知识经济的到来，使

每个经营个体受到极大的影响，企业必须把握新的科技发展动态，构建拥有自主知识产权的采购信息系统，实现信息共享。

此外，企业的核心竞争力、组织文化、组织氛围、领导素质、组织结构和资源条件等内部环境因素对企业采购的正常运行发展都起到了非常重要的作用。

（2）供应商及所处行业环境分析

① 供应商因素，包括供应商的组织结构、财务状况、产品开发能力、生产能力、工艺水平、质量体系、交货周期及准时率、成本结构与价格等。

② 供应商所处行业环境因素，包括该行业的供求状况、行业效率、行业增长率、行业生产与库存量、市场供应结构、供应商的数量与分布等。

根据产业组织理论，供应商所处行业的市场结构可划分为以下几种不同的情况，如表 3-1 所示。

表 3-1　　供应市场结构类型

供应商	采购商		
	一个	少数	大量
一个	双向、相互的完全垄断（备件）	有限的、供应完全垄断（燃油泵）	完全供应垄断（煤气）
少数	有限的、需求完全垄断（电话交换机）	供需双向平衡、垄断竞争（化学半成品）	寡头垄断供应市场（复印机、计算机）
大量	完全需求垄断（军火）	寡头垄断采购市场（汽车部件）	完全竞争或垄断竞争市场（办公用品）

从市场供需的角度进行分类，结果如表 3-2 所示。

表 3-2　　供应市场组织形式

市场形式 / 供应策略	完全竞争市场	垄断竞争市场	寡头垄断市场	完全垄断市场
供应市场特点	大量的供应商想与你合作，由市场控制价格	供应商数量最多，采购人员可能控制价格	供应商数量有限，供应商控制价格	只有一个供应商，供应商完全控制价格
供应商的定价策略	按市场价格销售	供应商试图使产品的价格差异化	供应商跟从市场领导者	制定使利润最大化，并不诱使产生替代品的价格
产品类型和例子	农产品（初级产品交易）、标准件（螺钉、轴承）	部分印刷品	钢材、铜、胶合板、汽车、计算机设备	专利所有者（药品）、版权所有者（软件）
具有价值的采购活动	期货或其他套期交易	分析成本、了解供应商的流程	分析成本、必要时可以与较弱的竞争者签订合同，以获得折扣	发现可能的替代品，重新设计产品等
合作关系类型	商业型的供应业务合作关系	优先型或伙伴型的供应商	伙伴型的互利合作关系	

进行供应市场分析时，应考虑的问题有：本公司采购的产品市场属于哪种类型？市场中有多少供应商？向一个供应商订购产品时，其他供应商的反应会怎样？供应市场中特定产品的差异程度如何？有哪些可用的替代品？在某产品的供应市场中，本公司的市场份额有多少？在产品的短期和长期采购中可能发生哪些情况？

（3）宏观供应环境分析。

对影响企业采购的宏观要素进行分析，进行宏观环境分析的常用方法是“PEST”分析。“PEST”分析是指宏观环境的分析，包括影响一切行业和企业的各种宏观力量。对宏观环境做分析，不同行业和企业根据自身的特点和经营需要，分析的具体内容会有所差异，但一般都应对政治（Political）、经济（Economic）、社会（Social）和技术（Technological）这四大类影响企业的主要外部环境因素进行分析。

通过“PEST”分析，确认并评估可能对企业产生影响的相关因素，企业就可以制定适当的策略，减少可能的风险所造成的影响，利用可能的机会以实现自己的目标，可以通过图 3-2 对影响企业采购的宏观要素进行综合分析。

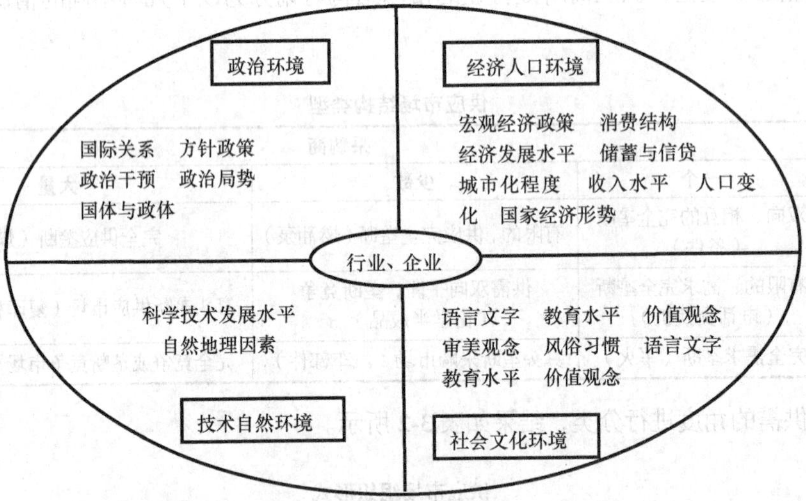

图 3-2 影响企业采购的要素

2. 供应环境分析的步骤

（1）确定供应环境分析的目标

企业的供应环境涉及面广、因素复杂，所以在进行供应环境分析时首先要明确目标，通常是解决采购管理中发现的新情况和新问题，使最终形成的分析报告更有针对性。

（2）收集和分析间接资料

收集和分析间接的第二手资料，可以快速而经济地获得初步的信息和结论，确认是否有必要进行供应环境调查，为下一步的安排奠定良好的基础。间接资料的来源：国家有关部门发布的方针、政策、发展规划、计划、通报、简报、经济信息等；从各种信息中心或互联网上查询的信息；刊物发布的信息资料、公司名录或购买者指南、在线数据库、现在和过去的供应商记录、展览和会议、贸易杂志、供应商目录或宣传册、商业指南等。

（3）设计供应环境调研方案

供应环境调研方案设计是为实施供应环境调研所制订的计划或方案，包括确定调查对象、资料收集方法、时间安排和组织配备。

（4）实施供应环境调查

企业采购部门可选择实地考察、电话调查和邮寄调查的方法进行对供应环境的调查。在调查过程中要紧紧围绕调查的主题，突出重点，需调查的问题要具体明确。

（5）编写供应环境分析报告

搜集到的资料经过整理、分类汇总，进行分析研究，得出符合客观实际的调查结论，对供应决策提出建议。

任务二　供应定位模型

一、供应战略与企业战略

供应战略是指从质量水平、创新、供应的连续性和前置期、供应商的服务和响应，以及总成本的降低等方面为采购行为设定供应目标。由于采购的品种在支出水平、对企业的重要性和供应风险的高低程度方面存在不同，因此在采购不同产品和服务时需要采用不同的供应战略。

一般来说，企业的供应战略应该考虑到以下几点。

① 应该从同一个供应市场采购所有产品还是从多个供应市场或细分市场采购。

② 从多少个供应处采购。

③ 与供应商保持的关系紧密程度。

④ 为保持这种关系签订什么样的合同。

⑤ 采用什么样的运营采购战略。

企业战略是一系列需优先考虑的事情的总和，主要包括企业将重点发展的产品线、努力开发的产品以及企业部门和流程运作方式等问题。企业的所有战略，包括供应战略，都应该与企业总战略保持一致。

二、供应定位模型

1. 供应定位模型

供应定位模型可以帮助企业基于以下因素权衡采购产品的相对重要性。

（1）采购产品的年支出水平

帕累托法则是进行这一分析的基础。该法则认为，20%的采购产品大约占用总支出的 80%，而其余的 80%采购产品大约只占用总支出的 20%。除了帕累托法则以外，企业还可以使用 ABC 评价系来进行分析："A" 类产品占用总支出的 60%～70%，"B" 类产品占总支出的 20%～30%，"C" 类产品占用总支出的 10%～15%。某产品占用的支出越大，该产品成本节约的潜力也越大，因此对公司的重要性就越高。

（2）供应影响、机会和风险

这种组合法一方面说明，如果采购部门无法实现采购产品的供应目标，将会对整个企业产生何种影响（通常是损失收益）；另一方面说明，该方法可以帮助企业进行判断，该采购产品的供应市场条件要求企业做出何种努力，以便规避无法实现供应目标的风险，或者利用可以使本企业超越其他竞争者的机会。图 3-3 所示为供应定位模型。

图 3-3 的横轴代表采购产品的支出水平。从左到右，支出水平逐渐增加。占用总支出 80%的 20%采购产品位于横轴的右侧，占用其余 20%支出的 80%产品位于横轴左侧。

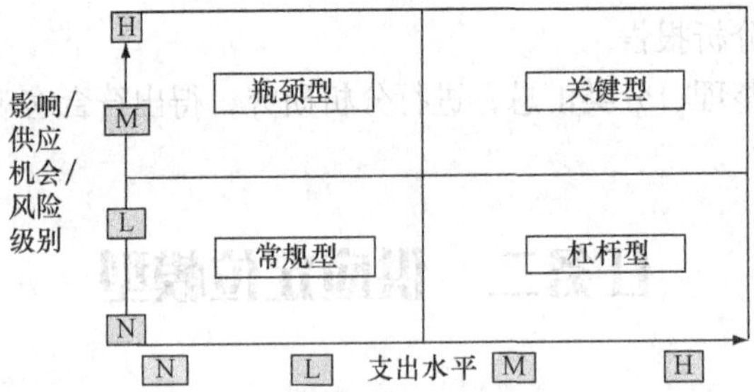

图 3-3 供应定位模型

该图的纵轴代表各采购产品对公司的影响/供应机会/风险级别。这种评级方法将采购产品划分为 4 个类型，即 H、M、L 和 N，它们分别代表的是：

H—高影响/供应机会/风险；

M—中等影响/供应机会/风险；

L—低影响/供应机会/风险；

N—可忽略的影响/供应机会/风险。

供应定位模型有助于实现以下两个主要目标。

① 指导企业确定各采购产品在供应商评估中的优先级别。企业没有必要在所有采购产品的供应商评估上都花费相同的精力。因为某些采购产品对企业的重要性要大于其他一些产品，自然要花费较多的精力于此。这里的决定因素包括采购产品的支出水平、采购产品对公司的影响以及产品的供应市场条件。

② 指导企业确定供应商评估的重点。在均衡考虑供应定位模型中所定义的这些因素后，企业就可以为不同的采购产品制定不同的供应策略，决定将要与供应商建立何种类型的关系，以及将要采取哪些不同的供应商评估方法。

为了理解供应定位模型是如何影响供应战略的，我们将图 3-3 划分为四个象限，即常规型产品、杠杆型产品、瓶颈型产品和关键型产品。

常规象限的特征是低影响/机遇/风险和低支出水平。位于该象限中的产品和服务具有低影响/机遇/风险水平，因为它们是标准的，而且可从许多供应源得到。同时，花费在这些产品上的总支出也相当低。因此，在采购这些产品时，企业不必花费太多精力。通常，企业都有大量的标准品位于此象限，如办公文具、保洁服务或者标准的生产耗材。

杠杆象限以低影响/机遇/风险水平和高支出水平为特征。位于该象限中的产品将是一些标准的且可以很容易地从多个供应源得到的产品，在这一点上，它与常规象限相似。但是，它与常规象限的区别在于位于该象限内的采购产品的年度支出水平较高。这通常意味着企业的采购对供应商的吸引力很大，会增加企业的“杠杆作用”。

一个采购产品，对于一个企业来说是常规型产品，对于另一个企业来说可能会成为杠杆型产品，认识到这一点是很重要的。年度总支出水平（而不是产品的单价）是产生这种差别的根本原因。例如，标准的厢式送货车，对于一个配送企业来说很可能属于杠杆型产品，而对于其他购买量不多的企业来说就不是了。

杠杆象限是一个具有吸引力的部分。大多数情况下（当然这得取决于企业规模的大小），企业将拥有较强的议价力量，许多供应商都争着同其进行业务往来。

瓶颈型产品以高风险和低年度支出水平为特征。此类产品的专业性极强因而只能从少数几个供应商处获取。例如，当产品的设计是基于某项新技术，或者产品依赖于某些高精确度零部件时，就可能出现这种情况。

某些技术含量不高的产品，当其供不应求而且它的缺货会对企业造成重大影响时，也可能成为瓶颈产品。在这种情况下，难以获得性造成了高风险，而非技术因素。

瓶颈型产品的供应将一个重大的风险摆在了企业面前，但因为这类产品的支出水平太低，对供应商没有什么吸引力，企业也几乎没有能力对这类产品的供应施加任何影响和控制。因此，瓶颈产品必须给予认真对待。

关键象限中的产品会给企业带来高风险，而且这些产品的支出水平较高。因此，企业具有一定的影响这些产品供应的能力。出于和瓶颈型产品相同的原因，关键产品的供应商也仅限于少数厂家。

由于关键型产品是使企业产品形成特色或者取得成本优势的基础，因而会对企业的营利能力起到关键性的影响。关键产品包括企业的最终产品所必需的某些零部件，或者某个产品所需的非常复杂的或定制的产品。一些行业的关键设备有时是基于新技术的并且是为企业专门定制的。在这些情况下，任何性能要求上的偏差都可能对整个工艺效率和效果造成严重的影响。因此对关键产品的采购企业需要给予特别关注。

以上象限的特征如表 3-3 所示。

表 3-3　　供应定位模型典型象限特征一览表

	常规型产品	杠杆型产品	瓶颈型产品	关键型产品
对企业的影响/供应机会/风险	低	低	高	高
标准或非标准采购产品	标准	标准	通常为非标准，但可能兼而有之	通常为非标准，但可能兼而有之
供应商的数量	许多	许多	很少	很少
企业的支出水平	低	高	低	高
业务对供应商的价值	低	高	低	高

2. 采购产品的供应战略

（1）常规产品的供应战略

对于常规产品，企业最关心的是如何最大限度地降低采购所需的时间和精力。表 3-4 概括了针对企业需要长期采购的常规采购产品所采取的供应战略中所包括的要素。

表 3-4　　需要长期采购的常规型采购产品供应战略的包含要素

供应商数量	1
与供应商关系类型	最小干涉
合约类型	长期合约
供应商类型	能够尽可能多地满足企业的采购需求
	响应积极，可以最大限度地降低企业进行干涉的需要
	将在长期内连续供应企业所需产品

总之，供应商应该具备在不需要企业花费时间和注意力的前提下，处理大量常规采购产品业务的能力。它能被企业所提供的业务安排激发起足够的积极性。由于常规型采购产品的支出水平对供应商缺乏吸引力，因此供应商的响应水平就很大程度上取决于其积极性。一些供应商，不管业务规模大小都会给公司提供良好的服务，而另一些则不会这样。

评价常规型采购产品的潜在供应商时，企业不必对过多的评价标准进行调查，调查的评价标准越多，企业需要花费的时间和精力就越多。

企业还可以在众多潜在供应商中只对其中一些可能合适的供应商进行评价。这一象限企业的采购战略是最大限度地降低以后需要花费的精力，这个目标可能意味着在评价阶段要预先稍微多花费一些时间。

（2）杠杆产品的供应战略

杠杆型采购产品的支出费用很高，但是可能给企业带来的风险却很低，所以企业的主要目标是尽可能降低采购的价格和成本。

表 3-5 概括了杠杆型采购产品的供应战略中所包括的要素。有两个会影响供应战略变化的要素：转换成本有多高（如用一个供应商替换另一个供应商所需的成本等），以及不同供应商的产品价格是否变化很大。

表 3-5　需要长期采购的杠杆型采购产品的供应战略的包含要素

供应战略要素	例 1：转换成本极高	例 2：价格变化小/转换成本极低	例 3：价格变化小/转换成本相对较高	例 4：价格变化大/转换成本低	例 5：价格变化大/转换成本相对较高
供应商数量	1 个	很多	1 个	很多	2 个或 3 个
合同类型	定期合同——特别是长期合同	即期合同	定期合同	即期合同	定期（框架式）合同——尤其是中期合同
需要的供应商类型	合同期限内成本最低	当前成本最低	合同期限内成本最低	当前成本最低	合同期限内成本最低
期望与供应商建立的关系类型	合作型（一旦“锁定”合作关系，就不再滥用采购的强势）	交易型	交易型（采购适当的强势）	交易型	合作型

供应商关系类型和企业希望签署的合同类型是这里评价的重点。如果企业的转换成本相对较高，就应该通过签署定期合同（如果可能的话，合同年限可能是数年）与供应商建立相当长时期的合作关系。

当采购商的转换成本极高时，供应商是否准备采取企业所希望的合作姿态，或者是否设法利用其支配地位，将取决于它与企业合作的积极性高低。

反之，当企业的转换成本很低时，企业将采取的策略应该是在每次采购时，从成本最低的供应商处进行即期采购。

下面将依次讨论这两种策略，以及这两种策略所包含的供应商关系和要求。

① 适用定期合同的测评标准（如例 1、例 3 和例 5）。

企业当然总是要对与采购要求（如产品与规格要求的一致性和最低废品率等）相关的潜在供应商的综合能力进行评价。企业还需要确定供应商在合同期限内是否能够使企业的成本支出最低，以及在合同期限内，供应商是否能够连续不断地提供采购产品。

企业还应该评估与其要求相适应的供应商在以下各方面的能力：是否使用电子商务；是否能够履行与公司签订的无定额合同中所要求的授权采购义务；是否使用采购卡；是否可以合并账单；是否指定客户经理专门处理企业的业务。

② 适用现货采购的测评标准（如例 2、例 4）。

当前采购成本最低是进行现货采购的基础。因此，在这种情况下，企业无须再花费时间评价供应商降低成本的综合能力。而且，成本和供应可获得性的评价也可以推后到评价供应商报价的时候再进行。企业将确定在成本、能力和积极性方面，哪个供应商的综合水平最高，是履行即期合同的最佳人选。在供应商评估阶段，企业只需要研究供应商的产品质量和遵守承诺的交货时间的可靠性就可以了。

（3）瓶颈型产品的供应战略

瓶颈型采购产品是那些可能给企业带来很高风险的采购产品。它们可能是非标准型产品，或由于某种原因，生产投入不容易获得的产品。由于此类产品的总体支出水平很低，因此对供应商的吸引力也不大。

对于此类采购产品，企业的最主要也是最难实现的目标是将供应风险降至最低，这些风险一般包括产品质量和供应可获得性等。只有寻找到一个不在乎业务规模的大小，仍然能够积极地愿意与企业合作的供应商，才能实现这个目标。

表 3-6 概述了针对瓶颈型采购产品，企业的供应战略应考虑的要素。

表 3-6　　需要长期采购的瓶颈型采购产品供应战略的包含要素

供应商数量	1 个（也可能 2 个）
供应商关系类型	做一个“好客户”
合同类型	定期合同（可能持续相当长时间）
供应商类型	在可能给采购企业带来很大风险的领域具备特殊的能力
	不会滥用其强有力的谈判地位优势
	将在长期内持续供应企业所需的产品

对于瓶颈型采购产品，企业最关心的是供应商所提供的产品的质量是否符合要求，以及能否在合同期限内保持供应的持续性。由于企业需要的产品数量相对较少，因此企业不必过于担心供应商的生产能力。

（4）关键产品的供应战略

关键型采购产品是同时具备高支出费用水平，以及可能给企业带来高风险这两个特征的采购产品。表 3-7 概述了当企业为需要长期采购的关键型采购产品制定供应战略时应考虑的要素。

表 3-7　　需要长期采购的关键型采购产品的供应战略的包含要素

需要长期采购的关键型采购产品的供应战略的包含要素	
供应商数量	1 个
供应商关系类型	合伙关系
合同类型	长期“合伙”关系
供应商类型	必须在可能给公司带来最高风险的领域具备特殊能力
	必须长期具备提供低成本和技术领先产品的能力
	公司所需的产品和服务必须属于供应商的核心业务范围
	供应商的业务战略必须与公司的业务战略一致
	供应商必须有稳定的财务状况和持久的市场地位
	供应商必须未与公司的竞争者建立任何优待关系
	供应商不能试图利用其支配地位

表 3-7 所列的许多因素都与供应商的积极性而非能力有关。这是由于供应商的高积极性是成功的合作关系建立的基础。关键型采购产品的供应商评估需要企业花费大量的时间和精力。

表 3-8 概述了评价关键型采购产品供应商的适合性时，可以使用的主要评价标准。

表 3-8　　评价关键型采购产品供应商的适合性的一些主要标准

评价关键型采购产品供应商的适合性的一些主要标准		
采购商的要求	**相关因素（适用的）**	**用于评价供应商的标准举例**
在合同期限内能够以最低成本提供产品的供应商	直接原材料成本	采购与供应部门的发达水平和地位
		主要原材料投入的支出水平
	直接劳动力成本	预期未来五年的工资水平
	公司管理费用负担	公司管理费用占直接成本的比例
		采取的降低公司管理费用的措施
	生产效率和生产力	产量与所使用的投入和资源（如设备）的关系
		主要生产机器的平均使用时间
		库存水平
		已用于或计划用于提高生产效率的投资
	外向物流成本	供应商与发货点的接近程度以及供应商的物流管理系统
	设计能力	设计人员资质——现状及前景
		产品设计应用软件的使用
		已用于或计划用于提高设计能力的投资
	融资能力	邓白氏（Dun＆Bradstreet）信用评级，或银行给予公司的信用等级
		未来投资的可能性
业务战略的一致性	供应商的兴趣	供应商的公司在产品领域、对同一市场的兴趣以及辅助运营战略（如电子商务的使用等）等方面的一致性程度
采购产品属于供应商的核心业务范围	供应商的兴趣	所需产品在供应商核心业务中的重要程度
供应商的市场地位稳定	长期内的供应能力	市场份额和地位
财务状况稳定	长期内的供应能力	由相应评级机构（如 Dun＆Bradstreet）授予的信用等级或制作的详细财务分析
		在详细的财务分析基础上，公司的财务部门所得出的对供应商的看法
对自己的竞争者没有优待关系	符合公司的竞争利益	与公司竞争者的关系性质

任务三　采购需求分析

一、需求的类型

1. 业务性需求和资本性需求

一般来说企业有两种基本的需求类型，即业务性需求和资本性需求。

（1）业务性需求

它们是保证组织日常运转所需要的物品，如生产线上的零部件、维修性供给或办公用品，这些产品一般会在一年内被使用或消耗掉。

（2）资本性需求

它们是组织日常运转中不被消耗掉的固定资产，其使用寿命大于一年，如复印机、运货车辆、机器设备和建筑物等。

这里要注意的是，服务是在短期内被提供和使用的，因此有时会被认为是业务性需求。而事实上，有些服务，应被认为是资本性需求——例如，这些服务是与资本性项目有关的，如一个新的生产建筑物。在这种情况下，可能需要采购工程设计服务，并雇用建筑工人。这些服务将构成资本项目的成本，因此应当将它们当作资本项目来对待。

在具体运作中资本性的开支能导致有利的税收待遇，因此在许多财务会计系统中，其被给予不同的处理方式。由于这类原因，许多企业均对业务性采购和资本性采购区别对待。

2. 生产性需求和非生产性需求

当一家企业实施采购（无论是业务性还是资本性）的时候，都必须对不同功能的需求进行考虑，描述如下。

① 直接功能，即直接制造产品或服务，和（或）向最终消费者提供产品或服务。

② 支持功能，即从事服务和事务性活动（如会计）以支持直接功能。

直接功能的需求将主要与企业产品的生产和服务的提供有关。直接功能也可能需要非生产性的产品成本，如新的计算机软件的培训服务。

采用生产性采购与非生产性采购的区分方法，比采用直接功能和支持功能采购的区分方法更为合理，描述如下。

① 生产性采购，即企业最终产品的直接组成部分的物品采购，或直接介入生产过程的产品采购，如材料、零部件和生产设备。

② 非生产性采购，是指那些既不构成企业最终产品的直接组成部分，也不是生产过程中所使用的产品或服务的采购，包括非生产性需要的机器设备，维护、修理和运营（MRO）产品（如备件、工具和燃料）以及办公用品。

一般来讲，生产性和非生产性产品需求的性质是完全不同的，最重要的差别是相关需求的不确定性。生产性需求的采购，由于其最终需求是外部的，不直接由组织控制，一般更难预测。而另一方面，非生产性需求通常建立在内部计划（如新投资、项目等）基础上，企业可直接控制和安排预算，因此更易于进行预测。

由此，我们还可以将 4 种类型放在一起，得到以下 4 种需求划分。

① 生产的业务需求。

② 生产的资本性需求。

③ 非生产的业务性需求。

④ 非生产的资本性需求。

二、库存控制与采购数量确定

1. 库存控制

根据我国国家标准 GB/T 18354—2001《物流术语》，库存是指处于储存状态的物品。通俗地说，库存是指企业在生产经营过程中为现在和将来的耗用或者销售而储备的资源。广义的库存还包括处于制造加工状态和运输状态的物品。

（1）库存控制系统的要素

库存控制系统是以控制库存为共同目的的相关方法、手段、技术、管理及操作过程的集合。这个系统贯穿于从物资的选择、规划、订货、进货、入库、储存至最后出库的一个很长的过程，这些过程的作用结果是最后实现了控制库存的目的。一个企业的库存控制不好，就容易造成停工待料或物资积压，从而影响企业的生产和经营活动，使企业生产经营成本加大。

一般的库存控制系统中，起较大作用的要素主要有以下几种。

① 企业的选址和选产。这是库存控制系统中决定库存控制结果的最初要素。在规划一个企业时，企业的选址与未来控制库存水平有极大的关系。如果这个企业远离原材料产地而运输条件又差，则库存水平很难控制到低水平，库存的稳定性也很难控制。

同样，企业产品的决策本身便已是库存控制的一个影响因素，产品决策脱离了该地库存控制的可能性而导致产品失败的先例是很多见的。

企业选址和选产在一定意义上是库存对物品供应条件的选择，即该供应条件是否能保证或满足某种方式的控制。

② 订货。对于一个企业而言，库存控制是建立在一定要求的输出的前提下。因此，企业需要调整的是输入，而输入的调整依赖于订货，所以订货与库存控制关系十分密切，乃至不少企业的库存控制转化为订货控制，以此解决库存问题。

③ 运输。订货只是商流问题，是否能按订货意图的批量和批次以实现控制，这取决于运输的保障。运输是库存控制的一个外部影响要素。有时库存控制不能达到预期目标并不是控制本身或订货问题，而是运输的提前或延误。提前则一下子增大了库存水平，延误则使库存水平下降甚至会出现失控状态。

④ 信息。在库存控制中信息要素的作用和其他要素的作用应当是不可分的，在库存控制系统中，监控信息的采集、传递、反馈是控制的一个关键。可以说它是信息要素在这个系统中的关键点。

⑤ 管理。管理和信息一样，也是一般要素。库存控制系统并不是靠一条流水线、一种高新技术工艺等硬件系统支持，而是靠管理，因此，管理要素的作用可能更大一些。

（2）库存控制的途径

库存控制可以从以下几个方面采取措施。

① 正确计划用料。包括配合企业经营目标；增加资金预算精度；减少呆废料的产生；加强用料的控制；便于存量的管理。

② 适当存量管理。包括强化重点管理效果；提高物料周转率；保持适量的库存；适时、适量地供料。

③ 强化请购管理。包括适质、适量；适价、适时；充分掌握市场行情；与供应商保持良好关系。

④ 发挥储运功能。包括确保储运质量；正确地收发作业；强化验收管理；维护仓库安全。

⑤ 发挥盘点功效。包括消除料账差异；确保物料数量准确。

（3）库存控制原理

在库存过程中，能影响库存量大小的只有订货、进货、销售供应过程。订货、进货过程使库存量增加，销售供应过程使库存量减少。

通过对销售过程的控制来控制库存，意味着要对用户的需求进行限制性供应，这样自然会影响客户需求的满足度。它适用于紧缺物资的进销存系统和供不应求的物资。

通过对订货和进货过程的控制来控制库存，是在保证用户需求的情况下，通过控制订货进货的批量和频次来达到控制库存的目的。它是主动的、可行的，适合于供大于求的物资市场情况。

学习提示

你如何理解“零库存”？生产企业能够做到零库存吗？为什么？

2. 采购数量确定

在对产品或服务的采购量进行确定时，采购人员应当估计出一定时期内该种产品或服务最可能的需求量。由于企业对采购产品或服务的要求不断变化，因此实际需求量也随着时间而变化。采购人员在与供应商协商长期订购合同时，也需要对以后一段时期内的需求进行估计。另外，库存控制方法同样也要求对未来一段时期的需求量进行估计，以便明确供应前置期、安全库存以及订购数量。因此，采购人员应当尽可能详细地制订采购计划，否则采购的产品或服务的数量就有可能大大地偏离实际需求量。

（1）采购订货策略

采购订货策略的基本内容包括 3 个方面：①什么时候订货？即订货时机。②订多少？即订货量。③如何实施？即订货操作方法。一个采购订货策略，既是一个采购策略，又是一个库存控制策略。

（2）制定采购订货策略

制定采购订货策略，主要分析 3 个方面的问题：①需求者的需求类型分析；②经营者的经营方式分析；③选用合适的控制方法。

首先，要分析需求者的需求类型，要弄清需求的性质和规律，不同性质的需求应当采用不同的订货策略。①它属于什么需求类别，是独立需求，还是相关需求；②它属于什么需求性质，是属于确定型，还是随机型；③它属于什么需求分布，是正态分布，还是其他分布。

两种需求的性质中，确定型需求就是单位时间内的需求量均匀稳定，而且是确定不变的需求；随机型需求，是指单位时间内的需求量随机变化，时大时小，没有一个确定值的需求。

其次，要弄清经营者的经营方式。第一，不允许缺货。就是用户的所有需求都能由仓库实现现货供应，不能缺货。不允许缺货，意味着整个物资供应期间，库存量不能等于或小于零，仓库里总是有现货供应用户。第二，可以缺货。即允许不保证对用户的现货供应。用户来买货，仓库中有现货，就供应；没有现货，不会实行欠账供应。缺货，就意味着整个物资供应期间，库存量可以等于零，但不能小于零。第三，实行补货。补货意味着整个物资供应期间库存量能够等于零，也能够小于零，也就是仓库里有现货就供应用户。没有现货也供应，实行欠账供应，赶紧进货，待进货后再补货给用户，消除所欠的账。

常用的订购方式主要有以下几种。

① 订货点采购。订货点就是仓库必须发出订货的警戒点。到了订货点，就必须发出订货，否则就会出现缺货现象。订货点就是订货的启动控制点，是仓库发出订货的时机。订货参数有两个，一是订货时机，二是订货数量。

② 定量订货法模型（经济批量、EOQ 或 Q 模型）。定量订货法是一种基于物资数量的订

货法，它主要靠控制订货点和订货批量两个参数来控制订货、进货，达到既能很好地满足用户需求，又能使经营总费用最低的目的。但每天需要专人检查库存量，费时、费力。

③ 定期订货法（定期系统、定期盘点系统、P 模型）。基于时间的订货控制方法，它设定订货周期和最高库存量，从而达到库存量控制的目的。只要订货周期和最高库存量控制得当，既可以不造成缺货，又可以达到节省库存费用的目的。

④ 多品种联合订购。在实际工作中，大量出现多品种的联合订购，尤其是同类多品种、同城多品种的联合订购更是普遍。

按订购时间，联合订购可分为两类，即同品种相同周期的联合订购和同品种不同周期的联合订购。

任务四　采购计划制订

一、采购计划的内容

1. 采购计划

采购计划是根据市场需求、企业的生产能力和采购环境容量等确定采购的时间、采购的数量以及如何采购的作业。它是根据生产部门或其他使用部门的计划制订的包括采购物料、采购数量、需求日期等内容的计划表格。

2. 采购计划的分类

按计划期的长短，可以把采购计划分为年度物料采购计划、季度物料采购计划、月度物料采购计划等。

按物料的使用方向，可以把采购计划分为生产产品用物料采购计划、维修用物料采购计划、基本建设用物料采购计划、技术改造措施用物料采购计划、科研用物料采购计划、企业管理用物料采购计划。

按自然属性分类，可以把采购计划分为金属物料采购计划、机电产品物料采购计划、非金属物料采购计划等。

3. 采购计划的作用

① 可以有效地规避风险，减少损失。

② 为企业组织采购提供了依据。

③ 有利于资源的合理配置，以取得最佳的经济效益。

4. 采购计划的内容

采购计划的拟订涉及事项包括是否采购、怎样采购、采购什么、采购多少以及何时采购。好的采购计划可以使企业的采购管理有条不紊地顺利实现，一项完善的采购计划不仅包括采购工作的相关内容，而且包括对采购环境的分析，并要与企业的经营方针、经营目标、发展计划、利益计划等相符合，如表 3-9 所示。

二、采购计划的编制

1. 采购计划的编制流程

采购计划的编制是确定从企业外部采购哪些产品和服务能够更好地满足企业经营需求的

过程，所以在编制采购计划之前首先要做自制/外购分析，以决定是否需要采购。自制与外购的比较如表 3-10 所示。

表 3-9　采购计划的主要内容

部　分	目　的
计划概要	对拟议的采购计划进行扼要地综述，便于管理机构快速浏览
目前采购状况	提供有关物料、市场、竞争以及宏观环境的相关背景资料
机会与问题分析	确定主要的机会、威胁、优势、劣势和采购面临的问题
计划目标	确定计划在采购成本、市场份额和利润等领域所完成的目标
采购战略	提供将用于实现计划目标的主要手段
行动方案	谁去做，什么时候去做，费用多少
控制	指明如何监测计划执行

表 3-10　自制与外购的比较

自制的优点	外购的优点
避免了与供应商的交易费用	减少了存货成本
便于生产流程的协调	保证可替换资源
利用剩余劳动力和设备做出边际贡献	精力集中到企业的核心业务上
获得稳定的质量	降低投资风险
增加或保持企业规模	有利于获得规模效益
专门设计等企业内部信息不被泄露	易于增强效率和创新性

当决定需要采购时，合同类型的选择便成为买卖双方关注的焦点，不同的合同类型或多或少地适合不同类型的采购。在自制/外购分析和确定所采用的合同类型后，采购部门就可以着手编制采购计划了。

采购计划编制主要包括 8 个环节，即准备认证计划、评估认证需求、计算认证容量、制订认证计划、准备订单计划、评估订单需求、计算订单容量、制订订单计划，如图 3-4 所示。

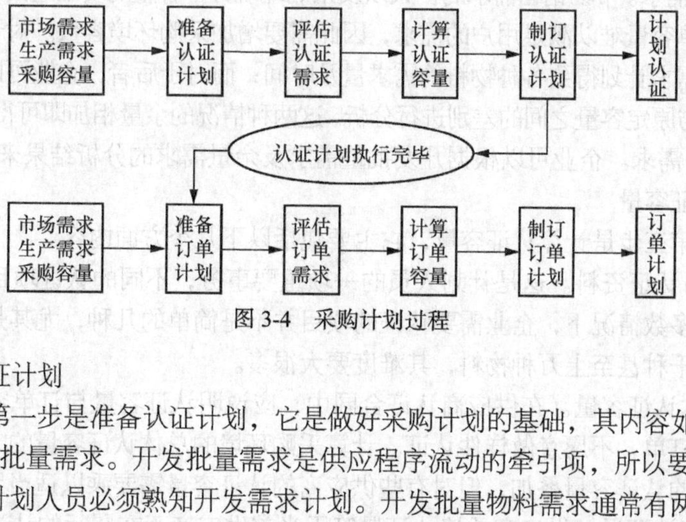

图 3-4　采购计划过程

（1）准备认证计划

采购计划的第一步是准备认证计划，它是做好采购计划的基础，其内容如下所述。

① 接收开发批量需求。开发批量需求是供应程序流动的牵引项，所以要制订比较准确的认证计划，采购计划人员必须熟知开发需求计划。开发批量物料需求通常有两种情形：一是在

目前的采购环境中能够挖掘到的物料供应。例如，以前接触的供应商的供应范围比较大，企业就可以从这些供应商的供应范围中找到企业需要的批量物料需求。二是现有的采购环境中无法提供企业需要采购的新物料，这就需要企业的采购部门寻找新的供应商。

② 接收余量需求。余量需求的产生主要有两个方面的原因：一是随着企业规模的扩大，市场需求也会变得越来越大，现有的采购环境容量不足以支持企业的物料需求；二是由于采购环境呈下降趋势，使物料的采购环境容量逐渐缩小，无法满足采购的需求。在这两种情况下，余量需求的产生要求对采购环境进行扩容。采购环境容量的信息一般由认证人员和订单人员提供。

③ 准备认证环境资料。采购环境的内容包括认证环境和订单环境两个部分。因为认证容量和订单容量是两个完全不同的概念,所以企业对认证环境进行分析时一定要分清这两个概念。认证容量通常用在认证供应商的过程中，是指为了保证供应的物品的质量以及其他各方面工作的顺利进行而要求供应商提供一定的资源用于支持认证操作。而订单容量是采购方向供应商发出的订单上的数量。有些供应商的认证容量比较大，但是其订单容量比较小，有些供应商的情况则恰恰相反。产生这些情况的原因在于认证过程本身是对供应商样件的小批量试制过程，这个过程需要强有力的技术力量支持，有时甚至需要与供应商一起开发；而订单过程是供应商的规模化的生产过程，其突出的表现就是自动化机器流水作业及稳定的生产，技术工艺已经固化在生产流程之中，故订单容量的技术支持难度比起认证容量的技术支持难度要小得多。

④ 制订认证计划说明书。即准备好认证计划所需要的材料：认证计划说明书，还应附有开发需求计划、余量需求计划、认证环境资料等。

（2）评估认证需求

其主要包括分析开发批量需求、分析余量需求、确定认证需求 3 个方面的内容。

① 分析开发批量需求。企业不仅要分析数量上的需求，而且要掌握物料的技术特征等信息。开发批量需求的类型包括：按照采购环境可以分为环境内物料需求和环境外物料需求；按照供应情况可以分为直接供应物料和需要定做物料；按照需求的环节可以分为研发物料开发认证需求和生产批量物料认证需求；按照国界可分为国内供应物料和国外供应物料等。对于如此复杂的情况，计划人员必须对开发物料需求做详细地分析，必要时还应与开发人员、认证人员一起研究开发物料的技术特征，按照已有的采购环境及认证计划经验进行分类。

② 分析余量需求。市场销售需求的扩大以及采购环境订单容量的萎缩这两种情况都导致了目前采购环境的订单容量难以满足用户的需求，因此需要增加采购环境容量。对于前者，企业可以通过市场及生产需求计划得到各种物料的需求量及时间；而对于后者，企业可以对现实采购环境的总体订单容量与原定容量之间的差别进行分析。这两种情况的余量相加即可得到总的需求容量。

③ 确定认证需求。企业可以根据开发批量需求及余量需求的分析结果来确定认证需求。

（3）计算认证容量

采购计划的第三步是计算认证容量，它主要包括以下几个方面内容。

① 分析项目认证资料。这是计划人员的一项重要事务，不同的认证项目及其过程和周期有很大差别。大多数情况下，企业需要认证的项目并不是简单的几种，尤其是对于规模比较大的企业，分析上千种甚至上万种物料，其难度要大很多。

② 计算总体认证容量。在供应商认证合同中，应说明认证容量与订单容量的比例，防止供应商只做批量订单，不愿意做样件认证。计算采购环境的总体认证容量的方法是把采购环境中的所有供应商的认证容量叠加，但对有些供应商的认证容量需要乘以适当系数。

③ 计算承接认证量。供应商承接认证量等于当前供应商正在履行的认证的合同量。认证

容量计算是一个复杂的过程，各种物料项目认证周期不同，一般是计算要求的某一时间段的承接认证量，最恰当的处理方法是借助电子信息系统，模拟显示供应商已承接认证量，以便认证计划决策使用。

④ 确定剩余认证容量。某一物料所有供应商群体的剩余认证容量的总和，称为该物料的剩余认证容量。

物料剩余认证容量=物料供应商群体总体认证容量-承接认证量

认证容量是一近似值，仅作参考，但它能指导认证过程的操作。

（4）制订认证计划

它主要包括对比需求与容量、综合平衡、确定余量认证计划、制订认证计划4方面的内容。

① 对比需求与容量。认证需求与供应商对应的认证容量之间一般都会存在差异，如果认证需求小于认证容量，企业则直接按照认证需求制订认证计划；如果认证需求量大大超出供应商容量，企业就要进行认证综合平衡，对于剩余认证需求要制订采购环境之外的认证计划。

② 综合平衡。它是指从全局出发，综合考虑生产、认证容量、物料生命周期等要素，判断认证需求的可行性，通过调节认证计划来尽可能地满足认证需求，并计算认证容量不能满足的剩余认证需求。

③ 确定余量认证计划。对于采购环境不能满足的剩余认证需求，企业应提交采购认证人员分析并提出对策，并与之一起确认采购环境之外的供应商认证计划。采购环境之外的社会供应群体如果没有与企业签订合同，那么制订认证计划时要特别谨慎，并要由具有丰富经验的认证计划人员和认证人员联合操作。

④ 制订认证计划。制订认证计划是确定认证物料数量及开始认证时间，其确定方法如下。

认证物料数量=开发样件需求数量+检验测试需求数量+样品数量+机动数量

开始认证时间=要求认证结束时间-认证周期-缓冲时间

（5）准备订单计划

准备订单计划可分为4个方面，详述如下。

①接收市场需求。市场需求的才是生产企业要生产的，如果不是市场需求的，那么经过多方努力制造出来的物品也是没有价值的。要想制订比较准确的订单计划，必须先制订市场需求计划或市场销售计划。企业的年度销售计划一般在上一年的年末制订，根据年度计划制订季度、月份的市场销售需求计划并报送至各个相关部门，同时下发到销售部门、计划部门、采购部门，以便指导全年的供应链运转。

② 接收生产需求。这对采购来说可以称为生产物料需求。生产物料需求的时间是根据生产计划产生的，通常生产物料需求计划（MRP）是订单计划的主要来源。物料需求计划主要来源于主生产计划、独立需求的预测、物料清单文件、库存文件。编制物料需求计划的主要步骤为：决定毛需求；决定净需求；对订单下达日期及订单数量进行计划。

③ 准备订单环境资料。准备订单环境资料是准备订单计划过程中的一个非常重要的内容。订单环境的资料主要包括：订单物料的供应商消息；订单比例信息（对多家供应商的物料来说，每一个供应商分摊的下单比例称为订单比例，该比例由认证人员产生并给予维护）；最小包装信息；订单的周期（指从下单到交货的时间间隔，一般以天为单位）。订单环境一般使用信息系统管理。订单人员根据生产需求的物料项目，从信息系统中查询了解该物料的采购环境参数及其描述。

④ 制订订单计划说明书。制订订单计划说明书也就是准备好订单计划所需要的资料，主

要内容包括：订单计划说明书（物料名称、需求数量、到货日期等），并附有市场需求计划、生产需求计划、订单环境资料等。

（6）评估订单需求

只有准确地评估订单需求，才能为计算订单容量提供参考依据，从而制订出好的订单计划。它主要包括以下 3 个方面的内容。

① 分析市场需求。必须仔细分析市场签订合同的数量与还没有签订合同的数量（包括没有及时交货的合同）的一系列数据，同时研究其变化趋势，全面考虑要货计划的规范性和严谨性，还要参照相关的历史要货数据，找出问题的所在。只有这样，企业才能对市场需求有一个全面的了解，才能制订出一个满足企业远期发展与近期实际需求相结合的订单计划。

② 分析生产需求。这是评估订单需求的首要工作。首先要研究生产需求的产生过程，然后再分析生产需求量和要货时间，这里通过一个企业的简单例子做一下说明。

某企业根据生产计划大纲，对零部件的清单进行检查，得到部件的毛需求量。在第一周，现有的库存量是 100 件，毛需求量是 40 件，那么新的现有库存量为：100-40=60（件）

到第二周时，库存为 60 件，此时预计入库 120 件，毛需求量是 80 件，那么新的现有库存为：60+120-80=100（件）

每周都有不同的毛需求量和入库量，于是就产生了不同的生产需求，所以对企业不同时期产生的不同生产需求进行分析是很有必要的。

③ 确定订单需求。订单需求是根据对市场需求和对生产需求的分析结果来确定的。其内容一般是通过订单操作手段，在未来指定的时间内，将指定数量的合格物料采购入库。

（7）计算订单容量

企业只有准确地计算好订单容量，才能对比需求和容量，经过综合平衡，最后制订出正确的订单计划。计算订单容量主要有四个方面的内容。

① 分析项目供应资料。在采购过程中，物料和项目是整个采购工作的操作对象。但如果没有供应商供应物料，那么无论是生产需求还是紧急的市场需求，一切都无从谈起。因此，供应商的物料供应是满足生产需求和满足紧急市场需求的必要条件。例如，现有顾客要求电脑组装商组装一批电脑，因此该组装商就会形成一项零部件采购任务。对于电脑而言，内存条、CPU、主板等零部件的质量要求是很严格的，所以该组装商就要充分了解这些零部件的供应情况，只有这样，在进行零部件采购时才能有的放矢。

② 计算总体订单容量。总体订单容量是多方面内容的组合。它一般包括两方面内容：可供给的物料数量、交货时间。例如，X 供应商在 12 月 31 日之前可供应 6 万个特种按钮（A 型 3 万个，B 型 3 万个），Y 供应商在 12 月 31 日之前可供应 10 万个特种按钮（A 型 4 万个，B 型 6 万个），那么 12 月 31 日之前 A 和 B 两种按钮的总体订单容量为 16 万个，其中 A 型按钮的总体订单容量为 7 万个。

③ 计算承接订单容量。承接订单容量是指某供应商在指定的时间内已经签下的订单量，但其计算过程较为复杂。例如，X 供应商在 12 月 31 日之前可以供给 6 万个特种按钮（A 型 3 万个，B 型 3 万个），若是已经承接 A 型特种按钮 2 万个，B 型 1 万个，已承接的订单容量就比较清楚，即 2 万个（A 型）+1 万个（B 型）=3 万个。

④ 确定剩余订单容量。剩余订单容量是指某物料所有供应商群体的剩余订单容量的总和，可以用下面的公式表示

物料剩余订单容量=物料供应商群体总体订单容量-已承接订单量

（8）制订订单计划

制订订单计划包括以下 4 个方面的内容。

① 对比需求与容量。只有比较出需求与容量的关系才能有的放矢地制订订单计划。如果经过对比发现需求小于容量，则企业要根据物料需求来制订订单计划。如果容量小于企业的物料需求，则要求企业根据容量制订合适的物料需求计划，这样就产生了剩余物料需求，需要对剩余物料需求重新制订认证计划。

② 综合平衡。它是指综合考虑市场、生产、订单容量等要素，分析物料订单需求的可行性，必要时调整订单计划，计算容量不能满足的剩余订单需求。

③ 确定余量认证计划。如果容量小于需求就会产生剩余需求，对于剩余需求，要提交认证计划制订者处理，并确定能否按照物料需求规定的时间及数量交货。为了保证物料及时供应，此时可以通过简化认证程序，并由具有丰富经验的认证计划人员进行操作。

④ 制订订单计划。制订订单计划是采购计划的最后一个环节，订单计划做好之后就可以按照计划进行采购工作了。一份订单包含的内容有下单数量和下单时间两个方面。

下单数量=生产需求量-计划入库量-现有库存量+安全库存量

下单时间=要求到货时间-认证周期-订单周期-缓冲时间

知识延伸

某企业采购计划制订程序

（1）营业部于每年度开始时，提供主管单位有关各机型的每季度、每月的销售预测。销售预测须经会议通过，并配合实际库存量、生产需要量、现实状况，由生产管理单位编制每月的采购计划。

（2）生产管理单位编制的采购计划副本送至采购中心，据以编制采购预算，经经营会议审核通过后，再将副本递交财务部门编制每月的资金预算。

某企业为了规范公司采购行为，降低公司经营成本，特制订以下采购计划的管理办法。

根据公司年度经营计划、材料消耗定额、各部门物资需求及现有库存情况，可以制订年度采购计划预案。

根据年度生产进度安排、资金情况和库存变化，相应制订年、季度或月度的具体采购计划，该计划按期滚动修订。

公司年度采购计划须经总经理办公会议批准实施，半年、季度采购计划须经总经理审批，月度采购计划变化不大的经主管副总经理批准。

根据采购计划制作的采购预算表，以一式多联方式提交，分别经采购部经理、主管副总经理、总经理按权限签批核准。

公司物料库存降低到安全库存量或控制标准时，可及时提出采购申请，并分为定量采购和定时采购两种方法实施采购。

2. 如何制订合理、完善的采购计划

市场的千变万化和采购过程的繁杂要求采购部门要制订一份合理、完善的采购管理计划。采购计划好比采购管理这盘棋的一颗重要的棋子，采购计划做好了，采购管理才能做得更成功。要制订合理的采购计划，企业应该从 3 个方面入手。

首先，企业要认真分析自身的情况。要制订好的采购计划，必须充分分析企业自身的实际情况，例如，企业在行业中所处的地位，现有供应商的情况、生产能力等，尤其是要把握企业长远发展计划和发展战略。企业发展战略反映着企业的发展方向和宏观目标，采购计划如果没有贯彻落实企业的发展战略，可能导致采购管理和企业的发展战略不协调，造成企业发展中的"南辕北辙"。脱离企业发展战略的采购计划，既缺乏科学依据，又可能使得采购部门丧失方向，因此，企业只有充分了解自身的情况，才能制订出切实可行的采购计划。

其次，要进行充分的市场调查。在制订采购计划时，企业应对自身面临的情况进行认真的市场调查。市场调查的内容应该包括经济发展形势、与采购相关的政策法规、行业发展状况、竞争对手的采购策略以及供应商的情况等。只有做好充分的准备工作，才能保证采购计划的顺利完成。否则，制订的计划无论理论上多么合理，最终还是难以经受得起市场的考验，它要么过于保守造成市场机会的丧失和企业可利用资源的巨大浪费，要么过于激进导致计划不切实际，无法实现而成为一纸空文。

最后，就是要广开言路，群策群力。许多采购组织在制订采购计划时，经常是由采购经理来制订，没有相关部门和基层采购人员的智慧支持，从而失去了实际的资料和最有创造性的建议，而且缺乏采购人员的普遍共识，导致采购计划因不够完善而影响采购运作的顺利进行。

一个企业若要制订出合理的采购计划，一定要从企业自身出发，了解自身的优势和劣势，再对比分析竞争对手的优势，因地适宜地制订采购计划，才能为企业发展提供不竭动力。

项目小结

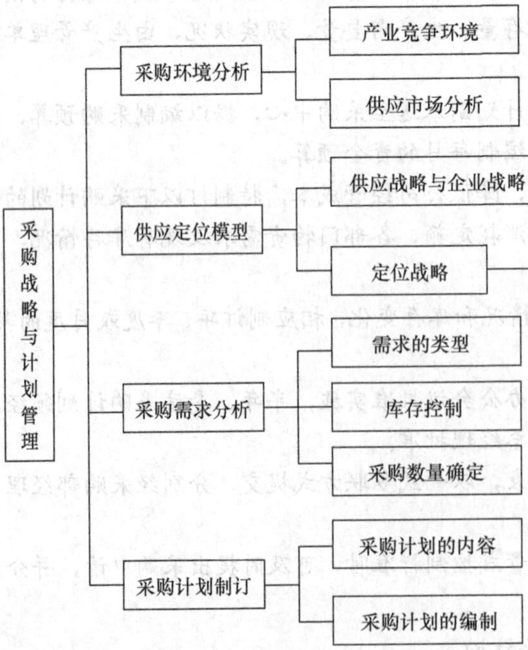

职场指南

1. 案例分析

某建筑公司在公路建造项目中所使用的材料如下所述。

（1）主要材料：钢筋、水泥、土工格栅等，在施工中直接构成工程主体结构且资金占用比重大的材料；

（2）沙石：一般在施工项目附近通过购买获得；

（3）专用材料：有特定用途或特别指定的材料，如桥梁支座、锚具；

（4）爆破材料：炸药、雷管；

（5）辅助材料：钢丝绳、铁钉。

表 3-11　　　　材料采购汇总

物料名称	金额（万元）	占总采购金额百分比（%）	供应商数量
钢筋	10676	23.82	多
水泥	8655	19.31	多
沙石	6745	15.05	多
锚具	4464	9.96	少
爆破材料	5038	11.24	少
桥梁支架	7915	17.66	少
合金钻头	919	2.05	少
土工格栅	385	0.86	少
钢丝绳	13	0.03	多
铁钉	9	0.02	多
采购总量	44819	100	

试根据物料采购金额比重和供应商数量的多少，使用供应定位模型，将表 3-11 中所示的物料划分为常规产品、杠杆产品、瓶颈产品和关键产品，并为这些物料制定供应战略。

2. 实训

以到企业实地调查为主，同时在网上查找资料，分析采购计划的编制过程。

知识检测

1. 选择题（不定项选择）

（1）一般而言，“PEST 分析法”分析的内容可分类为（　　）。

A. 政治　　B. 经济　　C. 社会　　D. 技术

（2）下列关于关键型象限产品特点的描述中正确的是（　　）。

A. 这一象限的产品对于企业经营的是否成功十分重要，而且只有少数几个供应商有能力提供这种商品或服务

B. 这一象限的产品是独特的或者是用户化的，或者它们仅仅代表着高价值的产品

C. 存在许多有能力的供应商，采购的重点在于价格分析

D. 集中采购和减少供应商数量将产生立竿见影的成本节约效果

（3）需求的类型包括（　　）。

A. 业务性需求　　B. 资本性需求　　C. 生产性需求　　D. 非生产性需求

2. 简答题

① 用波特“五力模型”和“PEST 方法”如何分析供应环境？

② 画出供应定位模型并分析四个象限的产品特点。

③ 采购需求的类型有哪些？

④ 常用的库存控制方法有哪些？

⑤ 采购计划的编制流程是什么？

多媒体学习

1. 建议阅读书目

[1] 北京中交协物流人力资源培训中心组织编译. 采购环境与供应市场分析[M]. 北京：机械工业出版社，2015.

[2] 王为人. 供与求的博弈[M]. 北京：机械工业出版社，2013.

[3] 计国君，蔡远游. 采购管理[M]. 厦门：厦门大学出版社，2012.

2. 网络学习资源

[1] 中国物流与采购网：http://www.chinawuliu.com.cn/

[2] 锦程物流网：http://www.jctrans.com/

项目四

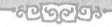

采购价格与成本分析

案例导入

宜家以低成本采购获得产品的竞争优势

宜家除在我国的价格表现略为偏高之外，在全球其他市场，宜家一向以优质低价的形象呈现，这得益于宜家经济的采购策略。

1. 以大规模采购获得低成本

宜家在为产品选择供应商时，会从整体上考虑，促使总体成本最低。即以计算产品运抵各中央仓库的成本作为基准，再按照每个销售区域的潜在销售量来选择供应商，同时参考质量、生产能力等其他因素。由于宜家绝大部分的销售额来自于欧洲和美国，所以一般只参考产品运抵欧洲和美国中央仓库的成本。

宜家在全球拥有近 2 000 家供应商（其中包括宜家自有的工厂）。供应商将各种产品由世界各地运抵宜家全球的中央仓库，然后由中央仓库运往各个商场进行销售。这种全球集中大规模采购方式可以取得较低的价格，挤压竞争者的议价空间。

同宜家的大规模采购方式相比，模仿者无法以近似的低价获得原材料，其产品定价又要低于宜家的价格，只有偷工减料或者是降低生产费用。由于宜家供应商获得的订单的数目巨大，其单位生产费用、管理费用已经相当低了，且宜家在价格上所加的销售费用、管理费用也不会太高，使得模仿者降低生产费用的空间极小。如果模仿者没有足够的利润空间，仿冒也就没有了原动力，偷工减料的产品也无法长期同宜家竞争。

2. 因地制宜，改良采购渠道，保持竞争优势

宜家的亚太地域的中心仓库设在马来西亚，所有运往中国商场的产品必须先运往马来西亚。这种采购方式使宜家总体的成本降低，但对于我国市场来说，成本较高。特别是对于家具这类体积较大的商品来说，运费在总成本中达到30%，直接影响到最终的定价。

随着宜家在亚洲市场特别是我国市场所占比重的不断扩大，它将越来越多的产品或者是产品的部件放在亚洲地区生产，这将大大降低运费对成本的影响。目前，宜家正在实施零售选择计划，即由我国商场选择几个品种，然后由我国的供应商进行生产，最后直接运往商店。例如，尼克折叠椅原先由泰国生产，运往马来西亚后再转运我国。采购价相当于人民币34元一把，但运抵我国后成本已达到66元一把。再加上商场的运营成本，最后定价为99元一把，年销售量仅为每年1万多把。实施这项计划后，我国的采购价为人民币30元一把，运抵商铺的成本增至34元一把，商场的零售价定为59元一把，比以前低了40元，年销售量猛增至12万把。

随着我国房地产热潮的高温不退，家居用品市场的竞争也日趋激烈，宜家在产品设计、营销方式以及品牌上已经和其他竞争对手形成了足够的差异。但是这种壁垒是否能够抵御其他家居用品商的进攻，价钱仍然是首要因素。降低采购成本后，宜家显然正在针对目标消费群体，加大本土采购力度，继续降低成本价格，把宜家在全球的价格优势发挥出来。再加上其特有的体验营销、服务营销等多种营销手法的综合运用，有助其与众多竞争对手区别开来，从而取得竞争优势。

思考与讨论：

（1）宜家如何通过采购建立其成本优势？

（2）宜家如何控制我国市场的采购成本？

（3）宜家的做法有哪些值得推广？

学习目标

知识目标

（1）明确采购价格的含义及影响因素，明确采购成本构成；

（2）理解供应商定价方法、产品成本分析方法；

（3）掌握询价方法技巧、采购成本控制方法。

能力目标

（1）熟悉供应商定价方法；

（2）掌握产品价格分析、采购成本分析的方法；

（3）掌握询价方法，熟练运用询价技巧；

（4）掌握成本控制的方法。

素质目标

（1）培养良好的调研分析能力；

（2）训练对于采购议价的交涉能力。

对于产品或业务的总体成本而言，依据产品的不同，采购成本占有30%～70%的比重。如何控制采购成本，争取优惠价格，保障企业利润最大，是采购与供应管理的核心内容之一。

任务一 认识供应价格

一、影响价格的因素

1. 认识采购价格

采购价格是指企业进行采购作业时，通过某种方式与供应商之间确定的所需采购物品和服务的价格。

依据不同的交易条件，采购价格会有不同的种类。采购价格一般由成本、需求以及交易条件决定，一般分为以下几种。

（1）送达价

送达价是指供应商的报价当中包含负责将商品送达期间所发生的各项费用。以国际贸易角度而言，即到岸价加上运费（包括在出口厂商所在地至港口的运费）和货物抵达买方之前的一切运输保险费、进口关税、银行费用、利息以及报关费等。这种送达价通常由国内的代理商，以人民币报价方式（形同国内采购），向外国原厂进口货品后，再售于买方，一切进口手续皆由代理商办理。

（2）出厂价

出厂价指供应商的报价不包括运送责任。这种情形通常出现在销售商拥有运输工具或供应商加计的运费偏高时，或当处于卖方市场，供应商不再提供免费的运送服务时。

（3）现金价

现金价指以现金或相等的方式支付贷款，但是“一手交钱，一手交货”的方式并不多见。按零售行业的习惯，月初送货、月中付款，或月底送货、下月中付款，即视同现金交易，并不加计延迟付款的利息。现金价可使供应商免除交易风险，企业也可享受现金折扣。

（4）期票价

期票价指企业以期票或延期付款的方式来采购商品。通常企业会加计迟延付款期间的利息于售价中。如果卖方希望取得现金周转，会将加计的利息超过银行现行利率，以使供应商舍期票价取现金价。另外，从现金价加计利息变成期票价，应用贴现的方式计算价格。

（5）净价

净价指供应商实际收到的货款，不再支付任何交易过程中的费用。这点在供应商的报价单条款中通常会写明。

（6）毛价

毛价指供应商的报价，可以因为某些因素加以折让。例如，供应商会因为企业采购金额较大，而给予企业某一百分率的折扣。例如，采购空调设备时，商家的报价已包含货物税，只要买方能提供工业用途的证明即可减免 50%的增值税。

（7）现货价

现货价指每次交易时，由供需双方重新议定价格。若有签订买卖合约，也以完成交易后即告终止。在企业众多的采购项目中，采用现货交易的方式最频繁；买卖双方按交易当时的行情进行，不必承担预立约后价格可能发生巨幅波动的风险或困扰。

（8）合约价

合约价指买卖双方按照事先议定的价格进行交易，合约价格涵盖的期间依契约而定，短的几个月，长的一两年。由于价格议定在先，经常造成与时价或现货价的差异，使买卖双方发生利害冲突。因此，合约价必须有客观的计价方式或定期修订，才能维持公平、长久的买卖关系。

（9）实价

实价指企业实际上所支付的价格。特别是供应商为了达到促销的目的，经常提供各种优惠的条件给买方，如数量折扣、免息延期付款、免费运送等，这些优待都会使企业的采购价格降低。

2. 影响价格的因素

确定最优的采购价格是采购管理的一项重要工作，采购价格的高低直接关系到企业最终产品或服务价格的高低。因此，在确保满足其他条件的情况下，力争最低的采购价格是采购人员最重要的工作。为满足上述要求，就有必要充分了解影响采购价格的因素。

影响采购价格的因素主要有成本和市场两个方面。成本是影响采购价格的内在因素，受生产要素的成本如原材料、劳动力价格、产品技术要求、产品质量要求、生产技术水平等影响；而市场则是影响采购价格的外在因素，包括经济、社会政治及技术发展水平，具体有宏观经济条件、供应市场的竞争情况、技术发展水平及法规制约等。这些影响因素简要分述如下。

知识延伸

变动费用计价

销售收入=销售数量×单价

生产成本=固定费用+可变费用

=固定费用+销售数量×可变费用率

变动费用计价策略举例：如生产企业不因增加订购量而购买新机器设备，或建立厂房，则其固定成本早已在这些采购交易之前发生，因此，采购时可以只考虑变动费用及供应企业的合理利润。

例如，丙公司决定向甲公司采购某种零件，丙公司调查得知乙公司一直在向甲公司订购该种零件，价格为 2 200 元/单位。目前甲公司的机械设备利用率仅为 75%，如丙公司向甲采购，甲公司不必因此增加新的机械设备，因此丙公司要求价格定为 2 000 元/单位，甲公司接受了这批订单。

二、产品成本构成分析

1. 公平价格

采购主管们都认为供应商应该对其提出一个公平的价格，或在讨价还价中达成这一公平的价格。在这里，公平的价格是指对于那些不定时间、不定地点发生的需求，供应商能够保证对具备相当质量的货物持续进行供应的最低价格。

对于旨在获得合理利润的供应商来说，长期的持续供应是必要的，也是他们所乐意的。供应商的总成本，包括一定量的合理利润，应该能在长期的交易过程中得到补偿。即使这个过程中的某一项交易在某个特定的期间内不能完全满足这种要求，这项交易的价格至少也应该超过供应商的直接成本，否则交易将难以进行。

对于某一项交易来说，提供给一个供应商的公平价格可能高于提供给另一个供应商的公平价格，甚至高于提供给同一供应商的另一项同等重要交易的公平价格。对于采购者来说，这些价格都可以是“公平的价格”，并且采购者可以同时支付这些不同的“公平价格”。

即使是由垄断者或通过供应商之间的串通所制定的价格也可能是不公平的；同样，现行价格也可能是不公平的。例如，黑市价格或者通过垄断行为的压抬所形成的价格，均是现行的价格，但它们并不是公平的价格。

在变化的环境中，采购主管需要不断地确定公平价格，这就要求他们具有经验和常识。在制定公平合理的价格过程中，涉及很多变化着的因素。

从某种意义上讲，对这些因素的准确衡量必须利用过去的经验和对签订条款的过程及类似于储存、运输等物流成本和其他相关成本的透彻理解。

2. 成本与价格的关系分析

在上述公平价格概念的基础之上，我们进一步分析成本与价格的关系。

（1）成本的构成分析

制造行业中主要存在着两种成本——直接成本和间接成本。

直接成本通常指那些能够具体而准确地归入某一个特定生产部件的成本，即直接消耗的材料或者直接耗费的人工。然而，在已经被普遍接受的会计实务中，已消耗掉的特定材料的实际价格很有可能并不影响实际材料成本的计算。因为材料的实际价格可能会在一个时期内上下波动，所以在计算实际材料成本时通常使用所谓的标准成本。一些公司把上一会计期间所支付的各种材料的价格作为标准成本，其他的公司则把一定期间内的平均价格作为标准成本。

间接成本是指那些在企业的日常运作过程中发生的，不能直接归入任何一种生产部件的成本。如租金、财产税、折旧费用、一般管理人员的办公费用、信息的处理费用、动力、供热和照明费用等。间接成本通常也用来指间接费用，它们既可以是固定的，也可以是变动的。

在会计层面上，把成本分为可变成本、半可变成本和固定成本是一种通常用的做法。对于价格/成本关系的任意一次有意义的分析来说，这种分类方法都是十分必要的。大多数直接成本是可变成本，因为它们随着生产部件数量的变化而成比例地变化。

半可变成本虽然也随所生产的产品数量的变化而变化，但是它们是部分变动、部分固定不变。例如，当一个工厂以其90%的生产能力进行生产时，要比只用50%的生产能力生产时消耗更多的热力、照明和动力，但这些成本的差异并不是与所生产产品的数量成比例变化的。实际上，即使一段时期内工厂完全没有进行生产，一定量的用于供热、照明和动力的成本（固定的）也是不可避免的。

固定成本通常不随产量的变化而改变。在分配固定成本时有几种会计方法，其中常用的一种方法是摊销。对于固定耗费的合理分配依赖于这个摊销的合理确定和对未来产量的准确预测。显然，当以全部的生产能力进行生产时，这个百分比是应该降低的。

因为历史上人工成本代表着成本中最大的一部分，所以工厂间接费用经常是按照直接人工成本的一个确定的百分比来计算的。尽管现在成本的构成已经发生了很大的变化，标准成本会计方法却没有什么变化。销售、管理及一般费用都是依据总的制造成本的一个固定的比例来确定的。

（2）成本与价格关系分析

在知道了一定时期内的平均成本、直接人工成本和用来确定间接费用的一定期间的预定产量，我们可以确定一件产品的成本及其价格。综上所述，产品价格可以用以下公式表示

价格=成本+预期利润=固定成本+可变成本+预期利润

如果这种成本确定的方法是可以接受的，那么随之产生的一个逻辑上的问题是，这是谁的成本？一些制造商具有比另一些制造商更高的效率，而所有的制造商几乎都是以一个相同的价格销售同种的商品，那么这个价格是应该高于那些效率最高的供应商的成本呢，还是应该高于所有的制造商的成本呢？而且，成本不一定能够用来确定市场价格。当一家供应商因为成本的原因而坚持一定的价格时，它是毫无道理的。综上所述，产品的价格是由市场决定的，并且它们也只能够以市场所接受的价格出售。

知识延伸

采购成本分析表如表 4-1 所示。

表 4-1　　采购成本分析表

厂商名称：　　　　　　年　　月　　日

产品名称		零件名称		零件料号		估价数量		备注
主材料费	No.	名称	规格	厂牌	单价	用量	损耗率	材料费
加工费	No.	工程内容	使用设备	日产量	设备折旧	模具折旧	单价	加工费
后加工费	No.	加工名称	使用设备	日产量	加工单价	说明		
材料费合计			加工费合计			后加工费合计		
营销费用			税金			利润		
总价								
备注：								

三、供应商定价方法

采购部门弄清楚供应商依据什么来报价，对分析报价的合理性以及在价格谈判时会有很大的帮助，但一般情况下，供应商都不会告诉采购方，他的报价是如何做出来的。有的采购部门凭直觉和经验来估算价格，有的则用一套较严密的方法，甚至设立专门的成本核算小组来为报价提供可靠的依据。

1. 供应商定价的目标

每一个生产者或供应商，在具体定价时都要明确其目标。供应商制定新产品价格的目标主要有两个，即获取利润目标和占有市场目标。

（1）获取利润目标

利润是考核和分析销售工作好坏的一项综合性指标，是供应商最主要的资金来源。以利润为定价目标有三种具体形式，即预期收益、最大利润和合理利润。

① 获取预期收益目标。预期收益目标是指供应商以预期利润（包括预交税金）为定价基点，并以利润加上产品的完全成本构成价格出售产品，从而获取预期收益的定价目标。预期收益目标有长期和短期之分，大多数供应商都采用长期目标。

② 获取最大利润目标。最大利润目标是指供应商在一定时期内综合考虑各种因素后，以总收入减去总成本的最大差额为基点，确定单位产品的价格，以取得最大利润的一种定价目标。最大利润是供应商在一定时期内可能并准备实现的最大利润总额，而不是单位产品的最高价格（最高价格不一定能获取最大利润）。当供应商的产品在市场上处于绝对有利地位时，往往采取这种定价目标，它能够使供应商在短期内获得高额利润。最大利润一般应以长期的总利润为目标。

③ 获取合理利润目标。合理利润目标是指供应商在补偿正常情况下的社会平均成本基础上，适当地加上一定量的利润作为产品价格，以获取正常情况下合理利润的一种定价目标。供应商在自身力量不足，不能实行最大利润目标或预期收益目标时，往往采取这一定价目标。

（2）占领市场目标

利润高低并不必然反映供应商的市场地位，更不能反映它同其他竞争供应商的关系，而市场占有率则能准确反映供应商在同行业的地位和竞争实力。因此，许多供应商以市场占有率作为自己的价格目标。这种目标一般以低价渗透占领市场和以对抗对手的竞争价格占领市场两种模式为主。

2. 供应商定价的程序

供应商确定了营销价格目标以后，还必须按照产品价格制定的一般程序，估算销售潜量，预测竞争反应，选择定价方式，唯如此，才能制定出适合自身发展的价格。产品营销价格的制定程序一般包括如下几个步骤。

① 确定价格目标。首先根据供应商经营目标，确定相应的定价目标。

② 估算市场销售潜量。市场销售量大小的估算关系到新产品投放市场和老产品拓宽市场的成败，常用方法有了解市场预期价格、估算不同价格下的销售量、分析竞争对手反应、预计市场占有率等。

经过以上述程序的分析、研究，供应商最后选择具体的定价方法来确定产品的价格。

3. 供应商定价的主要方法

成本、需求、竞争是影响供应商定价的最基本因素，因此，与之相对应，就形成了以成本、需求、竞争为导向的三类基本定价方法。

（1）成本导向定价法

成本导向定价法是以成本为依据来制定价格的方法，主要包括成本加成定价法、边际成本导向定价法、盈亏平衡定价法等。

① 成本加成定价法。这是一种比较常见的产品定价方法，它以行业平均成本费用为基础，加上规定的销售税金和一定的利润所组成。基本公式是

出厂价格＝单品制造成本+单品销售利润+出厂价格（期间费用率+销售税率）

出厂价格＝（单品制造成本+单位产品销售利润）/（1−期间费用率−销售费用率）

＝[单品制造成本×（1+成本利润率）]/（1−期间费用率−销售费用率）

期间费用：包括管理费用、财务费用和销售费用。

期间费用率：期间费用/产品销售收入。

销售税率：指产品在销售环节应缴纳的消费税、城市维护建设税及教育费附加。

销售利润：行业的平均利润，也可以是企业的目标利润。

成本利润率：销售利润与制造成本的比率。

② 边际成本导向定价法。边际成本导向定价法，又叫边际贡献导向定价法，是抛开固定成本，仅计算变动成本，并以预期的边际贡献补偿固定成本以获得收益的定价方式。边际贡献是指供应商每增加一个产品的销售，所获得的收入减去边际成本后的数值。如果边际贡献不足以补偿固定成本，则出现亏损。基本公式如下。

价格=变动成本+边际贡献

边际贡献=价格-变动成本

利润=边际贡献-固定成本

边际成本导向定价法适用于竞争十分激烈、市场形势严重恶化等情况，目的是减少供应商损失。因在供过于求时，若坚持以完全成本价格出售，就难以为采购方所接受，会出现滞销、积压，甚至导致停产、减产，不仅固定成本无法补偿，就连变动成本也难以收回；若舍去固定成本，尽力维持生产，以高于变动成本的价格出售产品，则可用边际贡献来补偿固定成本。

③ 盈亏平衡定价法。它也叫目标利润定价法或收支平衡定价法，是指在销量既定的条件下，企业产品的价格必须达到一定的水平才能做到盈亏平衡、收支相抵。既定的销量就称为盈亏平衡点，这种制定价格的方法就称为盈亏平衡定价法。其要点是确定盈亏平衡点，即企业收支相抵，利润为零时的状态。基本公式如下。

产品出厂价格 =（单位变动成本+单位固定成本）/（1-销售税率）+目标利润/[预计销售量×（1-销售税率）]

目标利润 =（单位变动成本+单位固定成本）×预计销售量×成本利润率

产品出厂价格 = [（单位变动成本+单位固定成本）×（1+成本利润率）]/（1-销售税率）

（2）需求导向定价法

它也叫需求弹性定价法，是指供应商根据市场需求状况和采购方的不同反应分别确定产品价格的一种定价方式。

需求导向定价法一般是以该产品的历史价格为基础，根据市场需求变化情况，在一定的幅度内变动价格，以致同一产品可以按两种或两种以上价格销售。这种差价可以因采购方的采购能力、对产品的需求情况、产生的型号和式样以及时间、地点等因素的不同而采用不同的形式。如以场所为基础的差别定价，虽然成本相同，但具体地点不同，价格也有差别。

（3）竞争导向定价法

竞争导向定价法是供应商根据市场竞争状况确定产品价格的一种定价方式。

竞争导向定价法的具体做法是：供应商在制定价格时，主要以竞争对手的价格为基础，与竞争品价格保持一定的比例。即竞争品价格未变，即使产品成本或市场需求变动了，也应维持原价；竞争品价格变动，即使产品成本和市场需求未变，也要相应调整价格。

（4）随行就市定价法

所谓随行就市定价，是指供应商按照行业的现行价格水平来定价。在难以估算成本；供应商打算与同行和平共处；如果另行定价，很难了解采购方和竞争者对本供应商的价格的反应等情况下往往采取这种定价方法。

（5）密封投票定价法

该法通常采用公开招标的办法。即采购方在报刊上登广告或发出函件，说明拟采购产品的品种、规格、数量等具体要求，邀请供应商在规定的期限内投标。供应商在规定的期限内填写标单，上面填明可供应产品的名称、品种、规格、价格、数量、交货日期等，密封送给招标人（采购方）；这种价格是供货供应商根据对竞争者的报价的估计制定的，而不是按照供货供应商自已的成本费用或市场需求来制定的。

阅读与思考

价格折扣

折扣是工业企业产品销售常用的一种促销方式。了解折扣有助于采购商在谈判过程中降低采购价格。折扣概括起来大体分为以下几类。

（1）付款折扣。现金付款比月结付款的采购价格通常要低，现金货币付款比其他货币付款具有价格优势。

（2）数量折扣。数量小的订单其单位产品成本较高，因为小数量订单所需要的订单处理（如印刷、电子元件的生产等。以印刷为例，每当印刷品的数量增加一倍，其单位产品的印刷成本可降低多达50%）累积成本较高。

（3）地理折扣。跨国生产的供应商在销售时实行不同地区不同价格的地区差价，对于地理位置有利的客户以折扣优惠。此外，如果供应商的生产场地或销售点接近顾客时，往往也可以因交货运输费用低等原因获得较优惠的价格。

（4）季节折扣。许多消费品包括工业消费品都具有季节性，相应的原材料和零部件的供应价格也会随着季节的变化而上下波动。在消费淡季时将订单下给供应商往往能拿到较低的价格。

（5）推广折扣。许多供应商为了推销产品、刺激消费、扩大市场份额或推广新产品、降低市场进入障碍，往往采取各种推广手段，在一定的时期内降价促销。企业有策略地利用推广折扣是降低采购成本的一种手法。

思考：折扣有什么意义？请举例说明。

任务二　明确采购成本

一、采购成本的构成

1. 整体采购成本

（1）整体采购成本的条件

在采购过程中，原材料或零部件的采购价格固然是很重要的财务指标，但作为采购人员，不仅要看到采购价格本身，还要将采购价格与交货、运输、包装、服务、付款等相关因素结合起来考虑，衡量采购的实际成本。

对于非生产用原材料（如设备、服务）等的采购，除以上因素外，影响采购成本的还有维修与保修、设备与附件、安装、调试、图样、文件与说明书、许可证、培训、专用及备用工具等。

（2）整体采购成本的内容

整体采购成本又称为战略采购成本，是除采购成本之外考虑到原材料或零部件在本企业产品的全部寿命周期过程中所发生的成本，它包括采购市场调研、自制或采购决策、产品预开发与开发中供应商的参与、供应商交货、库存、生产、出货测试、售后服务等整体供应链中各环节所产生的费用对成本的影响。概括起来是指在本公司产品的市场研究、开发、生产与售后服务各阶段，因供应商的参与或提供的产品（或服务）产生的成本，它包括供应商的参与或提供的产品（或服务）没有达到的最好水平而造成的二次成本或损失。作为采购人员，其最终目的是降低整体采购成本。

按功能来划分，整体采购成本发生在以下过程中：开发过程、采购过程、企划过程、质量过程、服务过程。

① 开发过程中，因供应商介入或选择导致可能发生的成本。

a. 原材料或零部件影响产品的规格与导致可能发生的成本。

b. 对供应商技术水平的审核产生的费用。

c. 原材料或零部件的认可过程产生的费用。

d. 原材料或零部件的开发周期影响本公司产品的开发周期而到来的损失或费用。

e. 原材料或零部件及其工装（如模具）等不合格影响本公司产品开发而带来的损失或费用。

② 采购过程中可能发生的成本。

a. 原材料或零部件采购费用或单价。

b. 市场调研与供应商考察、审核费用。

c. 下单、跟单等行政费用。

d. 文件处理费用。

e. 付款条件所导致的汇率、利息等费用。

f. 原材料运输、保险等费用。

③ 企划（包括生产）过程中可能因采购而发生的成本。

a. 收货、发货（至生产使用地点）费用。

b. 安全库存仓储费、库存利息。

c. 不合格来料滞仓、退货、包装、运输带来的费用。

d. 交货不及时对仓库管理等工作的影响造成的损失。

e. 生产过程中的原材料或零部件库存费用。

f. 企业与生产过程中涉及原材料或零部件的行政费用等。

④ 质量过程中可能发生的采购成本。

a. 供应商质量体系审核及质量水平确认产生的费用。

b. 检验成本。

c. 因原材料或零部件不合格而导致的对本公司的生产、交货方面造成的损失。

d. 不合格品本身的返工或退货成本。

e. 生产过程中不合格品导致的本公司产品不合格而导致的损失。

f. 处理不合格来料的行政费用等。

⑤ 售后服务过程中因原材料或零部件而发生的成本。

a. 零部件失效产生的维修成本。

b. 零部件服务维修点服务不及时造成的损失。

c. 因零部件问题严重而影响本公司的产品销售造成的损失。

d. 因零部件问题导致本公司的产品理赔等产生的费用。

在实际采购过程中，整体采购成本分析通常要依据采购物品的分类模块，按 80/20 规则选择主要的零部件进行，而不必运用到全部的物料采购中。

2. 学习曲线

（1）学习曲线的含义

学习曲线（The Learning Curve）是分析采购成本、实施采购降价的一个重要工具和手段。学习曲线最早由美国航空工业提出，其基本概念是随着产品的累计产量增加，单位产品的成本会以一定的比例下降。需要说明的是这种单位产品价格成本的降低与规模效益并无任何关系，它是一种学习效益。这种学习效益是指某产品在投产的初期由于经验不足，产品的质量保证、生产、维护仍然需要较多的精力投入以至于带来较高的成本。随着累计产量的增加，管理逐渐成熟，所需的人、财、物力逐渐减少，工人越来越成熟，质量越来越稳定，前期生产学习期间的各种改进逐步见效，因而成本不断下降，主要表现在以下几个方面。

① 随着某产品逐步进入成长、成熟期，其生产经验不断丰富，所需的监管、培训及生产维护费用不断减少。

② 随着累计产量增加，工人越趋熟练，生产效率不断提高。

③ 生产过程中的报废率、返工率以及产品的缺陷率不断降低。

④ 生产批次不断优化，设备的设定、模具的更换时间不断缩短。

⑤ 随着累计产量的增加，原材料的采购成本不断降低。

⑥ 经过前期生产学习，设备的效率及利用率等方面不断得到改进。

⑦ 通过前期生产学习，物流不断畅通，原材料及半成品等库存控制日趋合理。

⑧ 通过改进控制，突发事件及故障不断减少。

⑨ 随着生产的进行，工程、工艺技术调整越来越少。

（2）学习曲线的基本模型

学习曲线反映累计产量的变化对单位成本的影响，累计产量的变化率与单位工时或成本的变化率之间保持一定的比例关系。

一个曲率为 80%的曲线意味着如果生产的产品的累计量翻倍时，生产一个单位的产品所要求的时间只需要原始时间的 80%。

（3）学习曲线另一种表达式

计算总直接人工小时（或总成本）L：$L=y(x)=ax$

L：总直接人工小时；

x：累计产量；

a：系数。

总直接人工小时（或总成本）随累计产量的增加以递减的比率增加。

（4）学习曲线的应用条件

学习曲线和其他管理方法一样，其应用是有条件的。它首先满足两个基本假定：一是生产过程中确实存在着“学习曲线”现象；二是学习曲线的可预测性，即学习现象是规律的，因而学习曲线率是能够预测的。除此之外，学习曲线是否适用，还要考虑以下几个因素。

① 它只适用于大批量生产企业的长期战略，而对短期决策的作用则不明显。

② 它要求企业经营决策者精明强干、有远见、有魄力，充分了解企业内外的情况，敢于坚持降低成本的各项有效措施，重视经济效益。

③ 学习曲线和产品更新之间既有联系，又有矛盾，应处理好二者的关系，不可偏废。不

能片面认为只要产量持续增长，成本就一定会下降，销售额和利润就一定会增加。如果企业忽略了资源市场、顾客爱好等方面的情况，就难免出现产品滞销、积压以致停产的局面。

④ 劳动力保持稳定，不断革新生产技术和改革设备。

⑤ 学习曲线适用于企业的规模经济阶段，当企业规模过大，出现规模不经济时，学习曲线的规律不再存在。

知识延伸

表 4-2　典型学习曲线

钢板冷冲	92%	电线焊接	90%
机加工	88%	电子线路板组装	85%
一般组装	83%	大型飞机组装	80%

举例如下：

生产飞机的制造商发现生产每架飞机所需的直接劳动时间随着积累数量的增加有规律地减少。不论是生产战斗机还是轰炸机，也无论生产第一架飞机的所用时间多少，第 8 架飞机所需的时间是第 4 架的 80%，第 12 架是第 6 架的 80%等，也就是说，当产量加倍时，所需的时间就减少 20%。

对于采购来说，学习曲线的分析一般适合以下情形：

① 供应商按客户的特殊要求制造的零部件；

② 涉及需大量投资或新添设备设施的产品生产；

③ 需要开发专用的模具、夹具、检具或检测设施，无法同时向多家供应商采购；

④ 直接劳动力成本占价格成本比例较大。

案例链接

采购员王小姐正看着桌子上的 5 家供应商的关于“CHEM2000”的投标书，5 个星期前她发了 RFQ（Request For Quotation），现在收到了这 5 家供应商的回函。作为 MM 模具公司的一位新采购员，负责采购生产模压塑料的材料。“CHEM2000”是一种特殊组成的化学药品，用于生产镀膜塑料，专门用在 MM 模具公司的模具上。第一化工公司（简记为 FC）是这家公司 4 年以来的供应商，今年总年度 A 需求量估计在 1 000 000 加仑（1M gallon）。5 家的报价总结如下。

	Price Per gallon（USD）	Total annual consumption
Amline Chemical（AC）	4.46	4 460 000
Northern Star（NS）	5.13	5 130 000
Drew Chemical（DC）	4.68	4 680 000
First Chemical（FC）	4.3	4 300 000
Boston Coating（BC）	4.9	4 900 000

王小姐看完这些报价有些困惑。她刚和 AC 公司的客户经理刘先生通完电话，其估计生产“CHEM2000”需要一次性投入建设费 150 万 USD，这个费用要在一年中分期摊销以适应将来

不稳定的订单。王小姐马上和其他供应商联系，他们确认了刘先生的估计基本准确。

第二步，王小姐取出过去4年的竞标记录，在各种场合下，FC公司总比其他供应商低10～15美分。王小姐为了进一步弄清事实，又打电话给安迪小姐，MM模具公司的材料工程师。安迪小姐告诉她生产"CHEM2000"的材料和人工符合90%的学习曲线，这意味着有着4年生产经验的操作员可以有20%的价格上优势，她估计今年应有2%的效率。

王小姐现在认为，有些地方以前没有考虑到，"难道我们在过去一直被多收钱了吗？"

思考：

（1）以AC公司的报价为基础，考虑学习曲线和财务因素，今年的价格应该降为多少？

（2）FC公司的行为有何不当之处？你会断绝与FC公司的关系吗？为什么？如果继续保持与FC公司的商务合作，是出于什么原因？

（3）为什么在4年中错误一直未被发现？这种情况应如何避免？

3. 质量成本与沉没成本

（1）质量成本

质量成本（Cost Quality）是采购人员审核供应商成本结构、降低采购成本所应看到的另一个方面。目前质量成本尚无统一的定义，其基本含义是指工业企业针对某项产品或者某类产品质量、服务质量或质量不符合要求而导致的成本增加。其实质意义是不合格成本，主要包括退货成本、返工成本、停机成本、维修服务成本、延误成本、仓储报废成本等。

① 退货成本。在整体供应链（包括采购、生产、仓储、运输各销售过程）中任何环节出现的不合格退货所产生的成本。

② 返工成本。在采购、生产、仓储、运输和销售过程中由于产品或工作不符合要求而需要进行返工维修或检验所带来的成本增加，包括人工、材料、运输等费用。

③ 停机成本。因任何原因而导致的设备停机、生产停止所造成的损失，包括设备因维护不善出现故障。

④ 维修服务成本。在产品卖出以后，由于产品质量、服务质量等问题导致的在维修期内所发生的所有费用，如处理顾客投诉、维修产品、更换零部件等成本。

⑤ 延误成本。指产品开发及交货延误导致的成本增加或损失。其中包括产品开发工程中，因设计错误或设计延误导致人工损失、设备设施报废、产品进入市场时间推迟而造成的直接经济损失，以及在生产及交货过程中，因交货延误导致的理赔或失去市场等损失。

⑥ 仓储报废成本。因产品换代、仓储时间过长、仓储条件不好等导致的原材料、零部件或成品报废。

（2）沉没成本

沉没成本是指因过去采购决策失误而造成的一种成本。例如，过去发生的各种费用，投资失误而不能收回的资金，完成采购但因项目变化而无法使用只能通过转卖回收的采购支出与转卖收入的差额等。

二、询价方法及技巧

询价（Request For Quotation）是采购人员在作业流程上的一个必要阶段。在接到请购单、了解目前库存状况及采购预算后，采购人员通常最直接的反应就是马上联络供应商，确定价格。

1. 选用恰当的方法来确定价格

确定价格有许多种方法，其中最为常见的是评价对请求报价单的回应、公开招标或者谈判。

（1）采用报价单或公开招标

当承诺金额超过一定数量时，如超过10 000元，报价单一般是可靠的。政府采购常常通过投标来进行。法律规定报价最低、有责任感的投标者将获得订单。在工业实践中，采购者通过征求报价单来选择供应商，并就最终价格与选定的供应商进行谈判。

关于招标的具体阐述请见本书项目九。

（2）通过谈判

谈判是价格确定过程中最复杂，也是成本最高的一个阶段。谈判需要双方坐下来，通过商讨来就专项采购/销售合同的主要条款达成共识，如运输、规格、保修、价格及条件等。由于这些因素及其他许多因素之间相互联系，试图通过谈判来使双方都实现各自目标通常应用于采购者面临单一货源的情况。

因为要耗费资金和时间，所以除非涉及的金额非常大，否则企业不采用谈判的方式。这种方法应用于不宜采用公开招标的大宗采购项目上。

2. 编制询价文件

如果是常态性的采购，需求的形态又是属于标准零件，对于供应商来说询价比较不会有问题。但是在新产品开发时，对于那些不属于标准品的部分，询价的时候就必须要特别注意是否有提供供应商足够的资料，来方便其报价作业。为了避免日后出现采购与供应商各说各话的情况，以及在品质认知上的差异，对于询价时所应提供资料的准备上就不能马虎。因为完整及正确的询价文件可帮助供应商在最短的时间提出正确、有效的报价。

（1）品名与料号

询价项目的“品名”以及“料号”是在询价单上所应必备的最基本资料。供应商必须知道如何来称呼所报价的产品，这即是所谓的“品名”以及其所代表的“料号”，这也是买卖双方在日后进行后续追踪时的一个快速查办以及检索的依据。“料号”因其在每一客户中有其独特的代表性，在使用上要特别注意其正确性。有些大型公司的“料号”动辄多达十多个位数，其中更包括有数字及英文字母在内。

（2）数量

通常供应商在报价时都需要知道买方的需求量，这是因为采购量的多寡会影响到价格的计算。数量资讯的提供通常包括有年需求量、季需求量、月需求量、不同等级的需求数量、每一次下单的大约订购数量；或产品生命周期的总需求量。除了让供应商了解需求量及采购的形态外，也可同时让供应商分析其自身产能是否能应付买方的需求。

在询价时买方通常都有一个通病，那就是担心采购量少而无法得到好价格，便把需求量或采购量予以“膨胀”。此时，企业虽然能够获得短期的利益，拿到了量产的价格，但在真正进行采购后，无法达到报价的预期数量时，供应商不是提高价格，便是在其他方面减少对客户的服务，或停止供应，到头来得不偿失的还是企业自己。因此，对需求量的资讯应很诚实地与供应商沟通，同时采购也可拿出市场预测来说服供应商，如此才能达到长期配合、持续供货的目的。

（3）规格书

规格书是一个描述采购产品品质的工具，应包括“最新版本”的工程图面、测试规格、材料规格、样品、色板等有助于供应商报价的一切资讯。工程图面必须是最新版本，如果图面只能用于估价也应一并在询价时注明。国际采购时，如果原始工程图面为英文之外的语言如德文、法文、日文等，也应附上国际通用语言英文的译名，以双语形式呈现以利沟通。

（4）品质要求

表达询价项目品质规范要求的方式有许多种，通常可以使用以下几种方式呈现。采购人员很难单独使用一种方式便能完整表达对产品或服务的品质要求，应该依照产品或服务的不同特性，综合使用数种方式来进行。

① 品牌：一般而言，使用品牌的产品对采购而言是最轻松容易的，不仅能节省采购时间、降低采购花费，同时也能降低品质检验的手续，因为只需确认产品的标示即可。

② 同级品：其意义指的是具有能达到相同功能的产品，决定是否允许使用可替代的同级品报价也应在询价时注明，同级品的确认使用必须要得到使用单位的接受。

③ 商业标准：商业标准对于产品的尺寸、材料、化学成分、制造工法等，都有一个共通的完整描述。对于一般标准零件，如螺丝、螺帽、电子零组件，使用商业标准可以免除对品质上的误解。

④ 材料与制造方法规格：当对材料或制造方法有特定的要求时，必须注明其适用的标准。如果要求注明为 DIN 欧规时，其相对应的 CNS 规格或 JIS 规格也最好能予以注明。

⑤ 性能或功能规格：供应商只被告知产品所需要达到的性能或功能，至于如何去制作方能达到要求的细节部分，则留给供应商来解决。此类型规格较常用于采购高科技产品以及供应商先期参与的情况中。

⑥ 工程图面：工程图面是最能用来描述所需要产品品质，其内容除了必须要清晰外，对尺寸公差的精确性也不能忽略。

⑦ 市场等级：通常用于商品如木材、农产品、烟草、食品等方面的品质要求，由于市场等级的划分界线无法很明确地被一般人所辨识，采购人员通常会被要求具有如何鉴定所购产品是属于何种时常等级的能力。

⑧ 样品：样品的提供对供应商了解买方的需求有很大的帮助，尤其是对颜色、印刷、与市场等级的要求上使用得比较普遍。

⑨ 工作说明书：主要使用于采购服务项目类如大楼清扫、废弃物处理、工程发包等，一份完整的工作说明书除了应该简单明了外，对于所应达到的工作品质也应尽量以量化的方式来规范其绩效的评估。

（5）采购方的付款条件

有关付款条件，虽然双方都有各自的公司政策，采购方希望付款时间越晚越好。相反，供应商当然是认为越早越好。采购方有义务让卖方了解其要求，最后的付款条件则需双方经协商后所确定。

另外，对于付款条件尚需要明确注明其时间计算的“付款起算日”，在国际贸易中通常国内供应商一般是以出货日（Shipping Date）、发票日（Invoice）或到厂日（Receiving Date）为起算日，中间就有可能相差一个月的时间，所以买卖双方均应慎重对待。

（6）交期与包装

交期的要求包括采购方对采购产品需要的时间，以及供应商需要多少时间来准备样品、第一批小量生产，及正常时间下单生产所需要的时间。供应商虽然可依采购方的要求来配合，不过交期的长短关系着采购产品的价格，买方应视实际需要来提出要求，而非一味地追求及时供货。包装方式在供应商估算价格时占有很大的一个比重，供应商使用何种包装方式和材料要予以说明。

（7）运送地点与交货方式

运送的国家、城市、具体地址及联络电话与传真都必须要清楚地告诉供应商。国内买卖的交货方式常以铁路、公路为主，国际采购中的运送地点与交货方式则决定了价格的计算。

（8）售后服务与保证期限

供应商需说明提供哪些基本的售后服务与保证期限。

（9）报价到期日

为了方便采购比价作业的时程，报价的到期日应该让供应商有所了解，应该给予供应商足够的时间来进行估价。

（10）保密协定的签署文件

在一些新产品开发的询价上，由于牵涉到业务机密的缘故，在对外询价时为了不让竞争对手知道而错失商机，会进一步让供应商签署一份“保密协定”文件，要求供应商在规定的年限内不能将新产品计划的名称、采购数量预测、询价的技术要求、规格、图面等资讯向外界透露。

三、采购成本控制

采购成本是企业经营成本中最大的一部分，一般占总成本的 40%～70%。而一项研究也标明，采购成本每降低 1%，对企业利润增长的贡献平均在 10%以上，因此，控制采购成本对企业来说意义重大。

1. 影响采购成本的因素

影响采购成本的因素很多，概括起来可以归纳为企业内部因素、外部因素和意外因素等三个方面。

（1）内部因素

① 跨部门协作和沟通。采购业务涉及计划、设计、质保和销售等部门。由于需求预测不准，生产计划变化频繁，紧急采购多，采购成本高；由于设计部门未进行价值工程分析或推进标准化，过多考虑设计完美，导致物料差异大，形成不了采购批量，采购成本高；由于质量部门对质量标准过于苛刻，导致采购成本增加等。

② 采购批量和采购批次。根据市场供需原理，物料的采购单价与采购数量成反比，即采购的数量越大，采购的价格就越低。企业间联合采购，可合并同类物料的采购数量，通过统一采购使采购价格大幅度降低，使各企业的采购费用相应降低。

③ 交货期、供货地点与付款期。供应商的交货期、供货地点、付款期等因素直接影响到企业库存的大小及采购成本高低。

④ 价格成本分析和谈判能力。采购价格分析、供应商成本构成分析，是确定采购价格和取得同供应商谈判主动的基础，是企业成本和费用的主要组成部分，是采购成本高低的决定因素。企业在实施采购谈判时，必须分析所处市场的现行态势，有针对性地选取有效的谈判议价手法，分别采取不同的议价方式，以达到降低采购价格的目的。

（2）外部因素

① 市场供需状况。影响采购成本最直接的因素就是市场供需情况。在资源紧缺，供不应求时，供应商就会涨价；反之，则降价。

② 供货商生产技术、质量水平。一般来说，供应商的生产技术先进、产品品质优秀，产品销售价格就高。因此，采购人员应根据需求部门对质量、技术功能及交货期的要求，合理选

择供应商，实现良好的性价比追求。

③ 采购企业与供货商的合作关系。供应链管理下，谋求和供应商建立长期双赢的合作伙伴关系，通过双方共同努力，降低供应链成本，来实现降低采购成本的目的。

④ 供货商的销售策略。供应商报价与供应商的销售策略直接相关，如供应商为开拓市场获得订单，一般开始价格比较低，在占领市场后会提高价格。

⑤ 供应商成本。一般在新产品开发和投入阶段，采购数量少，供应商成本高；进入成长期后，随着采购量增加，技术成熟，供应商成本降低，供应商就会降低价格。

⑥ 物品的运送方式。以最短的里程，用最低的费用和最短的时间及时、准确、安全、经济地完成物品在空间内的转移，是影响采购成本的重要因素。

（3）意外因素

自然灾害、战争等因素也会导致采购价格大幅上涨。

2. 采购成本控制方法

采购成本控制常见的方法有以下几种。

（1）设计优化法

所谓设计优化法，即在产品设计开发时就注意到材料、器件的选用，以合适的而不是最好的物料用于新产品中，使得产品在保持性能满足市场要求的情况下达到最低的成本。

俗话说，“好的开始是成功的一半”。而产品的设计开发就处在开始阶段，一旦新产品定型，其所使用物料也就基本确定。虽然日后企业可能会对部件进行部分更改，但一般来说幅度不会很大，也就是说新产品的成本也基本确定。

当然，企业以后通过对零部件进行降价也可以降低成本，但这种通过零部件降价带来的收益是十分有限的。通常，同类部件因其性能不同，价格差别很大，有时甚至会有成倍的差距。如果设计人员在选材时，忽视产品定位，一味追求高质量和高性能，选用最好的部件生产，虽然以后可通过降价实现部分收益，但远没有在开始时就选用适合产品定位的器件效果要好。

所以，设计开发人员一定要有成本意识，在产品的设计开发阶段就要对所用物料、部件进行权衡选择，使零部件和产品的市场定位相匹配，制定合理成本，防止出现“质量过剩”或“质量不足”的现象，使产品具有最佳的性价比。

（2）成本核算法

所谓成本核算法，就是通过一些科学的方法对部件的成本进行核算和评估，确保部件价格的合理性。

成本核算看起来很容易，但具体应该怎么做呢？这里说的成本核算，并不是说算出来的价格就 100%准确，而是要通过核算，给出一个价格的范围，防止出现价格过高的情况。成本核算也不是完全适合每种部件，一般来说应用于加工较为简单的钣金、注塑等行业。价格的核算公司也比较简单，一般为

部件价格=材料成本+加工费用+合理利润

材料成本基本上比较容易确定，原材料价格来自市场价格或领料价格。材料的耗用可根据物料清单（BOM）上单位产品材料的需求与计划产量的乘积计算，或采用称、量的办法计算，即

材料成本=单价×耗用量（净耗用+损耗）

加工费用核算起来比较麻烦，行业的通行做法是一方面由供应商提供，一方面亲自到现场考察测量，同时结合一些媒体介绍，综合总结出一套计算方法，力求简单实用。

（3）类比降价法

所谓类比降价法，就是通过与结构、材料相似的物料进行类比，找出差异或改进点，从而进行降价的方法。

类比降价法的一个关键之处就是类比件的选择。类比件一定要有代表性，与原件可以类比，其价格应经过验证，确实具有竞争力，否则类比出来的结果可能适得其反。很多厂商都碰到过这种情况，自己的产品与对手类似，为什么对手的价格会比较低呢？当然原因很多，但有一点可以肯定，通过类比一定会找到一些原因。例如，因为对手在用料和结构方面领先自己。这时，我们就应该积极地去寻找、发现这些差异，然后去尝试，做出改变。通过这些尝试，企业有可能实现部件成本的降低，同时使自己的产品更具有竞争力。

（4）招标竞价法

所谓招标竞价法，就是通过组织供应商进行招标，利用这种方式实现零部件降价。招标竞价法目前已经得到广泛的应用，而且除了传统的现场招标外，网上招标的方式也越来越多地被企业采用。在此，以生产物资招标为例予以介绍。

生产物资的招标，参加招标的供应商一般为该企业现在的供应商，要想取得良好的效果，在招标前就要做详尽的准备。首先，对招标的物料要心中有数。要了解招标物料的采购数量、采购金额、原材料的价格趋势、目前的价格水平等情况。对原材料价格正在上涨，且价格水平已不是很高的物料，可能招标的效果并不大，甚至有相反效果，可采取其他方法。其次，要对供应商有充分了解。要想组织招标，供应商数量就要有一定要求，至少保证三家以上。另外，由于给企业供货有一定的稳定性，且随着降价行为的不断进行，利润越来越低，部分供应商就会相互“合作”，影响降价效果，这时就要适时引进1～2个新供应商，打破这种合作关系，以取得最好的招标效果。最后，对招标后配额的分配要仔细斟酌。招标后的供货比例对供应商的吸引力和影响力很大，一个好的方案会改变供应商的投标态度。

（5）规模效应法

所谓规模效应法是指企业将原先分散在各单位的通用物料的采购集中起来，从而形成规模优势，在购买中通过折扣、让利等方式实现降低成本的方法。

大家一般都有这样的经验，在买东西的时候，随着批量的加大，采购价格会不断降低。规模效应法也是应用这种方法，通过大批量的采购，争取到最优惠的价格。这种方法在原材料的购买方面效果显著。

（6）国产化降价法

所谓国产化降价法，是指通过将进口部件换成由国内厂家生产、提供，从而实现降价的方法。把国产化作为降低成本的方法是由我国目前的实际情况决定的。很多生产企业都有部分零部件需从国外进口，这些往往是关键部件，成本很高。国内目前生产资料的价格很低，且很丰富，这些部件若能在国内生产，仅运费、关税等费用就可以节省很多，而且实际上国产化的部件带来的成本降低往往出乎人们的意料。因此，国产化对那些进口物料很多的厂家来说，无疑是降低成本的极重要的手段。但要实现国产化，也不是件简单的事情。首先，这些进口部件一般技术含量都比较高，这就对要进行国产化的厂家的实力提出很高的要求。其次，国内有这样的厂家，但生产厂家如何能找到并联系到他们呢？这就得靠生产厂家的采购寻源的能力了。

以上介绍的几种采购成本控制方法，被广泛应用于生产制造型企业，这些传统方法在今天仍然有其独特的作用。

总之，采购最基本的职责就是在保证所购产品的质量和供应商的售后服务跟得上公司需要的前提下，能购得物美价廉的产品。采购人员能力的最佳体现就是能把握好采购的度，能做好行情降价和涨价的物料供应。优秀的采购人员能在大起大落的环境中为公司降低直接原材料成本，使自己企业的产品获得多占领市场份额的机会。

知识链接

在生产制造业中，原材料用度在总成本中的比重很大，一般在60%以上，高的可达90%，是成本控制的主要对象。影响原材料成本的因素有采购、库存用度、出产消耗、回收利用等，所以对这些企业而言，控制成本可从采购、库存治理和消耗三个环节着手。

知识延伸

采购时间成本

基层采购人员都有深刻的体会：采购订单的完成直至采购合同的签订，并不意味着采购工作的大功告成。要想做到采购商品物料的顺利入库，还要做很多工作。如果在采购合同签订后就不闻不问，不注意进度的跟进和控制，就会导致进度的拖延和落后，造成企业生产经营上的时间成本的损失。

那么，如何才能做好采购的跟进和进度控制工作呢？

1. 采购跟踪的内容

采购跟踪是对采购合同的执行、采购订单的状态、接收货物的数量、退货情况等项目的动态跟踪。采购跟踪的目的在于促使合同正常执行、协调企业和供应商的合作，既满足企业的货物需求同时又保持最低的库存水平。其内容包括以下几个方面。

（1）跟踪供应商的货物准备过程

采购方应严密跟踪供应商准备货物的过程，以保证订单按时、按量、优质地完成。尤其是供应商未按照合同要求进行生产，废品率太高，替换原材料或因故不能按时交货等情况，负责跟踪的人员要及时反馈，双方商议对策，第一时间解决问题。

（2）跟踪进货过程

货物准备完毕之后，要进行包装、运输。无论是供应商负责送货，还是采购方自提货物，都要对进货过程进行跟踪。运输过程很容易发生风险，要注意运输工具的选择是否得当、货物是否有特殊要求，避免在运输过程中发生货损。尤其对于远洋货长途运输，跟踪进货过程更显得十分重要。

（3）控制好货物的检验与接收

货物到达订单规定的地点交由采购方控制时，采购方的检验人员要根据订单对到货的物品、规格、数量等进行一一核对，确保所交货物符合订单要求。采购人员需跟踪此过程。如果检验过程中发现诸如缺货、货损、不合格等问题，采购人员有责任与供应商进行协商解决，进行补货、退货等。

（4）控制好库存水平

货物检验完毕之后就要入库，库存是采购物流中的重要环节，它是企业正常运转的调节器，库存量太小不能满足生产、销售要求，而库存太大又会占用资金，造成浪费，两种结果都会影响企业的正常运转。因而，控制一个合理的库存水平十分重要。在长期的原材料采购中，库存的控制问题尤为明显。采购部门应该以采购为导向，兼顾生产水平和供应商对订单的反应速度，来确定最优的订货周期和订货量，从而维持一个较低的库存水平，节约资金，防止浪费。

（5）督促付款

货物入库后，财务部门要凭一系列单据办理对供应商的付款。采购部门有义务及时提交单据，并督促财务部门按照流程规定按期付款，以维护企业的声誉。

2. 采购进度控制措施与方法

（1）采购前的进度控制措施

① 制定合理的购进时间。将请购、采购、供应商准备、运输、检验等各项作业所需的时间，予以合理的规划，避免造成供应商生产无法开展，不能如期交货。

② 销售、生产部门应与采购部门加强联系。由于市场的状况变化莫测，因此生产计划若有调整的必要，必须告知并征询采购员的意见，以便采购员对应停止或减少采购的数量、应追加或新订的数量，做出正确的判断，并尽快通知供应商，使其减少可能的损失，以提高其配合的意愿。

③ 准备替代来源。供应商不能如期交货的原因颇多，且有些是属于不可抗力。因此，采购员应未雨绸缪，多联系其他来源；平时也可留意寻求相关的替代品，以备不时之需。

④ 预定流程进度。采购方在与供应商签订合同时，应在采购订单或合同中明确规定供应商应编制预定时间流程进度表。

⑤ 加强双方沟通。关于供应商准时交货的管理，采购员还可使用“资源共享计划”，即采供双方应有综合性的沟通系统，企业的需要一有变动，可立即通知供应商，供应商的供应一有变动，也可及时通知企业，交货适时问题即能解决。

⑥ 利用奖惩。采购员在与供应商签订买卖合约时，就应加重违约罚款或解约责任，使供应商不敢心存侥幸。若需求急迫时，如期交货的供应商则应向企业申请给予奖励或较优厚的付款条件。

（2）采购过程中的进度控制措施

① 一般的监视。采购员在开立订单或签订合约时，便应决定监视的程度。如果采购物品并不是重要项目，则仅做一般的监视即可，通常只需注意是否确能按规定时间收到验收报表，有时可用电话查询。但如果采购物品较为重要，可能影响企业的经营，则应考虑较周密的监视步骤。

② 生产实地查证。对于重要物品的采购，除要求供应商按期报送进度表外，采购员还应实地前往供应商工厂访问查证，但此项查证应明确在合约或订单内，必要时需驻厂监视。

③ 拟定跟催步骤。下单后采购员应请供应商提供生产计划或生产日程表，据以掌握并督促进度；按时电话查询进度或采购员自己前往查看或由供应商提供目前实际进度状况报告；建立跟催表或管制卡，切实掌握实际进度；将目前累计交货的结果（数量、品质等），以报表或通知告知供应商，促其改善。

（3）采购进度落后的应对措施

要做好物品跟催作业，采购员应有“预防重于治疗”的观念。因此，事前应慎重选择有交货意愿及责任感强的供应商，并规划合理的采购时间，使供应商能够从容生产。

采购员在订购后，一定要主动检查供应商备料及生产速度，不可等到超过交货期才开始查询。一旦供应商发生交货延迟，如果短期内不能得到改善或解决，采购方应立即寻求其他支援或来源。

采购订购跟催表如表 4-3 所示。

表 4-3　　　　　　　　　　　　**采购订购跟催表**

分类：__________

跟催员：__________

订购日	订购单号	料号（规格）	数量	单价	总价	供应商（编号）	计划进料日	实际进料日		
								1	2	3

3. 采购进度的控制意义

（1）采购进度控制可以降低交货延迟增加的时间成本，生产成本交货期的延迟毫无疑问会阻碍企业生产或经营活动的顺利进行，对生产现场及经营或其他有关部门带来有形或无形的不良影响。

① 由于物品进库的延误，发生空等或耽误而导致效率下降。

② 为恢复原状（正常生产、经营），有需加班或例假出勤的情况导致增加人工费用。

③ 物品的交期延迟，失去客户的信任，导致订单的减少。

④ 成为修改或误制的原因。

⑤ 延误的频度高，需增员来督促。

⑥ 使作业人员的工作意愿减退。

（2）采购进度控制也可以降低提早交货增加的成本

一般人总以为提早交货的不良影响不如延迟交货，实际上两者都会成为企业成本增加的原因。

① 允许提早交货会导致其他物品交货的延迟（供应商为资金调度的方便会优先生产高价格的物品以提早交货，所以假如允许其提早交货就会造成低价格物品的延迟交货）。

② 不急于用的物品的提早交货，必定会增加存货而导致资金运用效率的降低。

因此，确保交货日期按计划做到准确无误，对企业生产经营是非常重要的。

采购过程中，如果物品供应链进度落后，会影响正常的生产运作，此时采购人员要及时采取以下措施：与供应商联系，得到确切进货的时间；通过物品控制人员，告知准确的进货时间；与技术人员和物品人员协商，考察有无替代品；在必要的情况下改变生产计划。

项目小结

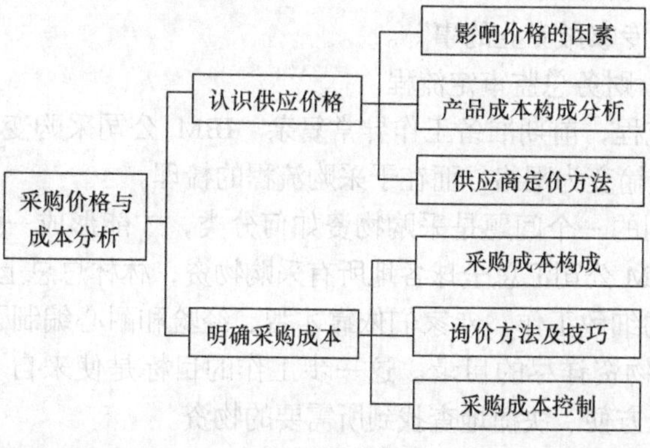

职场指南

1. 案例分析

IBM 公司几亿的采购成本是怎样降低的

全球 IT 业巨擘 IBM 公司过去也是用“土办法”采购：员工填单子、领导审批、投入采购收集箱、采购部定期取单子。企业的管理层惊讶地发现，这是一个巨大的漏洞——烦琐的环节、不确定的流程、质量和速度无法衡量与提高。非业务前线的采购环节已经完全失控了，甚至要降低成本，都不知如何下手。

- 剖析 1 元钱的成本

摆在 IBM 公司面前的问题是运营成本如何减少？可能降低哪部分成本？于是公司切开每 1 元钱的成本，看看它到底是如何构成的。这一任务经过 IBM 公司全球各机构的统计调查和研究分析，在采购、人力资源、广告宣传等各项运营开支中，采购成本凸显出来。

管理层不得不反思，公司到底是如何采购的呢？那时 IBM 不同地区的分公司、不同的业务部门的采购大都各自为政，实施采购的主体分散，重复采购现象普遍。以生产资料为例，键盘、鼠标、显示器甚至包装材料，大同小异，但采购流程自成体系，权限、环节各不相同，合同形式也五花八门。

而自办采购的问题很明显，对外缺少统一的形象，由于地区的局限，采购人员不一定找得到最优的供应商，而且失去了大批量购买的价格优势。

- 由专家做专业的事

在深入挖掘出采购存在的问题后，IBM 公司随即开始了变革行动，目标就是电子采购。从后来IBM公司总结的经验看，组织结构、流程和数据这3个要素是改革成功的根本。电子采购也正是从这三个方面着手的。

变化首先发生在组织结构。IBM 公司成立了“全球采购部”，其内部结构按照国家和地区划分，设置了 CPO（Chief Procurement Officer，全球首席采购官）的职位。组织结构的确立，意味着权力的确认。“全球采购部”集中了全球范围的生产和非生产性的采购权力，掌管全球的采购流程的制定，统一订单的出口，并负责统一订单版本。

“全球采购部”专家经过仔细的研究，把 IBM 公司全部采购物资按照不同的性质分类，生产性的分为 17 个大类，非生产性的分为 12 个大类。每一类成立一个专家小组，由工程师组成采购员，他们精通该类产品的情况，了解每类物资的最新产品、价格波动、相应的供应商资信和服务。在具体运作中，“全球采购部”统一全球的需求，形成大订单，寻找最优的供应商，谈判、压价并形成统一的合同条款，以后的采购只需按照合同“照章办事”就可以了。这种集中采购的本质就是“由专家做专业的事”。

- 工程师、律师、财务总监审定流程

貌似简单的采购流程，前期准备工作异常复杂。IBM 公司采购变革不在于订单的介质从纸张变为电子，人工传输变为网络，而在于采购流程的梳理。

制定流程首先遇到的一个问题是采购物资如何分类，才能形成一张完整而清晰的查询目录。通过调查反馈，IBM 公司汇总全球各地所有采购物资，林林总总上万种。采购工程师们坐在一起，进行长时间的细致工作。专家们依靠才智、经验和耐心编制了包含“17 类生产性和 12 类非生产性”采购物资详尽的目录。这一步工作的目标是使来自不同地区、具有不同习惯、使用不同语言员工方便、快捷地查找到所需要的物资。

工程师们讨论过后，律师们也要讨论如何统一合同，统一全球流程。从法律角度审查，怎样设计流程更可靠而且合法，怎样制定合同才能最大限度保护 IBM 公司的利益，又对供应商公平？还要对不同国家的法律和税收制度留有足够的空间，适应本地化的工作。之后，全球的财务总监还要商计，采购的审批权限如何分割，财务流程与采购流程如何衔接。

- 突破顽固势力

目前IBM公司电子采购主要由4大系统构成，即采购订单申请系统、订单中心系统、订单传送系统（与供应商网上沟通）和询价系统（OFQ），以及一个相对完善的“中央采购系统”。但系统在推广过程中并不是一帆风顺。特别是在IBM公司电子采购变革刚刚开始阶段，据IDC的调查，60%员工不满意现存的采购流程，原因是平均长达40页的订单合同，30天的处理时间。低效率的结果是，IBM 公司有 1/3 的员工忙于“独立采购”，以绕过所谓标准的采购流程，避免遇到“官僚作风”，而这种官僚往往导致更高的成本。

推广中的困难在于地区和部门之间的协调。制定的订单新标准与老系统冲突怎么办？问题陷入僵局。于是各地区的财务总监、系统总监、采购总监又坐到一起列单子，各地区正在使用的“土”系统有哪些？与新系统相比，数据的输入、输出是怎样的？一个一个的数据处理掉，形成统一的标准。最后，CPO 手里握住一张“时间表”，左边一栏是老系统退出历史舞台，右边一栏是新系统登场，CPO 不停地追着生产总监“为什么老系统还不停用？”。

新旧系统更替过程中，“传统势力很顽固”，因为他们毕竟面临着新的采购系统与原有生产系统衔接的问题。如何保障生产正常运转？如何更新原有的数据？公司认为提供过渡方案，帮助解决具体问题，才能稳定地平滑过渡。IBM 公司普通员工的感受很能说明问题，“不知不觉中发生了变化，没有引起内部任何动荡”。

就技术而言，IBM 公司的电子采购系统已经到了能在国内广泛推行的地步，IBM 中国公司已经与供应商开始了订单的网上交易。但由于国家法律及相关流程的限制，电子发票却尚未实施。为此，IBM 公司已经与国家相关部门在探讨如何就此推行初步试点。

- 一个季度成本降低 2 亿多美元

当“中央采购”系统随风潜入 IBM 公司内部，并平稳运转后，效果立竿见影。以 2000 年第 3 季度为例，IBM 公司通过网络采购了价值 277 亿美元的物资和服务，降低成本 2.66 亿美元。大概有 2 万家 IBM 供应商通过网络满足 IBM 公司的电子采购。基于电子采购，IBM 公司降低了采购的复杂程度，采购订单的处理时间已经降低到 1 天，合同的平均长度减少到 6 页，内部员工的满意度提升了 45%，“独立采购”也减少到 2%。电子采购在 IBM 公司内部产生了效率的飞跃。

与此同时，供应商最大的感受之一是更容易与 IBM 公司做生意了。统一的流程、标准的单据，意味着更公平的竞争。集中化的采购方式更便于发展战略性的、作为合作伙伴的商业关系，这一点对生产性采购尤为重要。从电子采购系统的推广角度而言，供应商更欢迎简便快捷的网络方式与 IBM 公司进行商业往来，与 IBM 公司一起分享电子商务的优越性，从而达到一起降低成本、一起增强竞争力的双赢战略效果。

简化业务流程方案实施后，在 5 年的时间里，IBM 总共节约的资金超过了 90 亿美元，其中 40 多亿美元得益于采购流程方案的重新设计。现在 IBM 公司全球的采购都集中在该中央系统之中，而该部门只有 300 人。IBM 公司采购部人员总体成本降低了，员工出现了分流：负责供应商管理、合同谈判的高级采购的员工逐渐增多，而执行采购人员逐渐电子化、集中化。新的采购需求不断出现，改革也将持续下去。

请评价 IBM 采购的成本控制方法，并找出其中可供国内企业借鉴的地方。

2. 实训

调查某企业某一物品采购的成本构成，并调查该企业采购成本控制的形式，加以评价，最后形成调查报告。

知识检测

1. 名词解释

询价　供应价格　采购成本控制　成本分析

2. 选择题（不定项选择）

（1）采购价格管理的实质是追求（　　）。

A. 降低价格　B. 最低价格　C. 合适价格　D. 最高价格

（2）询价采购要求报价的供应商数量至少有（　　）。

A. 2 个　B. 3 个　C. 4 个　D. 5 个

（3）在损益表中，销售成本主要考虑生产成本，包括（　　）。

A. 原材料成本

B. 人工成本

C. 生产管理费用以及与生产相关的折旧

D. 上述答案均正确

（4）质量与成本之间的关系通常体现为（　　）。

A. 规格　B. 价值　C. 性能　D. 性价比

（5）狭义的采购成本不包括（　　）。

A. 订购成本　B. 维持成本　C. 缺货成本　D. 物料成本

（6）以下不是采购成本控制的关键因素的是（　　）。

A. 采购价格的控制　B. 物料采购的控制

C. 入库与存储的控制　D. 采购部

（7）从降低成本增加效益的角度来讲，采购管理信息化的具体目标分别是（　　）。

A. 降低采购的直接成本　B. 降低采购的间接成本

C. 建立数据库对数据进行录入　D. 缩短采购周期

（8）采购价格确定的各种方法中，最复杂也是成本最高的一种方法是（　　）。

A. 询比价　B. 议价　C. 招标　D. 成本核算/分析

3. 简答题

（1）简述供应商成本的构成。

（2）简述采购成本的构成。

（3）简述学习曲线的含义。

（4）简述采购成本管理的常用方法。

多媒体学习

1. 建议阅读书目

[1] 约瑟夫 · L · 卡维纳托，拉尔夫 · G · 考夫曼. 采购手册——专业采购与供应人员指南

[M]. 北京：机械工业出版社，2002.

[2] 北京中交协物流人力资源培训中心. 采购与供应关系管理[M]. 北京：机械工业出版社，2007.

[3] 项叶生等. 采购管理的 100 种最实用方法[M]. 北京：中国经济出版社，2014.

2. 网络学习资源

[1] 中国招投与采购网：http://www.chinabidding.com.cn/

[2] 中国采购经理人论坛：http://www.purchasingbbs.com/

项目五

采购与供应关系管理

案例导入

苹果公司选择和管理供应商的方式是该公司取得成功的重要因素之一。苹果公司在选择新的供应商时重点评估质量、技术能力和规模，成本次之。

在苹果公司最新的供应商名录上，可以看到156家公司的名单，其中包括三星、东芝和富士康。富士康以作为iPhone手机的主要组装公司而著称。然而，这些供应商的背后还有代表苹果公司向这些供应商供货的数百家二级和三级供应商。苹果公司几乎控制了这一复杂网络的各个部分，利用其规模和影响以最好的价格获得最佳产品并及时向客户供货。此外，苹果还通过观察供应商制造难以生产的样品考验每一家工厂——此阶段的技术投资由供应商负责。苹果公司还有其他要求用以增强其对投入、收益和成本的控制。例如，苹果公司要求供应商从其推荐的公司那里购买材料。

随着时间的推移，苹果公司已经同这些供应商建立了强大的合作关系，同时，还投资于特殊技术并派驻600名自己的工程师帮助供应商解决生产问题、提高工厂的效率。

与此同时，苹果公司一直寻找其他方法以丰富供应商队伍并提高议价能力。例如，富士康现在就有一个名为和硕联合科技股份有限公司的竞争对手。和硕联合科技是台湾地区的一家小型公司，同苹果公司签署了生产低成本iPhone5C的协议。

很少有买家能有像苹果公司那样的业务范围或同样的需求。但是，苹果公司在供应商的选择、谈判和管理中采用的做法能够为很多公司提供经验。

（资料来源：尼尔·奥康纳. 从苹果公司，我们能学到哪五大采购经验[J]. 商业价值，2014年9月）

思考与讨论：

（1）苹果公司选择供应商主要考虑哪些因素？

（2）苹果公司和富士康的合作有什么特殊之处？

（3）苹果公司的做法有哪些经验有推广价值？

学习目标

知识目标

（1）明确供应商管理的含义和意义，熟悉供应关系管理的步骤；

（2）理解供应商感知模型、供应商开发的内涵；

（3）掌握供应商评审及考核的标准及步骤。

能力目标

（1）学会对供应商进行调研的方法；

（2）能够用专业方法对供应商评级分类；

（3）学会对供应商进行绩效考核的方法；

（4）能够辨析及正确选择供应商管理战略。

素质目标

（1）具备良好的调研分析能力；

（2）具备处理供应商关系过程中的“竞合”能力。

在市场竞争中，拥有优秀而稳固的供应源是企业重要的竞争优势。如何有效管理自己的供应商、建立可靠的供应关系，是采购与供应管理的核心内容之一。

任务一 理解供应关系管理的内涵

一、供应关系中的相关利益

一般认为，供应关系是一种商业关系，出现在两个或两个以上组织或人员之间。为了货物、工作、物品和服务的供应，二者紧密程度有所不同，目的是双方获得利益或通常至少有一方获利。

1. 采购与供应的利益关系

供应商是一个与购买者相互独立的利益主体，同样，供应商运营的直接目的是追求利益最大化。因此，供应商和购买者之间，是一种既合作又对立的关系。“合作性”与“冲突性”是供应商和购买方关系的最显著的特点。对购买者来说，物资供应没有可靠的保证、产品质量没有保障、采购成本太高，都直接影响企业生产和成本效益。企业要求供应商不但可以准时供应稳定可靠、质优价廉的物资，最好还可以与其互相支持、互相协助，保持关系融洽。这样对于采购的双方都是有利的。

在供应链管理环境下，企业与供应商的关系更多表现为战略性合作关系，提倡一种双赢（Win-Win）机制。企业在采购过程中要想有效地实施采购策略，充分发挥供应商的作用就显得非常重要。采购策略的一个重要方面就是要搞好供应商的关系管理，逐步建立起与供应商的合作伙伴关系。

2. 供应商管理

供应商指的是那些以适当的质量按要求向客户交付产品、工作、物料和服务，作为回报获取费用、利益和实现自己商业目标的实体。通俗地讲，就是可以为企业生产提供原材料、设备、工具及其他资源的企业。供应商既可以是生产企业，也可以是流通企业。

供应商管理，就是对供应商的了解、选择、开发、使用和控制等综合性管理工作的总称。其中，考察了解是基础，选择、开发、控制是手段，使用是目的。供应商管理就是要建立起一个稳定可靠的供应商队伍，为企业生产提供可靠的物资供应。企业要维持正常生产，就必须要有一批可靠的供应商为企业提供各种各样的物资供应，因此供应商对企业的物资供应起着非常重要的作用。

3. 与供应商之间可能建立的关系类型

企业可以利用它所拥有的所有采购优势来满足其供应需要和降低供应风险，并决定与供应商建立何种关系类型，由此来对潜在供应商进行选择。采购方与供应商建立的关系类型是通过契约关系确定的。图 5-1 所示为采购商——供应商关系连续图谱，它说明了一系列最典型的供应商——采购商契约关系。其中最简单的“交易”关系——“现货采购”关系被列在最左侧。随着箭头由左向右移动，采购企业与供应商之间的契约关系逐渐加强，这通常是由于采购企业面临的供应风险逐渐增加而导致的。

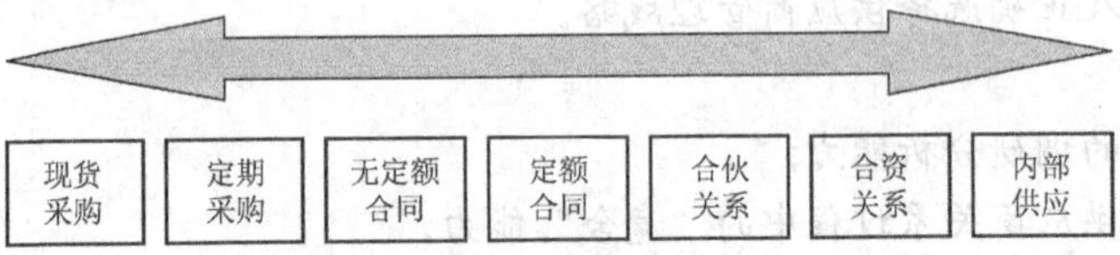

图 5-1 采购商——供应商关系连续图谱

现货采购：是指供应市场的风险很低、竞争激烈且很容易找到替代者，企业主要采用的是一次性交易的采购行为。

定期采购：是指虽然每次采购是独立的，企业可通过多次采购行为与供应商之间建立起紧密合作的关系。如果企业只与一个供应商进行定期交易，那么这个供应商就成为企业的“优选供应商”。但是，企业仍然保留更换供应商的权利。

无定额合同：是指企业与供应商之间签署了有特定价格条款的定期协议，但不承诺购买数量。

定额合同：是指虽然采购商与供应商签订了定期协议，但此协议除了包含价格条款外，还增加了承诺在一定期间内购买数量的条款。

合伙关系：是指采购与供应商之间的关系非常密切，共同商订采购计划、交换相关信息、共同分担风险。显然，这种关系建立在相互之间非常信任的基础之上。

合资关系：是指两个或多个企业共同组建并拥有另一个企业。这样，这些企业就可以更好地控制供应关系。由于这个共同体一般是为了满足采购商的特殊需要而建立的，因此其他供应源没有任何竞争力，所以在这种情况下，买方企业没有必要进行供应商选择。

内部供应：是指当企业认为外部采购某产品的供应风险非常大时，决定由企业内部供给，也就是企业自行生产所需物料。在这种情况下不存在采购企业与供应商的关系。

二、供应商管理的目标与意义

供应商管理的重要性早在 20 世纪 40 年代就受到企业及管理界重视，随着经济环境的变化，不断地出现新的内容。现在，供应商管理已经有了很多优秀的理论和实践成果。

1. 供应商管理的目标

（1）获得符合企业质量和数量要求的产品或服务，尽可能提升企业的核心竞争力。

（2）以合适的成本获得产品或服务。

（3）确保供应商提供最优的服务和及时的送货。

（4）根据所采购的产品特点和不同的供应商发展并维持良好的供应商关系。

（5）开发潜在的供应商。

2. 供应商管理的意义

可靠的供应商是企业外部影响企业生产运作系统运行的最直接因素，具体体现在原材料的质量控制、降低不确定性风险等方面。

供应商管理也是保证企业产品的质量、价格、交货期和服务的关键因素。具体体现在保证本企业生产的连续性、准时性和对市场变化的适应能力等方面。

因此，现代企业已经认识到了供应商对企业采购的重要影响作用，并把建立和发展与供应商的关系作为采购管理重要的一项工作来抓。任何供应商，不管是不是已经与企业有直接关系，它都是资源市场的组成部分，构成了企业的外部环境，必然间接或直接地对企业造成影响。对于已经被选中的供应商，当然会直接影响企业，而对于没有被选择的供应商，也不可忽视其作用，它的物资供应量、供应价格、竞争态势、技术水平等，都会影响供应市场中的其他成员。因此，采购物资的质量水平、价格水平都必然受到资源市场每个成员的影响。

任务二　供应商调查与开发

随着新材料、新技术的不断涌现，企业必须不断寻找新的合作伙伴。同时，国际经济一体化使得企业采购范围扩大，采购企业对供应商的要求越来越高、越来越细，当现有供应商无法达到这些要求时，就需要进行广泛的调查和开发。在这个过程中，企业必须先摸清楚供应商的基本战略及态度，在此基础上展开调查及开发。

一、供应商的偏好与定位

企业进行供应商选择时，最起码应该考虑对方的两个重要因素，即供应能力和积极性。因此可以得到对供应商进行考评的基本公式为

$$供应绩效 = 能力 \times 积极性$$

也就是说，供应商不仅要有满足企业要求的能力，还要有完成供应任务的积极性。

当然，企业对供应商能力和积极性水平的要求将很大程度上随其与供应商之间的关系不同而变化，即与企业的采购产品类型相关联。企业试图与供应商之间建立的合作关系越紧密，积极性因素所起的作用就越大。所以当企业将要与供应商之间建立伙伴关系，或者将要采购的是供应商不太感兴趣的瓶颈型产品时，积极性因素就是企业需要重点考虑的问题。

在很多情况下，企业能够很客观地对供应商的能力进行评价，而积极性水平几乎是无形的，很难用系统性指标进行评价。我们可以借助供应商感知模型来进行分析。

1. 供应商感知模型

供应商感知模型（Supplier Perception Model），又称供应商感知定位模型或供应商偏好矩

阵，是从供应商的角度，把采购方划分为维持型、盘剥型、发展型、核心型等类型。如图 5-2 所示，该模型是采购方根据采购产品的支出大小、采购品吸引力水平综合判定的主观定位，可以帮助采购人员了解供应商有可能以怎样的视角看待采购方的业务，因而可能会以何种程度的积极性与采购方开展业务。

（1）模型的建立

横轴是业务价值量：是指采购方的采购额在供应商的营业额中所占的比例。如果该比例较高，供应商可能被激发出的积极性就越高。一般认为，大于 15%为高，5%～15%为中高，0.8%～5%为低，低于 0.8%为可忽略。

纵轴是吸引力水平：是指那些非货币因素，包括战略一致性、往来方便性、财务稳定性、间接利益的获得性以及未来业务发展的可能性等。

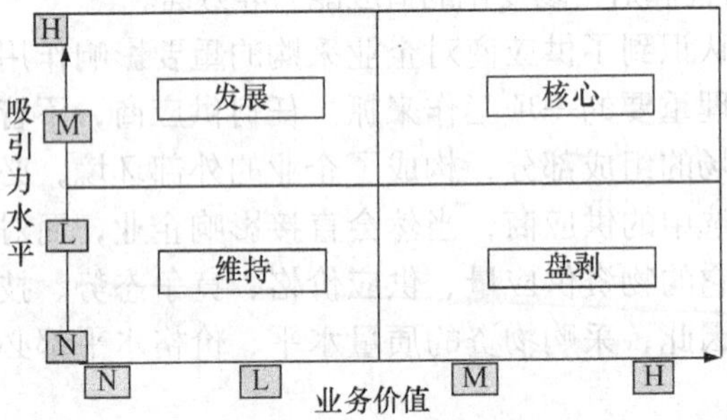

模型中字母的含义如下：H=高　M=中高　L=低　N=可忽略

图 5-2　供应商感知模型

从图 5-2 中可以看到，根据以上两个标准，所有供应商的感知（也可理解为态度）划分为四种类型，分别是低业务价值、低吸引力水平的维持型；高业务价值、低吸引力水平的盘剥型；低业务价值、高吸引力水平的发展型；高业务价值、高吸引力水平的核心型。

（2）对模型的理解

① 对于供应商而言采购方提供的业务价值。一个业务机会对供应商越重要，供应商从事该项业务的兴趣就越大。但是，供应商自身规模的大小决定了其对同一个特定数额的业务看法的不同。一个供应商眼中的大额业务，在另一个供应商的眼中可能根本不值一提。

因此，通过将采购额与供应商的营业额进行对比，企业就可以确定其采购业务对特定供应商的价值。企业一般可以通过供应商自己（如通过它的财务报表）或从其他信息来源获得供应商营业额的信息。有了这些信息，企业就可以很容易确定，在规定期间内采购方的采购业务额在供应商营业额中所占的比例。公式如下。

企业的份额（%）=（企业的采购项目支出/供应商营业额）×100%

案例链接

某企业从供应商处采购的预计支出为每年 30 万元，供应商的年营业额为 500 万元，则企业的份额为：

该企业的采购额在供应商当年营业额中所占的份额（%）=（300000/5000000）×100%=6%

6%的份额是高还是低？大致参考标准如表 5-1 所示。

表 5-1 按照企业的采购支出在供应商营业额中所占比例分类

类别	比例
高（H）	高于 15%
中高（M）	5%～15%
低（L）	0.8%～5%
可忽略（N）	低于 0.8%

注：根据表 5-1，6%的份额基本上表明该企业的业务在供应商营业额中占的份额属于中高水平。

这种简单的计算方法可以帮助采购方大概估计自己的采购额在供应商眼中的重要程度。

② 采购方业务对供应商的吸引力水平。除了采购额以外，由于各种原因，不同供应商对企业业务吸引力的看法也不同。供应商通常会从以下角度评价企业一项采购业务的吸引力程度。

第一，与供应商业务战略的一致性。如果采购方的业务战略与供应商的业务战略高度一致，那么供应商与采购方进行业务合作的积极性就会更高。例如：采购方的采购产品属于供应商的核心业务范围；采购方所处的市场是供应商正在试图占领的市场；采购方属于供应商愿意与之合作的顾客类型；采购方打算采购的产品或服务属于供应商正在开发但还没有实现的产品线的一部分等。

第二，与采购方进行业务往来的便利性。如果供应商认为与采购方的合作将是便利的、无任何问题的，那么他的合作热情就会更高。例如，采购所处位置是方便供应商拜访；两企业的文化有一致性；双方信息技术和沟通体系相兼容；采购方决策公平可靠并以合乎职业道德要求和职业的方式对待供应商等。

第三，采购的财务状况和付款记录。一个新的供应商一定会试图获得企业的信用评级，以此来评价其整体财务状况。供应商还需要了解采购方在处理发票及时付款时的效率如何。企业这方面的业绩是否给供应商留下了深刻印象。例如，供应商是否能够预期采购方会按时付款？采购是否能够预付款项？

第四，与著名客户交往所带来的商誉。供应商认为在他的客户名单上增加一个知名的、令人尊重的企业将会提高他的商誉。即使这个企业的规模不是很大，但拥有这样一个知名度的客户，可以帮助供应商提高其产品销售或服务的说服力。

第五，业务发展潜力。如果供应商试图寻找长期业务扩张和发展机会，它们往往乐于评价采购方的总体成长潜力，尤其是除目前感兴趣的采购产品或服务之外的未来业务发展前景。如果供应商了解到，采购方业务增长迅速，而且目前还从其他供应源采购另外一些它本身也能生产或提供的产品或服务，那么它可能会非常积极地介入并对这个业务机会进行考察。

2. 供应商积极性的不同类型

（1）维持象限

位于此象限中的供应商将把采购方排在其供应商优先级别名单的最后。而采购方同样也不会对与供应商建立任何形式的合作关系感兴趣。因此，采购方应该避免与对买方持有这种态度的供应商进行业务往来，最多也只能与它们建立最低优先级别的现货采购关系。

（2）盘剥象限

位于这个象限中的供应商可能希望不用花什么特别的力气就能与采购方保持业务关系。如果它们认为与买方进行的业务往来是有保障的，那么它们可能会尝试通过提高价格等，从该业务中获得更多好处。因此，对于采购方而言，仅在有非常少的合作需要时，才考虑与这个象限中的供应商进行交易。如果企业想要寻找保持长期合作关系的供应商，那么就不应考虑这个象限中的供应商。

（3）发展象限

在此种情况下，吸引供应商的是采购方企业未来发展潜力，因此，为了实现销售额随着时间逐渐上涨的目标，它们准备投入时间和精力以便与采购方发展长期合作关系。

如果企业只想与供应商建立适度合作关系，那么与这个象限中的供应商开展业务是很合适的。但是，如果真的有充分发展业务的潜力，那么企业也可以与这个象限内的供应商建立合伙关系。

（4）核心象限

位于这个象限内的供应商会通过投入大量精力，以保持与买方的业务合作。因此，如果采购方试图与供应商建立密切的合作关系并谋求共同发展，那么这个象限内的供应商就很合适。另外，如果供应商依赖于采购方的业务，那么在与该供应商的关系中采购方就能够处于支配地位。但是即使采购方企业能够受益于这种关系，最好也不要滥用这种支配地位。

3. 不同类型采购品和供应商积极性的匹配度

很明显，供应商对采购方业务的看法与采购方未来能够与供应商之间建立的关系类型间存在相互关联。当进行供应商选择时，企业应该了解这两者之间的联系。它可以帮采购方筛选出与本企业所需的供应商关系完全不合适的供应商。

采购方希望建立的契约关系类型也与采购产品的类型间存在相互关系。双方匹配关系如表5-2所示。

表 5-2　　采购产品类型与供应商感知之间的匹配关系

采购产品类型	供应商对采购方企业业务的不同看法			
	边缘型	盘剥型	发展型	核心型
常规型	优先级别很低的现货采购		长期合同	
杠杆型		现货或定期合同		定期合同
瓶颈型			长期合同	
关键型				合伙关系

当然，供应商的积极性也不是一成不变的，可能会随着时间的推移而发生变化。作为供应策略的一部分，采购企业可以采取一些措施，提高供应商的积极性，并使企业对它的吸引力逐渐增强。

二、供应商调查

供应商开发的首要工作，就是要了解供应商，了解资源市场。要了解供应商的情况，就是要进行供应商调查。对供应商的调查，是在选择供应商的过程中具有实质性的一步。

根据工作要求的不同，我们可以把供应商调查分成初步供应商调查、资源市场调查、深入供应商调查等阶段。

1. 初步供应商调查

初步供应商调查是进行供应商调查的第一步，它只是对供应商的基本情况的调查。主要工作是了解供应商的厂名、地址、生产能力、能提供什么产品，能提供多少，能提供份额有多大，运输进货条件如何。

（1）初步供应商调查的目的

其目的在于了解供应商的一般情况，具体而言：一是为选择最佳供应商做准备；二是了解掌握整个资源市场的情况，因为许多供应商基本情况的汇总就是整个资源市场的基本情况。

（2）初步供应商调查的特点

由于初步供应商调查是供应商调查的最初阶段，这一阶段要掌握大量的供应商信息和资源分布信息，因此它有以下特点：一是调查内容浮浅，只要了解一些简单的、基本的情况；二是调查面广，最好能够对资源市场中所有供应商都有所调查、有所了解，从而能够掌握资源市场的基本状况。

（3）初步供应商调查的方法

初步供应商的调查可以通过互联网搜索信息，也可以通过问卷调查和实地调查的形式。问卷调查和实地调查的内容依据公司本身的需要，包括供应商的一些基本信息、银行信息、质量保证措施（进货/出货的质量控制），以及其他主要客户等，但要考虑供应商填写的方便性和容易度，通过调查建立起供应商资料表。在实行了计算机信息管理的企业中，供应商管理应当纳入计算机管理之中去，利用数据库进行操作、维护和共享利用。

知识延伸

供应商调查中使用的相关表格如表5-3和表5-4所示。

表5-3　　供应商基本情况表

名称		地址				法人代表	
联系人		电话					
传真		E-mail			网址		
公司概况	资本额	机器设备	名称	台数	厂牌规格	购入时间	购入成本	性能
	建厂日期							
	往来银行							
	往来时间							
	协力工厂							
	平均月营业额							

材料来源	材料名称	供应厂商	备注	员工	职能	人数	干部数	员工数	大学	高中以上	平均月薪

主要产品	名称	比例	名称	比例	主要客户	名称	比例	名称	比例

表 5-4　　供应商调查问卷表

供应商编号		供应商名称			
调查时间		第几次调查			
调查评核项目		得分	评分说明	调查评核者	备注
价格	1. 原料价格				
	2. 加工费用				
	3. 估价方法				
	4. 付款方式				
技术	1. 技术水准				
	2. 资料管理				
	3. 设备状况				
	4. 工艺流程				
	5. 作业标准				
品质	1. 品管组织体系				
	2. 品质规范标准				
	3. 检验方法记录				
	4. 纠正预防措施				
生产管理	1. 生产计划体系				
	2. 交期控制能力				
	3. 进度控制能力				
	4. 异常排除能力				
合　计					

（4）供应商初步分析

在初步调查的基础上，要利用供应商初步调查的资料进行供应商分析。比较各个供应商的优势和劣势，选择企业合适的供应商。

① 产品的品种、规格和质量述评是否符合企业需要，价格水平如何，只有产品的品种、规格、质量水平都适合的企业，才能归于企业的可能供应商，才能进行下一步的分析。

② 企业的实力、规模如何？生产能力如何？技术水平如何？管理水平如何？企业的信用度如何？在初步调查阶段，主要采用访谈法，从大众中得出一个大概、定性的结论。

③ 供应商相对于本企业的地理交通情况如何？进行运输方式分析、运输时间分析、运输费用分析，看运输成本是否合适。在进行以上分析的基础上，为选定供应商提供决策支持。

2. 资源市场调查

（1）资源市场调查的内容

① 资源市场的规模、容量、性质。例如，对买方市场，在选择供应商时，可将质量、价格和服务的权重适当放大些；而对卖方市场，在选择供应商时，应将质量、价格、服务的权重适当放小些。另外，还得了解资源市场究竟有多大的范围，有多少资源以及多少需求量，是新

兴市场还是没落市场。

② 资源市场的环境。它包括市场的管理制度与法律建设、市场的规范化程度、市场的经济环境与政治环境等外部条件以及市场的发展前景。

③ 资源市场中各个供应商的情况。它是指资源市场的生产能力、技术水平、管理水平、可供资源量、质量水平、价格水平、需求状态以及竞争性质等。

（2）资源供应市场分析

实施物料采购之前，必须先对资源供应市场的结构特点进行分析。资源供应市场结构通常表现为卖方完全垄断市场、垄断性竞争市场、寡头垄断下的竞争市场、完全竞争市场、买方寡头垄断市场和独家采购垄断市场。

① 卖方完全垄断的市场。卖方完全垄断是指市场上有一个供应商、多个购买者。这种市场结构是购买方完全处于不利状态的市场，因为只此一家供应商提供货物，供应价格完全由供应商说了算。通常这种市场结构都是政府管制的。

按照产生的原因，完全垄断可分为自然垄断、政府垄断和控制垄断。自然垄断往往来源于显著的规模经济，如供水、供电等；政府垄断是基于政府给予的特许经营权，如铁路、邮政及其他公用设施等；控制垄断包括因拥有专利权、拥有专门的资源等而产生的垄断。

② 垄断性竞争市场。垄断性竞争市场是指有少量卖方和许多买方的市场，垄断性竞争市场中供应商的数量较买方完全垄断市场中的要多一些，新的卖方通过产品的差异性来区别于其他的卖方。一般只有少数几家公司控制市场，但是提供了大量的不同产品来和其他公司竞争，并取得市场份额。

这种市场结构是最具有现实意义的市场结构，其中存在若干个供应商，各供应商所提供的商品不同质，企业进入和退出市场完全自由。多数日用消费品、耐用消费品和工业产品的市场都属于此类。

③ 寡头垄断下的竞争市场。同样是少量卖方和许多买方，但这类行业存在明显的规模经济，市场准入障碍明显，价格由行业的领导者控制。一个公司给出一个价格后，行业内的其他公司通常就会快速地采纳这个价格。钢铁市场和石油市场是典型的寡头垄断下的竞争市场。

④ 完全竞争市场。完全竞争市场是指市场中有许多的卖方和买方，所有的卖方和买方具有同等的重要性。该市场具有高度的透明性，不同供应商的产品结构、质量与性能几乎没有差异，市场信息完备，产品的进入障碍小。

这类市场可能存在于专业产品市场、期货市场等。事实上，在现实供需关系中，这种市场状况几乎是不可能的，但是，确有一些市场化程度高的产品和领域，可以接近完全竞争市场那样高效地运作，价格由参与该市场的所有采购商和供应商共同影响确定。

⑤ 买方寡头垄断市场。买方寡头垄断市场是指有许多卖方和少量买方的市场。在这种市场中，买方处在主导地位，它对定价有很大的影响，因为所有卖方都在为争取买方而激烈竞争。汽车工业中半成品和部件的市场就属此类。一些部门采用集团采购后也容易形成这种市场。

⑥ 买方垄断市场。与卖方完全垄断相反，买方垄断市场是指有几个卖方和一个买方的市场。在这种市场中，买方控制价格。这种类型的市场大多出现在大宗商品采购中，如铁路机车和车辆的采购市场等。

不同的市场结构决定了采购企业在买卖中的不同地位，因而必须采取不同的采购策略和方法。从产品设计的角度出发，企业应尽量避免选择完全垄断市场中的产品，如不得已，就应该与供应商结成合作伙伴的关系。对于垄断竞争市场，应尽可能地优化已有的供应商并发展其成为伙伴性的供应商；对于寡头垄断市场，应尽最大可能与供应商结成伙伴型的互利合作关系；在完全竞争市场下，应把供应商看作商业型的供应业务合作关系。

3. 深入供应商调查

深入供应商调查，指经过初步调查后，企业为发展自己的供应商而进行的更深入仔细的考察活动。这种考察以实地考察为主，要求深入到供应商企业的生产线、管理部门。考察人员要对企业法人营业执照、税务登记证、组织机构代码证及“生产许可证”等有效资质证明的原件进行确认；对其质量体系管理能力、实物质量、产品研发能力、工艺保证能力进行确认；对认证证书的原件进行确认，并对其检验设备、检验方法、检验记录进行确认；对其物流供应、运输条件、运输方式进行了解并取样验证。

进行深入的供应商调查需要花费较多的时间和精力，调查的成本高。因此，这种调查并不能对所有的供应商都实施，需要进行深入调查的供应商必须是在以下情况下才进行。

（1）准备发展其成紧密关系的供应商时

例如，在进行准时化采购时，供应商的产品准时、免检、直接送上生产线进行装配。这时，供应商的利益已经与我们企业的利益息息相关，与供应商的紧密关系要求我们选择的供应商必须是经过深入调查的供应商。因此，准备发展成紧密关系的供应商需要进行深入调查。

（2）寻找关键零部件产品的供应商时

如果我们所采购的是一种关键零部件，特别是如精密度高、加工难度大、质量要求高、在我们的产品中起着核心作用的零部件产品，我们在选择供应商时，就需要特别小心，要进行反复认真的深入考察审核。只有经过深入调查，证明其确实能够达到要求时，才确定发展它为我们的供应商。

除以上两种情况以外，对于一般关系的供应商，或者是非关键产品的供应商，一般可以不必进行深入的调查，只要进行简单初步的调查即可。

三、供应商开发

供应商开发是指采购组织为帮助供应商提高运营绩效和供应能力以适应自身的采购需求进行开发提高的一系列活动。开发的内容同时涵盖了一切影响制造商和供应商业务能力和绩效水平的工作。它主要包括生产运作、质量监控、采购供应、技术和人员等方面。对企业来说，供应商开发是有效降低所有权总成本的战略举措。

一般情况下，需要“开发”的供应商应该是拥有独特的技术、设施、生产工艺等别的供应商不具备的优势。而采购方一般规模较大，管理、质量体系较完善。形象地说，就是采购方主动出击，提出采购要求，在足够大范围内选择合适的供应商。

1. 供应商信息的来源

寻求供应商的信息渠道主要有第一手资料和第二手资料。这里的第一手资料是指采购与供应部门主动收集的原始资料，是采购部门为了了解供应商的相关情况而主动收集的，具有针对性强、准确等优点，但相对获取成本较高。第二手资料则包括一些已经出版或发表的文章、期刊、内部资料等信息，收集起来虽然相对容易，但是针对性不强、时效性也差。通常，第二手资料的获得相对比较容易，可以作为供应部门分析研究的起点。如果该部分资料尚不能满足需求或者不够充分，企业再转而寻求昂贵的第一手资料。

一般情况下，供应商的主要信息来源于网络、商品目录、行业杂志、企业名录、销售商、贸易博览会、电话联系、各类广告以及采购部门自己的记录等。

（1）通过网络寻找供应商

在信息时代和全球化市场来临的时候，网络平台为现代的采购部门带来了一条便捷的途径。通过搜索引擎搜索供应商，或者在电子商务平台上发布需求信息，企业都可以获得充分的供应商资源。

网络提供的信息费用很低甚至是免费的，而且信息量很大，对采购方和供应商来说都是低成本高效率的。要注意的是，这些海量信息有时真假难辨，采购部门应注意区分，且应及时地把网络资料进行归类，便于以后使用。

（2）商品目录

一般的供应商在从事经营活动时都会有各自商品目录，不仅可以据此来具体介绍自己供应的各类产品，还便于提供给采购方。一份完整的商品目录包括商品的性能、价格、技术参数、联系方式、售后服务等。采购方可以通过市场调查获得这些商品目录，然后归类并建立索引，方便下一次采购时参考。

（3）行业杂志

每个行业都有该行业有价值的行业杂志，其中会包含该行业的技术进展和市场信息，而且基本每一类行业协会都会定时发布本行业内各类企业的相关情况。因此，行业杂志往往是采购人员了解行业和供应商情况的很好途径。行业杂志也有缺点，即时效性不强且不全面。采购人员可以参考这类杂志，并将该信息来源与其他供应商信息来源相互补充、佐证和修正。

（4）企业名录

企业名录也叫商业注册簿，类似企业黄页，但是内容更丰富。它会列出一些供应商的地址、分支机构数、从属关系、产品等，有时还会列出这些供应商的财务状况及其在本行业中所处的地位。一般企业聚集地区的管理部门会定时编制管理辖区内的企业名录。企业名录的分类索引主要是按商品名称分类，查找速度快，也比较直接，很多企业都以这种方式为主来联系供应商。其缺点在于，由于版面限制，很多商家只是被列出了简单的联系方式，至于产品性能、价格、技术参数、售后服务并没有具体写明。这就需要采购人员与它们进行深入联系，并及时总结。

（5）销售商

销售商是采购方能够接触到的重要信息源之一。它们具备相关的特殊专业化知识，能为采购方提供合适供应源、产品型号、商业信息等方面的信息。采购者应当在不影响其他工作的前提下，尽可能地注意销售代表。

（6）贸易博览会

地方性和全国性的贸易博览会是采购人员发现潜在供应商的另一种方式，如知名度极高的"广交会"（中国进出口商品交易会）。通过各种博览会，我们可以发现各式新产品和经改良的老产品，增加自己的专业知识和鉴别能力，同时能收到组织者提供的名单和介绍，甚至可以直接进行贸易洽谈。

（7）其他方法

除了以上的几种方法外，供应商的信息来源渠道还有电话咨询、向供应商咨询、同行咨询、产品发布会、产品展销会、各类商品订货会、各种厂商联谊会等。

2. 供应商开发的步骤

（1）供应市场竞争分析

竞争分析的内容为：目前市场的发展趋势是怎样的，各大供应商在市场中的定位是怎样的，从而对潜在供应商有一个大概的了解。企业再将所需产品按"ABC"分类法找出重点物资、普通物资和一般物资，根据物资重要程度决定供应商关系的紧密程度。

（2）寻找潜在供应商

经过对市场的仔细分析，企业可以通过前面提到的供应商信息来源来寻找供应商。在这些供应商中，去除明显不适合发展进一步合作的供应商后，就能得出一个供应商考察名录。

（3）对供应商的实地考察

在实地考察中，使用统一的评分标准进行评估，并着重对其管理体系进行审核，如作业指导书、质量记录、销售合同、供应商管理、培训管理、设备管理及计量管理等。考察中要及时与团队成员沟通，听取供应商的优点和不足之处，并听取供应商的解释。如果供应商有改进意向，可要求供应商提供改进措施报告，作进一步评估，更详细地掌握供应商的工程技术能力、品质保证能力、财务状况等基本信息。采购方的审核人员一般由采购人员、品管人员、工程技术人员等各部门人员组成。

（4）对供应商的询价与报价

对合格的供应商发出询价文件，一般包括图纸和规格、样品、数量、大致采购周期、要求交付日期等细节，并要求供应商在指定的日期内完成报价。在收到报价后，企业根据报价中大量的信息进行报价分析和筛选。

（5）认证

这项工作细分为两个阶段，即样品认证和批量试产。

样品认证：要求供应商提供适当数量的样品供检验、装配以确定供应商的产品是否可被接受。如果采购方所需的是通用性产品，供应商能很快提供出样品交采购方试用；如果采购方所需的产品是非通用性产品，则送样过程要复杂些。供应商在提供样品时，应根据产品类别提交材质证明、安全证明、检验报告等相关资料。

批量试产：要求供应商批量生产以检验真实供货能力。前述样品通过评审并不代表该供应商能批量供货，有时候，一些供应商的样品是经过刻意挑选的，所以样品可以接受并不表示采购人员可向该供应商下订单。采购方应向供应商索要或订购适当数量的物料来进行批量试产，只有较大数量的样品能通过评估，样品评估这个环节才算真正的结束。

（6）正式接纳为合格供应商

如果对新供应商的工厂审核及样品评估均达到采购方的要求，那么该供应商便可接纳为合格供应商，它将被加入到合格供应商清单中去。

（7）确定供应商

如果对新供应商的工厂审核及样品评估均达到采购方的要求，那么该供应商便可接纳为合格供应商，它将被加入到合格供应商清单中去。同时需要做的是订单转移，即如果目前有供应商在供货，当新供应商开发成功后就要考虑订单如何分配的问题。

综上所述，通过策略联盟，参与设计，供应商可以有效帮助企业降低成本，包括采购周期、库存、运输等都是看不见的隐性成本。供应商开发，就是要把有条件的供应商纳入适时供应系统，尽量减少存货，降低公司的总成本。

阅读与思考

在外贸采购中，"验厂"是个特定的名词，又叫工厂审核，俗称验厂。简单理解就是按照一定的标准对供应商进行审核或评估，一般分为人权验厂、品质验厂、反恐验厂等。接受跨国公司和中介机构“验厂”对我国出口生产企业，尤其是纺织和服装、玩具、日用品、电子和机械等劳动密集型企业几乎成为必须满足的条件。

1. 人权验厂

官方称之为社会责任审核、社会责任稽核、社会责任工厂评估等。其又分为企业社会责任标准认证和客户方标准审核。这种“验厂”主要通过企业社会责任标准认证和客户方标准审核两种方式推行。

企业社会责任标准认证：企业社会责任标准认证是指企业社会责任体系制定方授权一些中立的第三方机构对申请通过某种标准的企业是否能达到所规定的标准进行审查的活动。它是采购商要求我国企业通过某些国际、地区或行业的“社会责任”标准认证，获得资格证书，以此作为采购或下达订单的依据。这类标准主要有SA8000、ICTI（玩具行业）、EICC（电子行业）、美国的WRAP（服装鞋帽行业）、欧洲大陆地区的BSCI（所有行业）、法国的ICS（零售行业）、英国的ETI（所有行业）等。

客户方标准审核：是跨国公司在采购产品或下达生产订单之前，对我国企业按照跨国公司制定的社会责任标准也就是通常所说的企业行为守则，对企业社会责任，主要是劳工标准的执行情况进行直接审查。一般来说，大中型跨国公司都有自己的企业行为守则，如沃尔玛、迪斯尼、耐克等欧美国家的服装、制鞋、日用品、零售业等集团公司。这种方式称为第二方认证。

两种认证的内容都是以国际劳工标准为依据，要求供货商在劳工标准和工人生活条件等方面承担规定义务。比较而言，第二方认证出现时间较早，覆盖范围和影响面大，而第三方认证的标准和审查更加全面。

2. 反恐验厂

这是美国从“9・11”事件之后才出现的，一般有C-TPAT和GSV两种方式。

C-TPAT：海关—商贸反恐联盟（Customs-Trade Partnership Against Terrorism），旨在与相关业界合作建立供应链安全管理系统，以确保供应链从起点到终点的运输安全、安全信息及货况的流通，阻止恐怖分子的渗入。

GSV：全球安全验证（Global Security Verification），是一项国际领先的商业服务体系，为全球供应链安全策略的开发和实施提供支持，涉及工厂的保安、仓库、包装、装货和出货等环节。GSV体系的使命是与全球的供应商和进口商合作，帮助所有成员加强安全保障和风险控制，提升供应链效率，并降低成本。

3. 品质验厂

品质验厂又称质量验厂或生产能力评估，是指以某采购商的品质标准对工厂进行审核。其标准往往不是以“通用标准”这一点区别于体系认证。这种验厂相对社会责任验厂和反恐验厂，出现的频率并不高，且审核难度也小于社会责任验厂。下面以沃尔玛的FCCA为例说明。

沃尔玛推行的FCCA验厂全称为：Factory Capability & Capacity Assessment，即工厂产量及能力评估，其目的是审核工厂的产量及生成能力是否符合沃尔玛的产能和质量要求，其主要内容包括以下几个方面。

Factory Facilities and Environment—工厂设施和环境。

Machine Calibration and Maintenance—机器校准和维护。

Quality Management System—质量管理体系。

Incoming Materials Control—来料控制。

Process and Production Control—过程和生产控制。

In-House Lab-Testing—内部实验室测试。

Final inspection—最终检验。

思考：面对验厂，我国企业应该怎么做？

任务三　供应商考核与选择

一个理想的供应商应该能够帮助企业降低生产成本、物料成本、采购成本、物流成本，减少库存成本，减少产品抵达市场所需的时间，提高产品质量和客户满意度。因而在前期调查与开发之后，企业就需要采用科学的评估分析及管理方法对供应商进行考核与选择，形成合适的供应商选择机制。

一、供应商考核评审

供应商考核评审，就是对新开发的供应商或对现有供应商在过去合作过程中的表现做全面的资格认定。内容主要涉及供应商的价格、质量、服务等因素，然后据此对供应商进行分级管理。

1. 供应商考核的要素

供应商考核所涉及要素直接影响企业的现实生产及未来市场竞争力。因此，对供应商的选择不仅要考虑短期指标，还必须从长远意义上考虑。

（1）短期标准

选择供应商的短期标准主要有商品质量合适、价格水平低、交货及时和整体服务水平等。

① 合适的商品质量。采购商品的质量合乎采购方的要求是商品采购时首先要考虑的条件。对于质量差、价格偏低的商品，虽然采购成本低，但会导致企业的总成本增加。因为质量不合格的产品在企业投入使用的过程中，往往会影响生产的连续性和生产成品的质量，这些最终都会反映到总成本中去。另外，质量过高也不意味着采购物品适合企业生产所用，如果质量过高，远远超过生产要求的质量，对于企业而言也是一种浪费。因此，采购中对于质量的要求是符合企业生产所需，要求过高或过低都是错误的。

② 较低的成本。成本不仅包括采购价格，而且包括原料或零部件使用过程中所发生的一切支出。采购价格低是选择供应商的一个重要条件，但是价格最低的供应商不一定就是最合适的，因为如果在产品质量、交货时间上达不到要求，或者由于地理位置过远而使运输费用增加，都会使总成本增加，因此采购总成本最低才是选择供应商时考虑的重要因素。

③ 及时交货。供应商能否按约定的交货期限和交货条件组织供货，直接影响企业生产的连续性。企业在考虑交货时间时需要注意两个方面的问题：一是要降低生产所用的原材料或零部件的库存数量，进而降低库存占压资金，以及与库存相关的其他各项费用；二是要降低停工断料的风险，保证生产的连续性。

④ 整体服务水平。供应商的整体服务水平是指供应商内部各作业环节能够配合采购方的能力与态度。评价供应商整体服务水平的常见指标的有培训服务、安装服务、维修服务、技术支持服务等。

（2）长期标准

考核供应商的长期标准主要在于评估供应商是否能保证长期而稳定的供应，其生产能力是否能配合公司的成长而相对扩展，其产品未来的发展方向能否符合公司的需求，以及是否具有长期合作的意愿等。

① 供应商内部组织是否完善。这包括供应商的组织架构是否合理有效，员工素质是否过关，员工流动情况是否正常等方面。供应商内部组织与管理关系到日后供应商供货效率和服务质量。如果供应商组织机构设置混乱，采购的效率与质量就会因此下降，甚至会由于供应商部门之间的互相扯皮而导致供应活动不能及时地、高质量地完成。

② 供应商质量管理体系是否健全。采购商在评价供应商是否符合要求时，其中重要的一个环节是看供应商是否采用相应的质量体系，例如，是否通过ISO9001质量体系认证、ISO14001环境管理体系认证、职业健康安全管理体系认证等。

③ 供应商内部机器设备保养情况。从供应商机器设备的新旧程度和保养情况就可以看出管理者对生产机器、产品质量的重视程度，以及内部管理的好坏。

④ 供应商的财务状况是否稳定。供应商的财务状况直接影响到其交货和履约的绩效，如果供应商的财务出现问题，资金周转不开，就会影响供货，进而影响企业生产，甚至出现停工的严重危机。常见指标有：短期偿债能力指标速动比率和现金比率等，长期偿债能力指标资产负债率，运营效率指标固定资产周转率，流动性指标库存周转率和应收账款周转率等。

综合以上短、长期指标，企业在对供应商进行考核评审时，并不要求各方面都要达到最好，而是综合考虑各个方面，通过一定方法选择一个综合指标相对满意的供应商。

知识延伸

财务管理是公司管理的重要组成部分，我们可以借助有效的财务分析体系评价和判断企业的经营绩效、经营风险、财务状况等。杜邦财务分析（The Du Pont System）就是一种比较实用的财务分析体系。

杜邦财务分析是利用几种主要的财务比率之间的关系来综合地分析企业的财务状况。它是从财务角度评价企业经营状况的一种经典方法。其基本思想是将企业净资产收益率逐级分解为多项财务比率乘积，这样有助于深入分析比较企业经营业绩。由于这种分析方法最早由美国杜邦公司使用，故名杜邦财务分析法。

图5-3所示为某公司杜邦财务分析示例。

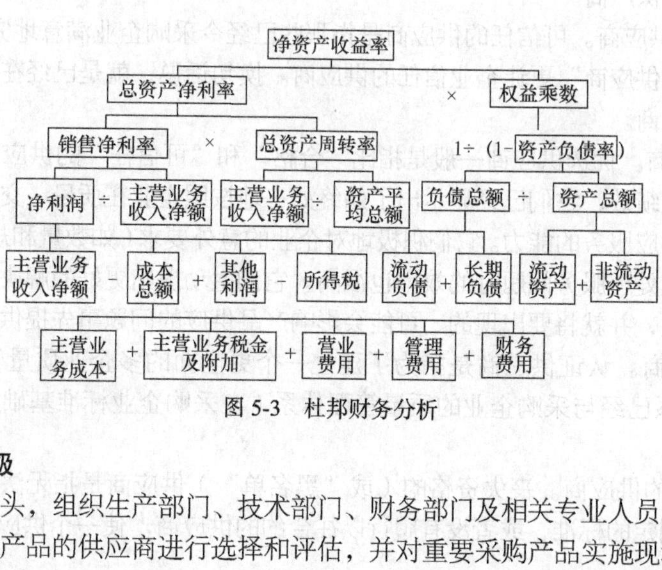

图5-3　杜邦财务分析

2. 供应商评级

由采购部门牵头，组织生产部门、技术部门、财务部门及相关专业人员，经公司相关负责人批准后，对采购产品的供应商进行选择和评估，并对重要采购产品实施现场评定。

（1）评审标准的确定和实施

① 评审标准。根据前文所述的调研得来的信息，下一步在进行评审时需要将选择标准转变为可用于测量的标准，这要求尽可能细化、量化、可测化。一般来说，可用以对考察供应商评分的项目主要有以下几个。

供应商总体情况：企业知名度、市场接受程度、地理位置、市场地位等。

生产制造能力：生产能力、生产技术及设备、生产制造过程控制等。

技术配合度：技术资料完成性、样品提供及时性等。

质量管理水平：质量管理体系、质量过程控制、产品质量不合格率、质量改进、产品质量认证。

物流管理：交期、运输方式、紧急订单处理、预警系统等。

环保安全：环境及职业健康安全体系认证、安全管理等。

协作水平：价格合理性、付款信用额度、合作时间等。

② 设定评分标准的分值与权重。对设定好的评审标准赋值是个充满灵活性的问题，不同的采购品有不同的要求，因此，需要对每个评审标准确定权重。确定权重就是企业按照自己设定的重要性顺序排列采购产品，并且量化这个顺序。用一个数值范围（如 1～10）为每一个测评标准确定权重，数值范围设置主要看是否符合实际需要。例如，用 1 代表“最低要求标准”，用 10 代表“绝对需要的对供应成功起关键作用的标准”。任何标准都可以被赋予在数值范围内这两个极限数值之间的一个权重。每个标准对该公司的重要性决定了该标准的权重。当然，该权重的设定也同时取决于公司为采购品确定的供应目标、该供应目标对公司的重要性以及实现该目标的难易程度。根据评分项目及权重，我们可以使用以下公式进行计算

$$S=\Sigma W_iP_i/\Sigma W_i\times 100\%$$

其中：S 是综合指标；P_i 是第 i 个指标；W_i 是第 i 个指标的权重。S 作为供应商表现的综合描述，分值越高的供应商表现就越好。

（2）供应商评级的分类

① 合格的供应商。满意的（或有预备资格的）供应商是指已经达到采购商的筛选、评价和选择过程要求的供应商。

② 可信任的供应商。可信任的供应商是指那些已经令采购企业满意地完成了试订单交货，从而比“被认可的供应商”更让企业信任的供应商。换句话说，就是已经在实践中证明了其能力和积极性的供应商。

③ 优选供应商。优选供应商一般是指比“合格”和“可信任”的供应商更让企业满意的供应商。根据以往绩效，它们已经显示出了始终如一地按照企业在质量、交货、价格和服务等方面的要求提供供应服务的能力。它们积极地对企业的意外要求（如数量和规格方面的变化等）做出反应，而且在处理服务问题时的效率也很高。它们主动提出更好的解决方案，寻找更能满足企业需要的方法，并就将要出现的、可能会影响产品供应的问题事先提供有关信息。

④ 认证供应商。认证供应商是指为了建立一个更全面的多企业质量管理体系，整个企业的质量控制体系已经与采购企业的质量管理体系（在采购企业标准基础上）合为一体的供应商。

⑤ 丧失资格的供应商。丧失资格的（或“黑名单”）供应商是指无法达到采购企业在供应商选择过程中制定的标准，或者没有履行以往合约的供应商。使一个供应商丧失资格仅是在

该供应商进行了最大努力却不能改正相关问题时，企业能够使用的最后手段。因此，取消供应商资格的主要标准在于供应商缺乏能力，或缺乏按照企业要求执行供应任务的意愿。当企业发现供应商有违法或违反职业道德的行为，或违反了企业制定的政策（如有关社会、环境等其他问题）的时候，这些供应商也会被列入“黑名单”中。

（3）供应商选择结果反馈

企业在进行完供应商考核评审后，应该与其分享评价结果。这样做不仅可以帮助供应商改进工作，从长远看这对企业也是有好处的。一般那些已作为候选人的供应商当然是对企业最为重要的，但那些仍有待于克服某些缺点的供应商也很重要。让这些供应商了解这些劣势，并认识到如果能够克服这些缺点就会得到提高，可以使它们在未来真正成为企业的供应商。

在向供应商通报评价结果时，企业只能给供应商提供有关其自己企业的信息，而不能向其泄露任何企业获得的有关其竞争者的信息。这对企业是非常重要的，这也是商业职业道德的基本准则。

同时，反馈是一个双向过程，企业也应该在这个时候努力获得有关供应商作为企业的潜在客户对企业的看法。这样，双方都可以采取措施克服劣势，并增加建立真正的业务合作关系的机会。

知识延伸

在实践中，各企业会根据本行业及本公司特点选择相关指标进行评审。表 5-5 所示为某公司供应商考核评审表格。表 5-6 所示为某公司供应商考核评级分类表。

表 5-5　　某公司供应商考核评审表

评审项目	评审内容（每项分值均为 10）	初评分	权重（0.1～1）	得分
总体情况	市场地位		0.1	
	地理位置			
	企业声誉			
生产制造	生产能力		0.2	
	生产技术及设备水平			
	生产制造过程控制			
技术配合	技术资料完整性		0.13	
	样品提供及时性			
质量管理	质量管理体系		0.2	
	质量过程控制			
	产品质量不合格率			
	产品质量认证			
物流管理	交期及运输方式		0.15	
	紧急订单处理能力			
环保安全	环境及职业健康安全体系认证		0.1	
	安全管理水平			
协作水平	价格合理性、合作时间		0.12	
	付款信用额度			
合计				

表 5-6　某公司供应商考核评级分类表

等级	总成绩	采购措施
A	≥85 分	优秀供应商，加大采购量
B	70～84 分	合格供应商，正常采购
C	61～69 分	潜在合格供应商，减量采购或暂停采购
D	≤60 分	不合格供应商，不予采购
特别说明：质量项目得分≤25 分，一律视为不合格供应商，丧失采购资格		

二、供应商选择

供应商选择是指搜寻供应源，对市场上提供所需产品的供应商进行选择。供应商选择要本着全面、具体、客观的总原则，借助上一节所述关于供应商考评的指标体系，综合考虑供应商可能影响供应链合作关系的各个方面，遵循一定的步骤和方法，进行科学甄选。

1. 供应商选择的原则

（1）目标定位原则

供应商评审人员应当注重对供应商进行考察的广度和深度，应依据所采购商品的品质特征、采购数量和品质保证要求去选择供应商，使建立的采购渠道能够保证品质要求，减少采购风险，并有利于自己的产品打入目标市场，让客户对企业生产的产品充满信心。选择的供应商的规模和层次应与采购商相当。一般认为，采购时的购买数量不宜超过供应商产能的 50%，尽可能避免全额供货的供应商，最好使同类物料的供应商数量在两家以上，并有主次供应商 AB 角之分。

（2）优势互补原则

每个企业都有自己的优势和劣势，选择开发的供应商应当在经营方面和技术能力方面符合企业预期的要求水平，供应商在某些领域应具有比采购方更强的优势，在日后的配合中才能在一定程度上优势互补。尤其在建立关键、重要零部件的采购渠道时，更需要清楚把握这一原则。

（3）择优录用原则

在选择供应商时，企业通常先考虑报价、质量以及相应的交货条件，但是在相同的报价及相同的交货承诺下，毫无疑问要选择那些企业形象好，可以给世界驰名企业供货的厂家作为供应商，在综合考察、平衡利弊后择优录用。

（4）共同发展原则

在市场竞争激烈的情况下，若供应商能以荣辱与共的精神来支持企业的发展，把双方的利益捆绑在一起，采购方就能对市场的风云变幻做出更快、更有效的反应，并能以更具竞争力的价位争夺更大的市场份额。

2. 供应商选择的步骤

狭义地讲，选择供应商是指企业在研究所有的建议书和报价之后，选出一个或几个供应商的过程。广义的选择供应商则包括企业从确定需求到最终确定供应商以及评价供应商的不断循环的过程，如图 5-4 所示。

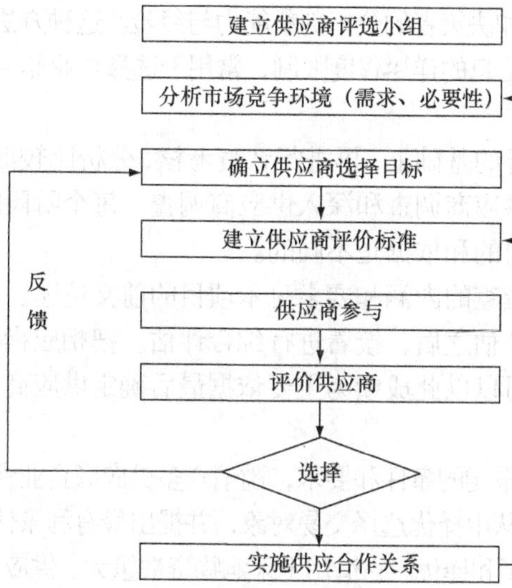

图 5-4 供应商选择步骤

广义的选择供应商过程包括以下步骤。

① 建立评选小组。企业必须建立一个小组以控制和实施供应商评价。评价小组必须同时得到制造商企业和供应商企业最高领导层的支持。

② 分析市场竞争环境。采购方运用“供应定位模型”等相关分析工具弄清楚自身需求。同时，通过如“五力模型”“供应商感知模型”等工具分析供应商的现状，研究确定供应商选择战略。

③ 建立供应商选择目标。企业必须确定供应商评价程序如何实施，信息流程如何，谁负责，而且必须建立实质性、实际的目标。其中降低成本是主要目标之一，供应商评价、选择不仅仅就是一个简单的评价、选择过程，它本身也是企业自身和企业与企业之间的一次业务流程重构过程，实施得好，它本身就可带来一系列的利益。

④ 建立供应商评价标准。不同行业、企业、产品需求、不同环境下的供应商评价应是不一样的，但应涉及的指标体系大体相同。具体参看上节相关内容。

⑤ 供应商参与。一旦企业决定实施供应商评价，评价小组必须与初步选定的供应商取得联系，以确认它们是否愿意与企业建立合作关系。企业应尽可能早地让少数的、关键供应商参与到评价的设计过程中来。

⑥ 评价供应商。评价供应商的一个主要工作是调查、收集有关供应商的生产运作等全方位的信息，依据指标体系，设计相关指标的权重关系，进行统计分析。

⑦ 选择实施合作。在实施合作关系的过程中，市场需求将不断变化，可以根据实际情况的需要及时修改供应商评价标准，或重新开始供应商评价选择。在重新选择供应商的时候，企业应给予现有供应商以足够的时间适应变化。

3. 供应商选择的方法

目前，可以应用于供应商选择的技术工具既有定性分析也有定量分析。常用的具体方法有以下几种。

（1）直观判断法

直观判断法是指通过调查、征询意见、综合分析和判断来选择供应商的一种方法，主要是倾听和采纳有经验的采购人员的意见，或者直接由采购人员凭经验做出判断。这种方法的质量取决于对供应商资料掌握得是否正确、齐全和决策者的分析判断能力与经验。这种方法运作简单、快速，但是主观性较强缺乏科学性，受掌握信息的详尽程度限制，常用于选择企业非主要原材料的供应商。

（2）考核选择法

这是在对供应商充分调查了解的基础上，再进行认真考核、分析比较而选择供应商的方法。

供应商的调查可以分为初步供应商调查和深入供应商调查。每个阶段的调查对象都有一个供应商选择的问题，而且选择的目的和依据是不同的。

关于初步供应商调查和深入调查的内涵和要求见本项目的前文论述。

在对各个评价指标进行考核评估之后，接着进行综合评估。把相应指标进行加权平均计算得到的一个综合成绩，基本上就可以以此成绩为主要依据最后确定供应商了。

（3）招标选择法

采购方作为招标方，事先提出采购的条件和要求，邀请众多供应商企业参加投标，然后由采购方按照规定的程序和标准一次性地从中择优选择交易对象，并提出最有利条件的投标方签订协议等过程。注意整个过程要求公开、公正和择优。它适用于采购物资数量大、供应市场竞争激烈的情况。

（4）协商选择

在可选择的供应商较多、采购单位难以抉择时，也可以采用协商选择方法，即由采购单位选出供应条件较为优越的几个供应商，同它们分别进行协商，再确定合适的供应商。协商选择方法因双方能充分协商，因而在商品质量、交货日期和售后服务等方面较有保证，但由于选择范围有限，不一定能得到最便宜、供应条件最优越的供应商。它适用于采购时间较为紧迫，投标单位少，供应商竞争不激烈，订购物资规格和技术条件比较复杂的情况。

案例链接

华为公司是世界知名电信设备制造企业，公司致力于向所有潜在供应商提供合理、平等的机会，让大家都能够展示自己的能力。潜在供应商各种方式的垂询都将转给采购部门进行回复。

如果华为和供应商都有意开拓业务关系，华为采购部会要求潜在供应商完成调查问卷。在接到调查问卷并进行评估后，华为将知会供应商评估结果。如果华为有兴趣和供应商进行合作，将启动后续的认证步骤。后续认证可能需要和供应商面谈，讨论供应商对调查问卷的回复。根据面谈的结果，华为决定是否需要现场考察，然后可能需要进行样品测试和小批量测试，确保供应商的产品满足规格要求，产能满足需求。认证的结果将知会供应商。在发生采购需求时，通过认证的供应商将作为候选供应商进入供应商选择流程。图 5-5 是供应商认证流程的简要图示。

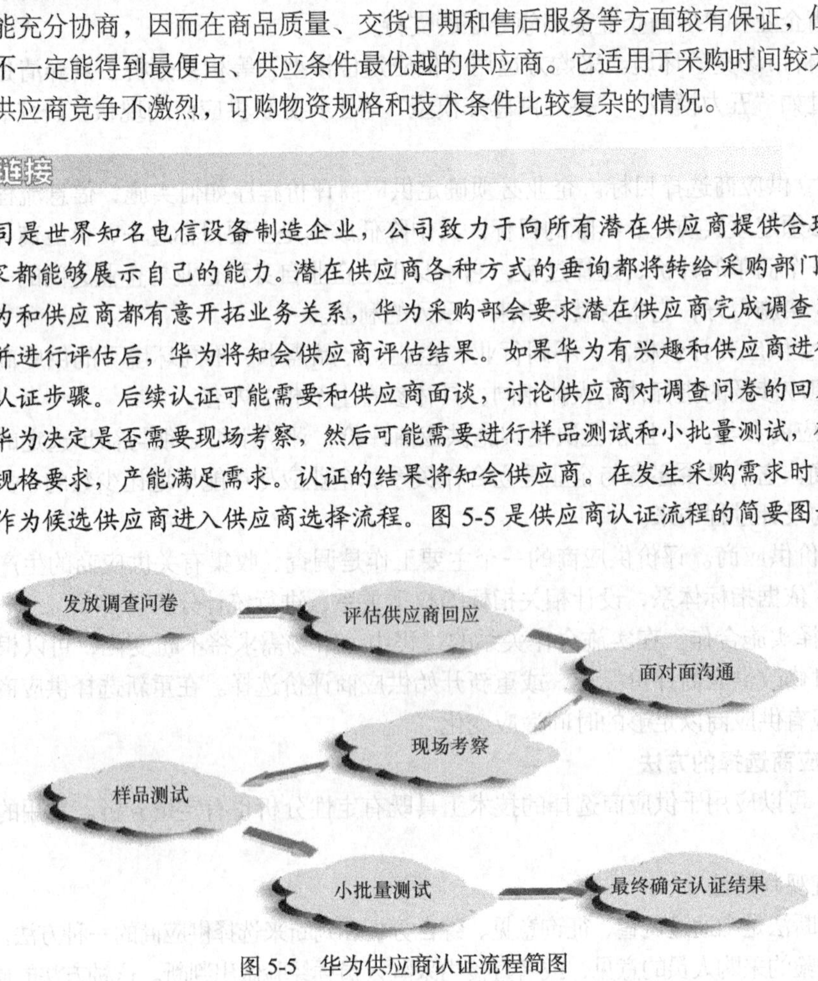

图 5-5　华为供应商认证流程简图

华为负责供应商选择的主体部门是采购部各物料专家团（CEG）。华为采购部在向外部供应商采购物品、服务和知识资产时，有责任为华为获取最佳的整体价值。因此在选择供应商时CEG有两个主要目标：选择最好的供应商；评定公平价值。

华为制定了完善的供应商选择、公平价值判断流程以确保华为选择出最符合华为利益的供应商，获得最公平的采购价值，同时保证向所有供应商给予平等赢得华为业务的机会。该流程的基本原则是公平、公开和诚信，并由以下机制保证。

采购集中控制——采购是公司内部唯一授权向供应商作出资金承诺，获得物品或服务的组织。除此以外的任何承诺都视为绕过行为，视为对公司政策的违背。

供应商选择团队——供应商选择将由相关专家团主任组建团队来进行，成员包括采购和内部客户的代表。小组的使命是制定RFQ/RFP，确定能够按照华为要求提供所需产品或服务的现有合格供应商名单。这个团队管理供应商选择流程，参与评估供应商的回复以及选择供应商。

供应商反馈办公室——如果供应商在与华为的交往中有任何不满意的地方，有专门的帮助中心负责收集供应商的反馈和投诉。

任务四 供应商的绩效管理与控制

选择好供应商之后，双方供货关系开始建立，供应工作进入实际运作阶段，企业对供应商的绩效管理活动要相应启动。从管理上讲，区别于之前的审核环节，这个阶段的绩效考核属于事中或事后考核。

一、供应商绩效管理

1. 供应商绩效管理的目的

① 供应商绩效管理的主要目的是跟踪供应商的交货表现，确保供应质量。

② 在供应商之间进行比较，以便建立优胜劣汰的竞争机制。

③ 帮助供应商改善绩效。在绩效考评的过程中能了解供应存在的不足之处，把此类信息反馈给供应商，可以促进供应商改善其业绩，更好地提高供应质量。

2. 供应商绩效考核的准备工作

要实施科学的供应商绩效管理，首先，必须制定好供应商考评办法或工作程序，以便有关部门或人员依文件实施。其次，实施过程中要对供应商的表现（如质量、交货、服务等）进行监测记录，为考评提供量化依据。最后，考评前要选定被考评的供应商，将考评做法、标准及要求和相应的供应商进行充分沟通，并在本单位内对参与考评的部门或人员做好沟通协调。

供应商绩效考评工作通常由采购部门牵头，生产及质量管理部门、营销或财务、外界专家等部门共同参与。

3. 供应商绩效考核的指标体系

质量（Quality）、成本（Cost）、交货（Delivery）、服务（Service）、技术（Technology）、资产（Asset）、员工与流程（People and Process），合称为“QCDSTAP”，即各英文单词的第一个字母。前三个指标各行业通用，相对易于统计，属硬性指标，是供应商管理绩效的直接表现；后三个指标相对难于量化，属软性指标，但却是保证前三个指标的根本。服务指标介于中间，是供应商增加价值的重要表现。前三个指标广为接受并应用；对其余指标的认识、理解和运用，则因企业特点和要求的差异，重视程度各有不同。

（1）质量指标（Quality）

供应商质量指标是供应商考评的最基本指标，包括来料批次合格率、来料抽检缺陷率、来料在线报废率、供应商来料免检率等，其中，来料批次合格率是最为常用的质量考核指标之一。这些指标的计算方法如下。

来料批次合格率 =（合格来料批次 ÷ 来料总批次）× 100%

来料抽检缺陷率 =（抽检缺陷总数 ÷ 抽检样品总数）× 100%

来料在线报废率 =（来料总报废数 ÷ 来料总数）× 100%

来料免检率 =（来料免检的种类数 ÷ 该供应商供应的产品总种类数）× 100%

此外，企业还可以将供应商体系、质量信息等也纳入考核，如供应商是否通过了 ISO9000 认证或供应商的质量体系审核是否达到一定的水平。企业可以在要求供应商在提供产品的同时，还要提供相应的质量文件，如质量检验报告、出货质量检验报告、产品成分性能测试报告等。

（2）交货指标（Delivery）

交货指标又称为企业指标或供应指标，是考核供应商的交货表现以及供应商管理水平的依据，其中最主要的是准时交货率、交货周期、订单变化接受率等。

① 准时交货率 =（按时按量交货的实际批次 ÷ 订单确认的交货总批次）× 100%。

② 交货周期指自订单开出之日到收货之时的时间长度，常以天为单位。

③ 订单变化接受率 =（订单增加或减少的交货数量 ÷ 订单原定的交货数量）× 100%。订单变化接受率是衡量供应商对订单变化灵活性反应的一个指标，反映出在双方确认的交货周期中可接受的订单增加或减少的比率。

值得一提的是，供应商能够接受的订单增加接受率与订单减少接受率往往不同，前者取决于供应商生产能力的弹性、生产计划安排与反应快慢以及库存大小与状态（原材料、半成品或成品）；后者主要取决于供应商的反应、库存（包括原材料与在制品）大小以及对减单可能造成损失的承受力。

（3）成本指标（Cost）

成本指标常被称为经济指标。这类指标总是与采购价格、成本相联系。经济指标一般相对稳定，多数企业是每季度考核一次，此外经济指标往往都是定性的，难以量化。具体考核点包括以下几个。

① 价格水平。将企业所掌握的市场行情与供应价格比较或根据供应商的实际成本结构及利润率进行判断。

② 报价是否及时，报价单是否客观、具体、透明（分解成原材料费用、加工费用、包装费用、运输费用、税金、利润等，说明相对应的交货与付款条件）。

③ 降低成本的态度及行动。是否真诚地配合企业或主动地开展降低成本活动，制订改进计划、实施改进行动，是否定期与企业检讨价格。

④ 分享降价成果。是否将降低成本的好处也让利给企业。

⑤ 付款。是否积极配合响应企业提出的付款条件要求与办法，开出的发票是否准确、及时、符合有关财税要求。

除以上内容之外，企业还可将供应商的财务管理水平与手段、财务状况以及对整体成本的认识也纳入成本考核。

（4）支持、配合与服务指标（Service）

考核供应商在支持、配合与服务方面的表现。这通常也是定性的考核，每季度一次。相关的指标有反应与沟通、表现合作态度、参与本公司的改进与开发项目、售后服务等。

① 反应表现。对订单、交货、质量投诉等反应是否及时、迅速，答复是否完整，对退货、挑选等是否及时处理。

② 沟通手段。是否有合适的人员与企业沟通，沟通手段是否符合企业的要求（电话、传真、电子邮件以及文字处理所用软件与企业的匹配程度等）。

③ 合作态度。是否将企业看成是重要客户，供应商高层领导或关键人物是否重视企业的要求，供应商内部沟通协作（如市场、生产、计划、工程、质量等部门）是否能整体理解并满足企业的要求。

④ 共同改进。是否积极参与或主动参与企业相关的质量、供应、成本等改进项目或活动，或推行新的管理做法等；是否积极组织参与企业共同召开的供应商改进会议，配合本公司开展的质量体系审核等。

⑤ 售后服务。是否主动征询企业的意见，主动访问企业，主动解决或预防问题。

⑥ 参与开发。是否参与企业的各种相关开发项目，如何参与企业的产品或业务开发过程。

⑦ 其他支持。是否积极接纳企业提出的有关参观、访问事宜，是否积极提供企业要求的新产品报价与送样，是否妥善保存与企业相关的文件等不予泄露，是否保证不与影响到企业切身利益的相关公司或单位进行合作等。

（5）技术指标（Technology）

对于技术要求高的行业，供应商增加价值的关键是因为它们有独到的技术。供应管理部门的任务之一是协助开发部门制定技术发展蓝图，寻找合适的供应商。这项任务对企业几年后的成功至关重要。

技术指标包括技术开发能力，应用信息技术采购等方面。这类指标有利于促进采购方、供应商利用先进技术，节省成本，提高效率。 近些年来，在企业供应链领域，信息技术的应用深度、广度逐年增加，供应管理部门是主要推动力。

（6）资产管理（Asset）

供应管理直接影响公司的资产管理，如库存周转率、现金流。供应管理部门可通过供应商管理库存 VMI（Vendor Managed Inventory），转移库存给供应商，当然，更重要的是通过改善预测机制和采购流程，降低整条供应链的库存。

知识延伸

从财务管理的角度看，资产管理往往能体现供应商的总体管理水平。它包括固定资产、流动资产、长期负债、短期负债等。这些都有相应的比率（不同行业的标准比率可能不同。例如，在合同加工行业，库存周转率动辄几十，或是上百，而在一些大型设备制造行业，一年能周转六次就是世界级水平）。作为供应管理部门，定期（每季度甚至每月）审阅供应商的资产负债表，是及早发现供应商经营问题的一个有效手段。现金流、库存水平、库存周转率、短期负债等都可能影响供应商的今后表现，也是采购方能否得到年度降价的保证。

人们往往忽视供应商的资产管理。普遍想法是："只要供应商能按时交货，不管他建多少库存、欠多少钱。"但问题是，供应商管理资产不善，成本必定上升。"羊毛出在羊身上"，上升的成本要么转嫁给客户，要么就供应商自己亏本而没法保证绩效。两种结果都会影响到采购方。

有些行业，换个供应商就行了，因为市场很透明，采购就像到超市买东西。但对更多的行业，换供应商转换成本很高，还会带来很多问题和不确定因素。所以敦促现有供应商整改达标往往是双赢的做法。

（7）员工与流程（People and Process）。

对供应管理部门来说，员工素质直接影响整个部门的绩效，也是获得别的部门的尊重的关键。学校教育、专业培训、工作经历、岗位轮换等都是提高员工素质的方法。对此，企业相应地可建立指标，例如，100%的员工每年接受一周的专业培训，50%的员工通过专业采购经理认证，跳槽率低于10%等。

流程管理是优化与供应商有关的业务流程，如预测、补货、计划、签约、库存控制、信息沟通等。供应商的绩效很大程度上受采购方的流程制约。例如，预测流程中，如何确定最低库存、最高库存，按照什么频率更新，传递给供应商，直接影响供应商的产能规划和按时交货能力。再如补货，不同种类的产品，按照什么频率补货，补货点是多少，采购前置期是多少，不但影响到公司的库存管理，也影响到供应商的生产规划。

指标的价值在于其规范和引导行为。供应商管理的指标体系不但引导供应商的行为，也是评价供应管理部门绩效的重要依据。上面的七大指标体系，不同公司可在不同发展阶段制定相应的侧重点。对于具体的指标，要力求简单、实用、平衡。

知识延伸

某公司供应商绩效考核准则与结论如表5-7所示。

表5-7　　某公司供应商绩效考核准则与结论

评估项目	A等级（21～25分）	B等级（16～20）分	C等级（11～15分）	低等级（0～10）分
供货质量	产品年度不良率为0	产品年度不良率≤100×10^{-6}	产品年度不良率控制在100×10^{-6}～250×10^{-6}	产品年度不良率≥250×10^{-6}
质量改进	能对提供的产品主动进行质量改进	通知后能对产品质量问题及时进行改进，并主动跟踪改进效果	对产品质量问题在反复催促下才进行改进	对产品质量问题不进行改进或无力改进
交付能力	生产能力强，交付及时，供货进度始终能满足生产所需；没有产生附加运费	生产能力较强，供货进度基本能满足生产所需；产生了附加运费（1～5笔之间）	成批生产能力差，供货不够及时，因供货进度问题偶尔影响生产时度；产生了附加运费（6～10笔之间）	成批生产能力差，供货不及时，因其供货进度问题经常影响生产进度；产生了附加运费（11笔以上）
成本	价格合理，随着批量增大能主动提出降价≥5%	价格合理，随着批量增大，在要求下能合理降价3%～5%	产品价位偏高，随着批量增大，在要求下也能合理降价≥3%	产品价位高，有牟取暴利嫌疑，且不同意降价
定期评估各项考核结果均≥11分，则定期考核结论为“符合”，反之为“不符合”				

二、供应商监控办法

采购方既要充分发挥供应商的积极性、创造性，保证企业的生产顺利进行，又要防止供应商的不轨行为，预防不确定损失。

1. 供应商的控制

控制供应商的方法大致有以下两种。

（1）完全竞争控制

在卖方市场环境下，企业可以通过完全竞争控制的方法对供应商进行控制。这种方法使供应商成为市场的接受者，使采购方拥有更多的讨价还价能力；同时供应商为了获得采购方的信赖而进行竞争，不断地提高产品质量，控制生产成本。由于供应商的激烈竞争，使价格和信息都逐渐趋向于客观，采购方得到较为全面准确的价格和质量信息。

（2）合约控制

合约控制是一种介于与供应商正常交易管理和伙伴管理模式之间的供应商控制方法，是根据双方签署的框架式协议而进行的控制方法。采购方利用自己的实力建立一个宽松的环境，通过合约控制得到非常优厚的条件，从而获得更多的利润。合约控制的关键是要对双方的利益和关系进行积极的维护以实现真正有效的控制。

2. 防止供应商控制

许多企业对于某些重要材料的采购过分依赖于一家供应商，使得供应商在合作占据主要地位，控制采购价格，使企业无计可施。

（1）供应商的独家供应

供应商的独家供应常在以下几种情况中发生：按客户要求专门制造的高科技、小批量产品；某些企业的产品及其零部件对工艺技术要求高，且由于保密的原因，不愿意让更多的供应商指导；工艺性外协，如电镀、表面处理等；产品的开发周期很短，必须有伙伴型供应商的全力、密切配合。

当然，独家供应商除了客观上的条件局限外，也具有主观方面的优势，主要体现在：节省时间和精力；更容易实施双方在产品开发、质量控制、计划交货、降低成本等方面的改进并取得积极成效。

同时，独家供应商会造成供需双方的相互依赖，进而导致以下风险：供应商有了可靠顾客，但会失去竞争的动力及应变、革新的积极性；供应商可能会疏远市场，以致不能完全掌握市场的真正需求；采购方本身不容易更换供应商。

（2）防止供应商控制的方法

许多企业过于依赖一家供应商，落入供应商垄断供货的控制之中，在这种情况下企业仍可以找到防止供应商控制的措施。

① 再找一家供应商。独家供应有两种情况：一种是供应商有多家，但只向其中一家采购；另一种是仅有一家供应商。对于前一种情况，企业只要多找几家供应商，由一家供应商变成多家供应商迫使卖方竞争，自然会限制供应商随意抬高价格的情况发生；对后一种情况，企业可以通过开发新来源扩大采购范围。

② 增强相互依赖性。企业可以增加对一家供应商的采购量，增加其在供应商供应量中所占比重，提高对采购方的依赖性。这样，该供应商为了维护自己的长期利益，就不会随意哄抬价格。

③ 更好地掌握信息。要清楚了解供应商对采购方的依赖程度，并对这些信息加以利用。

④ 注意业务经营总成本。当采购方只有一家供应商时，供应商可能会利用采购方对它的依赖而制定较高的价格，但采购方可以说服供应商在售后服务等其他非价格条件上做出让步。

⑤ 让最终客户参与。如果采购方能与最重客户合作并给予它们信息，向它们解释只有一家供货源的困难，并向最终客户解释它们所不了解的其他选择，它们往往可以让采购方采购到意料之外的原料，从而摆脱供应商垄断。

⑥ 协商长期合同。如果企业长期需要某种产品时，可以考虑订立长期合同，从而保证持续供应和对价格的控制。

⑦ 与其他企业联合采购。

3. 供应商激励

对供应商的管理中运用激励机制，调动供应商配合本企业的采购工作显然是属于有效控制的。激励机制运用得当，不仅可以激发供应商对本企业工作的支持，更重要的是将为建立供应链合作伙伴关系打下良好的基础。

（1）价格激励

在现代供应链环境下，各个企业在战略上是相互合作的关系，供应链的各个企业间的利益分配主要体现在价格上。供应链优化所产生的额外收益或损失大多数时候是由相应企业承担，但是在许多时候并不能辨别相应对象或者相应对象错位,因而必须对额外收益或损失进行均衡，这个均衡通过价格来反映。价格对企业的激励是显而易见的。高的价格能增强企业的积极性，不合理的低价会挫伤企业的积极性。供应链利润的合理分配有利于供应链企业间合作的稳定和运行的顺畅。

基于这种理解，在与供应商进行价格协商时，价格低并不意味着采购成本低，因为报价越低意味着违约的风险越高。因此，使用价格激励机制时要谨慎，不可一味强调低价策略。

（2）订单激励

供应商获得更多的订单对它是一种极大的激励，在供应链内的企业也需要更多的订单激励。一般来说，一个制造商会拥有多个供应商。多个供应商竞争来自于制造商的订单，较多的订单对供应商是一种激励。

（3）商誉激励

商誉来自供应链内其他企业的评价和在公众中的声誉，反映企业的社会地位（包括经济地位、政治地位和文化地位）。在一定场合给予供应商一定范围的商誉宣传，毫无疑问将影响供应商参与供应的积极性。所以，在经济生活中，我们可以看到很多中小企业把为大公司供货作为一种荣耀。

（4）信息激励

信息对供应链的激励实质上属于一种间接的激励模式，但是它的激励作用不可低估。如果供应商能够很快捷地获得合作企业的需求信息，能够主动采取措施提供优质服务，必然使合作方的满意度大为提高。这对赢得合作方的信任有着非常重要的作用。很多企业在和供应商的合作中，就把信息管理系统共享作为一种重要政策使用在关键供应商身上。

（5）淘汰激励

淘汰激励是负激励的一种。为了使供应链的整体竞争力保持在一个较高的水平，企业必须建立起对供应企业的淘汰机制。淘汰弱者是市场规律之一，保持淘汰对企业或整个供应链都是一种激励。淘汰激励是在供应链系统内形成一种危机激励机制，让所有合作企业都有一种危机感，可以从另一个角度激发企业发展。

（6）组织激励

有些企业对待供应商与经销商的态度忽冷忽热，所需产品供过于求时和供不应求时对经销商的态度大不相同：产品供不应求时对经销商态度傲慢，供过于求时往往企图将损失转嫁给经销商，因此得不到供应商和经销商的信任与合作。产生这种现象的根本原因，还是由于企业管理者的头脑中没有建立与供应商、经销商长期的战略合作的意识，管理者追求短期业绩的心理较重。在一个较好的供应环境下，企业之间的合作愉快，供应链的运作也通畅，少有争执。也就是说，一个良好组织的供应链对置身其中的企业都是一种激励。减少供应商的数量，并与主要的供应商和经销商保持长期稳定的合作关系是制造商采取组织激励的主要措施。

知识延伸

独家供应有两种情况：一种为 Single Source，即供应商不止一家，但仅向其中一家采购；另一种为 Sole Source，即仅此一家别无其他供应商。通常 Single Source 多半是买方造成的，如将原来许多家供应商削减到只剩下最佳的一家；Sole Source 则是卖方造成的，如独占性产品的供应者或独家代理商等。

在 Single Source 的情况下，只要“化整为零”，变成多家供应（Multiple Sources），造成卖方的竞争，供应商自然不会任意抬高价格；在 Sole Source 的情况下，应对之道在于开发新来源，包括开发新的供应商或替代品。

任务五　供应关系维护

供应商关系管理（Supplier Relationship Management，SRM），是企业供应链上的一个基本环节，它建立在对企业的供方（包括原料供应商、设备及其他资源供应商、服务供应商等）及与供应相关信息完整有效的管理与运用的基础上，对供应商的现状、历史，提供的产品或服务，沟通、信息交流、合同、资金、合作关系、合作项目以及相关的业务决策等进行全面的管理与支持。

一、供应关系发展战略

供应关系管理是一种致力于实现与供应商建立和维持长久、紧密伙伴关系的管理思想和解决方案，是旨在改善企业与供应商之间关系的新型管理机制。目标是通过与供应商建立长期、紧密的业务关系，并通过对双方资源和竞争优势的整合来共同开拓市场，扩大市场需求和份额，降低产品前期的高额成本，实现“双赢”；同时它常常体现为以多种信息技术为支持和手段的先进管理软件和技术，借助先进的电子商务、大数据等信息技术，为企业产品的策略性设计、资源的策略性获取、合同的有效洽谈、产品内容的统一管理等过程提供优化的解决方案。

1. 供应关系的演变

采购方与供应商之间的买卖关系历史悠久，从企业建立之初便已存在。起初，采购方与供应商之间是一种“零和”的竞争关系，一方所赢即是另一方所失。采购方总是试图将价格压到最低，而供应商总是以各种理由要求提价，传统的采购方与供应商的关系是一种短期的、松散的竞争对手关系。

在最近几十年里，“双赢”的观念开始在企业中处于上风，而供应商关系的观念却只是近几十年的事。很难具体说出是由谁或哪家公司创立了供应商关系的理论和实践，但这种模式在人本企业中取得了很大成功并广为流传。在这种模式下，采购方与供应商的关系是一种长期的、互惠的伙伴关系。传统供应商与现代供应商的对比如表 5-8 所示。

表 5-8　　传统供应商与现代供应商的对比

对比内容	传统供应商	现代供应商
供应商的数目	多数	少数
供应商关系	短期、买卖关系	长期合作、伙伴关系
企业与供应商的沟通	限于采购部与供应商销售部之间	双方多个部门之间
信息交流	订货收货信息	多项信息共享
价格谈判	尽可能低的价格	互惠的价格、双赢
供应商选择	凭经验	完善的程序
供应商对企业的支持	无	提出建议
企业对供应商的支持	无	技术支持

2. 供应商的分类

供应商分类是指在供应市场上，采购企业依据采购物品的金额、采购商品的重要性以及供应商对采购方的重视程度和信赖的因素，将供应商划分成若干个群体。在细分供应商的基础上，企业才有可能根据供应商的不同情况实行不同的供应商关系战略。

（1）按 80/20 规则划分

根据 80/20 规则，我们可将供应商分为重点供应商和普通供应商。其基本思想是针对不同的采购物品应采取不同的策略，同时采购工作的精力分配也应各有侧重。相应地，对于不同物品的供应商也应采取不同的策略。根据 80/20 规则，通常数量 20%的采购物品占物品价值的 80%，这一类是重点采购物品；而数量 80%的采购物品占物品价值的 20%，这一类是普通采购物品。因此，我们可以把占 80%采购金额的 20%的供应商为重点供应商，而其余只占 20%采购金额的 80%的供应商为普通供应商。

对于重点供应商应投入 80%的时间和精力进行管理与改进。这些供应商提供的物品为企业的战略物品或需集中采购的物品，如汽车厂需要采购的发动机和变速器，电视机厂需要采购的彩色显像管及一些价值高但供应保障不力的物品。

而对于普通供应商则只需要投入 20%的时间和精力跟踪其交货。因为这类供应商所提供的物品的运作对企业的成本质量和生产的影响较小，如办公用品、维修备件、标准件等物品。将供应商进行划分后区分对待可以使企业花更少的钱而获得更稳定的供应商团队。

（2）按供应商的重要性划分

根据供应商对采购方的重要性和采购方对供应商的重要性进行分析可分为商业型、重点型、优先型、伙伴型，如图 5-6 所示。这种方法也被称为供应商分类模块法。

① 商业型。对于那些对供应商和采购方来说均不是很重要的采购业务，相应的供应商可以很容易地选择更换，那么这些采购业务对应的供应商就是普通的商业型。

② 重点型。如果供应商认为采购方的采购业务对于它们来说无关紧要，但该采购业务对于采购方十分重要，那该供应商就是重点型。

③ 优先型。如果供应商认为采购方的采购业务对于它们来说非常重要，但该采购业务对于采购方不是十分重要，那该供应商就是优先型。

④ 伙伴型。如果供应商认为采购方的采购业务对于它们来说非常重要，同时该采购业务对于采购方也很重要，那该供应商就是伙伴型。

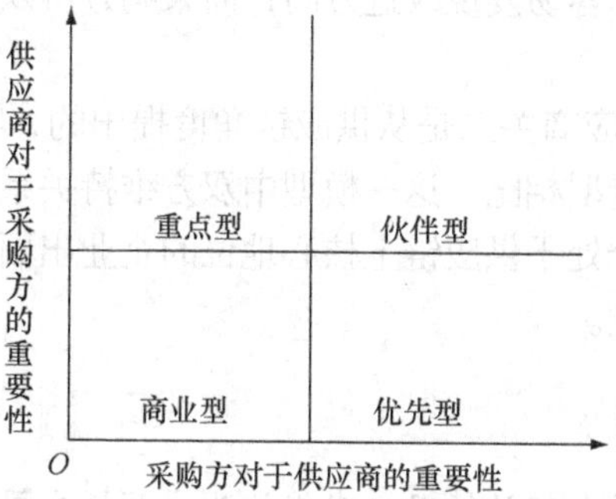

图 5-6　供应商重要性分类

（3）按双方关系走向划分

根据供求双方关系的走向及趋势进行划分可分为短期目标型、长期目标型、渗透型、联盟型。

① 短期目标型。这种类型指采购方与供应商之间的关系是交易关系，即一般的买卖关系。这种模式认为对供应商的依赖程度要降到最低，要将企业讨价还价的能力提高到最大。

采用这种模式进行供应商管理的企业在采购时有意同供应商保持正常交易关系，避免任何形式的相互承诺。这种模式的好处是企业在采购过程中不会被任何供应商企业所牵制，企业具有较高的讨价还价的能力，能够获得一定的价格优势。但是这种模式要求企业管理大量的供应商，相应的管理费用或交易成本会很高，企业可能花费更多的钱在谈判和处理订单上。

学习提示

“在采购中相应的目的就是寻找某种能够抵消或超越供应商权力源的机制……通过这种方式，采购行为可以扩展到所有可供选择的供应商，以提高企业讨价还价的能力。”

——迈克尔·波特（美国管理学家）

② 长期目标型。这种类型指采购方与供应商保持长期的关系，双方有可能为了共同的利益而改进各自的工作，并在此基础上建立起超越买卖关系的合作关系。

长期目标型的特征是建立一种合作伙伴关系，双方的工作重点是从长远利益出发，相互配合，不断改进产品质量与服务质量，共同降低成本，提高共同的竞争力。合作的范围遍及各公司内部的多个部门。如采购方对供应商提出新的技术要求，而供应商目前还没有能力，在这种情况下，采购方可以对供应商提供技术资金等方面的支持；同时，供应商的技术创新也会促进企业产品改进，所以对供应商进行技术支持与鼓励有利于企业实现长期利益。例如，日本丰田汽车公司与供应商的关系就是长期伙伴关系，并对供应商的未来业务做出隐含的保证，而供应商又进行具有关系特定性的投资，以促进其在与丰田关系中的生产力。研究表明这种模式减少了存货，提高了供应品的质量，对丰田公司很有利。

③ 渗透型。渗透型供应商关系是在长期目标型基础上发展起来的，其指导思想是把对方公司看成自己的公司，是自己的一部分，因此对对方的关心程度又大大提高了。

为了能够参加对方活动，二者有时会在产权关系上采取适当措施，如互相投资、参股等，以保证双方利益的共享与一致性。同时，它们在组织上也采取相应的措施，保证双方派员加入到对方的有关业务活动之中。这样做的优点是可以更好地了解对方的情况，供应商可以了解自己的产品是如何起作用的，容易发现改进方向；而采购方可以知道供应商是如何制造产品的，也可以提出改进的要求。

④ 联盟型。联盟型供应商关系是从供应链角度提出的，其特点是在更长的纵向链条上维系成员之间的关系。与渗透型相比，这一模型中双方维持关系的难度提高了，要求也更高。由于成员增加，往往需要一个处于供应链上核心地位的企业出面协调各成员之间的关系，因而它也被称之为供应链核心企业。

阅读与思考

根据本项目导入案例所介绍的情况，我们认为，苹果公司最主要的经验如下。

① 拜访工厂。采购方需要确定供应商是否有能力及时满足订单要求以及是否有能力生产高质量的产品。到工厂拜访还能够使采购方了解供应商的员工人数和他们的技能水平，评估供应商的无形资产，包括供应商的领导能力以及增长潜力。例如，当要求供应商提供样品时，采购方要提供非常具体的要求，并派驻自己的工程师监督生产流程以便了解样品是由供应商内部生产的而不是从别处采购的。

② 谈判和监督并用。同一种产品使用应不止一家供应商，以改善自身的议价能力并降低风险。当为合同开展谈判时，成本和质量都要重视。为有缺陷的产品保留缓冲时间并且为延迟交货获取一个折扣。下单后，派本地代表拜访工厂并且在不同的阶段检查货物，以便能够介入和矫正缺陷。发货前检查非常重要，因为由于税收原因向我国退回有缺陷的产品代价非常高，所以应该密切监督供应商的表现。在建立合作关系的最初阶段，这一点尤为重要。

③ 了解供应商的供应商。供应链的能见度对于尽量减少有缺陷的产品和知识产权盗窃的风险以及控制成本来说非常必要。采购商必须了解采购的产品中使用的不同材料的出处。因为供应商为了节省成本经常更换它们自己的供应商，了解这一点尤其重要。

④ 准备好提供帮助。当采购商确定了供应商名录中的优质供应商时，要准备好同这些供应商分享提高产品质量的想法，以便提高供应商所售产品的利润。这样做可以向供应商表明，降低成本（如通过使用更便宜的材料）不是持续提高利润的唯一方法。采购商还可以考虑培训等其他方法以提高供应商的员工的技能水平。

⑤ 经常沟通。第三方报告和年度拜访还不足以建立合作关系，而建立一个包括反馈机制在内的成熟的沟通机制则势在必行。这样可以避免误解事件的发生，同时可以在问题演变成危机前把问题解决掉。

二、供应关系管理的发展趋势

在全球竞争中，先进制造技术的发展要求企业将自身业务与合作伙伴业务集成在一起，缩短相互之间的距离，站在整个供应链的观点考虑增值，所以许多成功的企业都开始与合作伙伴建立联盟的战略合作伙伴关系。

1. 供应链合作伙伴关系的内涵

供应链合作伙伴关系是指供应商与采购商之间，在一定时期内共享信息、共担风险、共同获利的协议关系。这种关系的形成主要是为了降低供应链总成本、降低库存水平、增强信息共享、改善相互之间的交流、保持战略伙伴之间操作的一贯性、产生更大的竞争优势，以实现供应链节点企业的财务状况、质量、产量、交货期、用户满意度和业绩的改善和提高。这必然要求战略合作伙伴关系，强调合作和信任。

① 让供应商了解企业的生产程序和生产能力，使供应商能够清楚地知道企业需要产品或原材料的期限、质量、数量。

② 向供应商提供自己的经营计划、经营策略及其相应的措施，使供应商明确企业的希望，使自己能随时达到企业要求的目标。

③ 企业与供应商要明确双方的责任，并各自向对方负责，使双方明确共同的利益所在，并为此而团结一致以达到"双赢"的目的。

供应链合作伙伴关系发展的主要特征就是从以产品/物流为核心转向以集成/合作为核心。在这种思想指导下，供应商和采购商把它们相互的需求和技术集成在一起，以实现为制造商提供最有用产品的共同目标。因此，供应商与采购商的交换不仅是物质上的交换，还包括一系列可见和不可见的服务（如研发、设计、信息、物流等）。

供应商要具备创新和良好的设计能力，以保证交货的可靠性和时间的准确性。采购商要提供的活动和服务包括控制供应市场、管理和控制供应网络、提供培训和技术支持、为供应商提供财务支持等。

2. 建立供应链合作伙伴关系

（1）相互信任

供应链合作伙伴关系的建立可以避免供应链管理中的冲突，降低合作伙伴之间的交易成本。在供应链节点的各个企业的组织结构、文化背景等方面都存在着较大差异的情况下，信任关系的建立可以大大降低合作伙伴之间的协调工作量，从而有利于形成稳定的供应链合作关系，使供应链管理总成本最小。信任通常意味着合作，而低水平的信任则意味着只顾为自身利益进行的明争暗斗，这就要求供应商和制造商之间要经常沟通、相互了解、求同存异。

（2）信息共享

在合作过程中，如果合作伙伴之间始终保持信息共享，那么相互之间的信任程度也会提高，合作效果更加明显。为此，供应链合作伙伴之间必须借助数字交换技术，构建供应链管理信息系统，使各伙伴之间能够共享信息。制造商必须让供应商了解制造企业的生产程序和生产能力，使供应商能够清楚地知道企业需要产品或原材料的期限、质量和数量；制造商还应向供应商提供自己的经营计划、经营策略及相应的措施，使供应商明确其希望，以使自己能随时达到制造商的要求。

另外，各合作伙伴之间必须相互沟通所获取的最新的市场信息，了解顾客的需求变化，以调整各自的生产和经营计划，达到"双赢"或"多赢"的效果。

（3）权责明确

企业在合作过程中应该明确各自的责任，并向其余各方负责。不要希望将所有利益收归自己，同时将责任、风险、成本等转嫁给合作企业。各合作伙伴不能为了自身利益而牺牲他人利益。

（4）建立协调机制

在竞争激烈的市场环境中，供应链的运转不可能一帆风顺。因此，企业应高度重视供应链管理，保持灵活、务实、忍耐、宽容的态度，及时协调、解决可能发生的各种问题，以促进供应链整体目标的实现。

项目小结

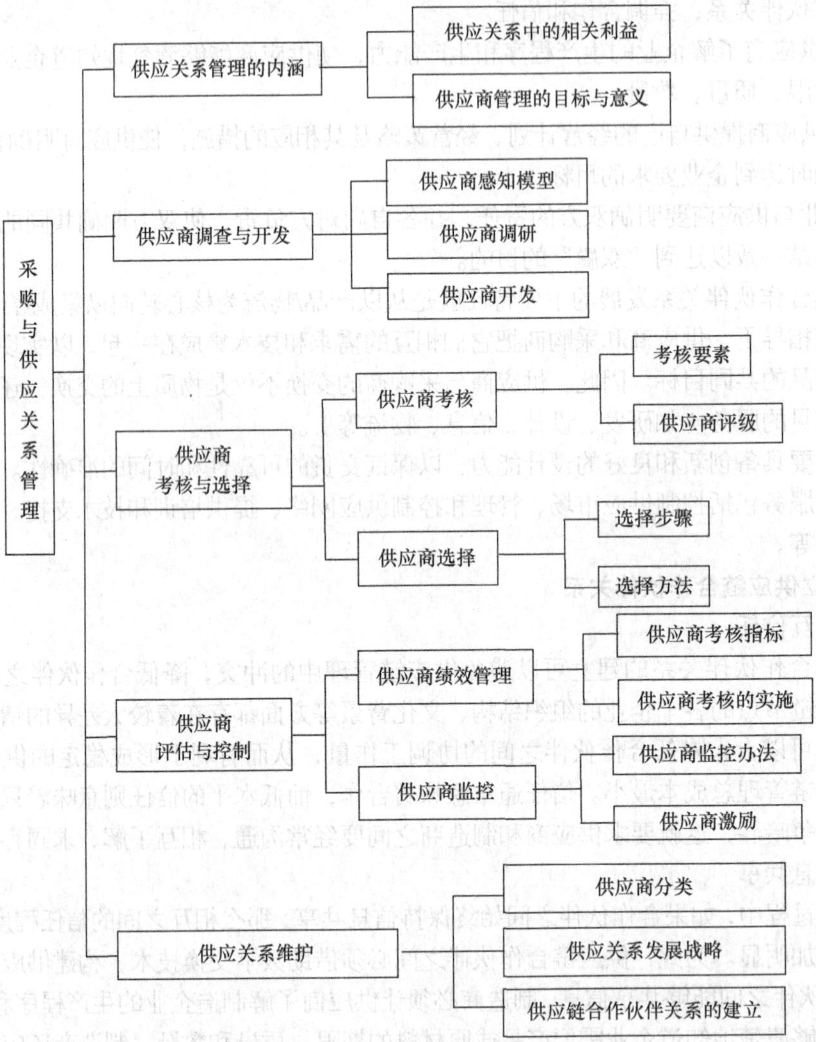

职场指南

1. 案例分析

一个供应商所生产产品的固定成本由7元变动成本2元，对于不同的采购方有着不同的报价。4个报价（8元、10元、15元、25元）分别给了A公司、B公司、C公司、D公司。请运用供应商感知模型分析该供应商是怎么评价这4家公司的。

2. 实训

调查某企业与供应商关系的模式及演变并形成调查报告。

知识检测

1. 名词解释

供应商管理　　　　　供应商开发　　　　　供应链合作伙伴关系

2. 选择题（不定项选择）

（1）采购方和供应商可能建立的最简单交易关系是（　　）。

A. 定期采购　B. 现货采购　C. 定额合同　D. 内部供应

（2）卖方完全垄断的供应市场的形式主要有（　　）。

A. 政府垄断　B. 控制性垄断　C. 自然垄断　D. 寡头垄断

（3）以下（　　）属于供应商选择的短期标准。

A. 商品质量　B. 价格水平　C. 交货及时　D. 财务状况

（4）采购数量大、供应市场竞争激烈的情况时，供应商选择可采用（　　）。

A. 直观判断法　B. 招标法　C. 协商选择法　D. 考核法

（5）供应商绩效考核指标体系中，第一位的是（　　）。

A. 成本　B. 交货　C. 质量　D. 支持服务

（6）供应商绩效考评工作通常由采购部门牵头，（　　）共同参与。

A. 生产及质管部门　B. 营销部门

C. 外界专家　D. 财务部门

（7）下列属于供应商绩效考核质量指标的有（　　）。

A. 来料批次合格率　B. 准时交货率

C. 来料在线报废率　D. 来料抽检缺陷率

（8）根据供应商分类模块法将供应商分为（　　）。

A. 公开竞价型、网络型和供应链管理型

B. 重点供应商和普通供应商

C. 短期目标型、长期目标型、渗透型、联盟型和纵向集成型

D. 商业型、重点商业型、优先型和伙伴型

3. 简答题

（1）采购商与供应商可能建立的关系类型有哪些？

（2）简述供应商感知模型的主要内容。

（3）供应商开发的步骤有哪些？

（4）供应商绩效考核的内容有哪些？

（5）如何防止供应商控制？

（6）如何建立供应链合作伙伴关系？

多媒体学习

1. 建议阅读书目

[1] 约瑟夫·L·卡维纳托，拉尔夫·G·考夫曼. 采购手册——专业采购与供应人员指南[M]. 北京：机械工业出版社，2002.

[2] 北京中交物流人力资源培训中心. 采购与供应关系管理[M]. 北京：机械工业出版社，2007.

[3] 李静芳. 零时间竞争的供应商关系管理[M]. 北京：中国财政经济出版社，2006.

[4] 涂高发，刘礼武. 供应商管控[M]. 广州：广东经济出版社，2010.

2. 网络学习资源

[1] 中国招投与采购网：http://www.chinabidding.com.cn/

[2] 中国验厂网：http://www.yanchang.com/

项目六

采购谈判

案例导入

日本某公司向我国某公司购买电石，这是两个公司间交易的第五个年头。去年谈价时，日方压价我方30万美元/吨，今年又要压价20美元/吨，即从410美元/吨压到390美元/吨。

据日方讲，它已拿到多家报价，有430美元/吨，有370美元/吨，也有390美元/吨。据我方了解，370美元/吨是个体户报的价，430美元/吨是生产能力较小的工厂供的货，供货厂的厂长与我方公司的代表共4人组成了谈判小组，由我方公司代表为主谈。

谈判前，工厂厂长与我方公司代表达成了价格共同的意见，工厂可以以390美元/吨成交，因为工厂需订单连续生产。公司代表讲，"对外不能说，价格水平我会掌握"。公司代表又向其主管领导汇报，分析价格形势。主管领导认为价格不取最低，因为其是大公司，讲质量，讲服务。谈判中可以灵活，但步子要小。若在400美元以上谈下则可成交，谈不下时就把价格定在405～410美元，然后主管领导再出面商谈，请工厂配合。我方公司代表将此意见向工厂厂长转达，并达成共识和工厂厂长一起在谈判桌争取该条件，我方公司代表为主谈。经过交锋，价格仅降了10美元/吨，以400美元/吨成交，比工厂厂长的成交价高了10美元／吨。工厂代表十分满意，日方也比较满意。

思考与讨论：

（1）应如何评价此次谈判的结果？

（2）该谈判中我方组织与主持上有何经验？

学习目标

知识目标

（1）理解采购谈判的含义及特点；

（2）熟悉采购谈判的阶段、谈判组织；

（3）掌握采购谈判目标和范围、有效沟通。

能力目标

1. 学会制订谈判方案；

2. 能够熟练使用谈判技巧。

素质目标

1. 具备总体分析及策划谈判的素质；

2. 善于有效沟通及总结反馈。

任务一 采购谈判基础

一、谈判的含义及阶段划分

在购销活动中，采购方想以自己比较理想的价格、产品质量和供应商服务条件来获取供应商的产品，而供应商则想以自己希望的价格和服务条件向购买方提供自己的产品。在两者不能完全统一以前，就需要通过谈判来解决，这就是采购谈判的由来。另外，在采购过程中，由于业务操作失误发生了货物的货损、货差、货物质量、数量问题，在赔偿上产生争议，也要进行谈判。

1. 采购谈判的含义

采购谈判是指企业为采购商品作为买方，与卖方厂商对购销业务有关事项，如商品的品种、规格、技术标准、质量保证、订购数量、包装要求、售后服务、价格、交货日期与地点、运输方式、付款条件等进行反复磋商，为建立双方都满意的购销关系，谋求达成协议的过程。

（1）采购谈判的内容

在采购谈判中，谈判双方一般主要就以下几项交易条件进行磋商：①商品的品质条件；②商品的价格条件；③商品的数量条件；④商品的包装条件；⑤交货条件；⑥货款的支付条件；⑦货物保险条件；⑧商品的检验与索赔条件；⑨不可抗力条件；⑩仲裁。

在以上要素中，商品的品质、价格、数量和包装条件是谈判双方磋商的主要交易条件；在磋商数量条件时，谈判双方应明确计量单位和成交数量，在必要时订立数量的机动幅度条款；商品的交货条件是指谈判双方就商品的运输方式、交货时间和地点等进行的磋商；货款的支付问题主要涉及支付货币和支付方式的选择；检验、索赔、不可抗力和仲裁条件，有利于买卖双方预防和解决争议，保证合同的顺利履行，维护交易双方的权利，是国际货物买卖谈判中必然要商议的交易条件。

（2）采购谈判的特点

① 采购谈判是为了最终获取本单位或部门所需物资，保障本单位或部门及时持续的外部供应。

② 采购谈判讲求经济效益。采购谈判是商务谈判的一种类型，在采购谈判中双方主要围

绕着各自的经济利益作为谈判的中心。作为供应商，希望以较高的价格销售，获得更多的利润；作为采购方，则希望以较低的价格购买，降低成本。因此，价格在谈判中作为调节和分配经济利益的主要杠杆就成为了谈判的焦点。

③ 采购谈判蕴含了买卖双方“合作”与“冲突”的对立统一关系。由于采购谈判建立在双方利益既有共同点又有分歧点的基础之上，因此既有合作性，又有冲突性。合作性表明双方的利益有共同的一面，冲突性表明双方利益又有分歧的一面，作为谈判人员，要尽可能地加强双方的合作性，减少双方的冲突性。

④ 采购谈判具有原则性与可调整性。原则性指谈判双方在谈判中最后退让的界限，即谈判的底线。通常谈判双方在弥合分歧方面彼此都会做出一些让步，但是让步不是无休止的和任意的，而是有原则的，超过了原则性所要求的基本条件，让步就会给企业带来难以承受的损失。可调整性是指谈判双方在坚持各自的基本原则的基础上可以向对方做出一定让步和妥协的方面。

作为采购谈判，如果双方在所有的谈判条件上都坚持彼此的立场，不肯做出任何的让步，那么谈判是难以成功的。因此，在采购谈判中，原则性和调整性是同时并存的。

⑤ 采购谈判既是一门科学，又是一门艺术。谈判人员既要掌握涉及心理学、会计学、市场营销学、统计学、公共关系学、社会学、逻辑学、语言学等方面的知识，又需要熟悉谈判的一些常用策略技巧。只有这样，谈判人员才能有效驾驭谈判的全过程，为己方赢得更大的利益。

2. 采购谈判的重要性

采购谈判在帮助企业达到持续改进、顾客服务质量提升和增强竞争力等方面的战略性目标方面起着非常关键的作用。具体表现如下：

（1）可以争取降低采购成本；

（2）可以争取保证产品质量；

（3）可以争取采购物资及时送货；

（4）可以争取获得比较优惠的服务项目；

（5）可以争取降低采购风险；

（6）可以妥善处理纠纷，维护双方的效益。

3. 采购谈判的阶段

按照采购谈判的进程，采购谈判分为四个阶段，即计划和准备阶段、开局阶段、正式洽谈阶段和成交阶段。

（1）计划和准备阶段

在这个阶段，采购方在充分评估谈判重要程度的基础上，收集信息和案例，为后续谈判制订计划和战略。

（2）谈判开局阶段

这一阶段是为转入核心议题创造气氛，做好准备，更重要的是，谈判双方都会利用这个短暂的时间进行相互试探，以了解对方虚实。

（3）正式洽谈阶段

围绕议价这一核心问题从最初的提议到达成协议展开磋商。这是谈判中最关键的一环。

（4）协议成交阶段

谈判双方就各项重要内容完全达成一致，明确彼此之间的权利义务关系，建立承诺，达成协议。这是谈判最重要的环节。

二、采购谈判的影响因素

影响采购谈判的因素有3个，分别是谈判参与者、谈判形势、谈判时间。

1. 谈判参与者

参与采购谈判的各方分别代表各自的组织利益，他们在谈判过程中的行为和态度，部分受个人自身性格影响，部分受到谈判中扮演的角色所约束。研究表明，不同的个性特征均会影响到谈判过程中合作或竞争的程度，同样，个性特征也会影响谈判策略的执行。所以，谈判参与者的个性特征结合在一起最终可能会决定谈判的结果。

2. 谈判形势

在谈判中，谈判参与者的表现往往会直接影响谈判形势，另外，谈判形势也和采购方和供应方的谈判地位相关。谈判者处于强势地位，则其谈判的内容会得到对方更多的关注，反之，则较多受到对方的忽视或反对。

3. 谈判时间

谈判双方任何一方受制于时间限制，都会导致谈判平衡被打破，尤其是采购方对物料有紧急需求的情况下，往往因此迅速在谈判中陷于被动。所以，企业采购与供应部门都很清楚“买方永远都不应该出现紧急需求情况”。唯此，采购部门才有足够时间去正确执行采购与谈判流程。另外，时间因素所起的作用还表现在，过去的谈判经历既积累了经验，也给参与谈判的合作方形成了一定的约定和惯例，这些都会对以后的谈判活动产生积极影响。

任务二 采购谈判的组织实施

一、采购谈判的原则

谈判原则是指在谈判过程中，谈判双方必须遵守的思想和行为准则，也是指导谈判方向和大局的基本要求。

1. 合作原则

这是指谈判中将对手视为合作对象，以达到共赢的谈判结果。在采购谈判中，如果把对方看成是对手，在谈判过程中势必要论输赢、比胜负，无论结果如何，都不是双方想要的理想结果。

学习提示

“陷入输赢的谈判状况时，我们愈想胜利则奋战得愈艰苦，因为对方也期望胜利。”

——杰勒德·尼伦伯格（谈判科学之父）

2. 双赢原则

在采购活动中，谈判一直被视为一种合作，或为了合作而准备的，因此，采购谈判最圆满的结局，应当是谈判的所有参与者各取所需、各偿所愿，同时也都照顾到其他各方的实际利益，创造一种互利互惠的局面。

3. 诚信原则

谈判中注重真诚守信，一是要站在对方的立场上，将其了解到的情况坦诚相告，以满足其权威感和自我意识；二是把握时机，以适当的方式向对方表明己方的某些意图，消除对方的心理障碍，化解疑惑，为后续谈判打下坚实的信任基础。

在实践中，很多人认为谈判是双方虚虚实实、真假难辨的互动，诚信这里是被忽视的。事实上，诚信原则在采购谈判中有着举足轻重的作用，有时候它会成为一个关键的变量，改变谈判中的僵持甚至是不利局面。

4．客观标准原则

坚持基于客观标准的结果和事实进行谈判技巧和方式的取舍，对谈判双方来说都不失为最有效的行为模式。客观标准既可能是一些惯例、通则，也可能是行业标准、道德标准、科学鉴定等，坚持这些标准能够很好地克服建立在各自意愿基础上的让步所产生的弊端，有益于谈判者达成明智而公正的协议。

阅读与思考

人们通常将谈判划分为软式谈判和硬式谈判两种风格。其中，软式谈判又称为友好型谈判，谈判者可以为达成协议而让步，尽量避免冲突，希望通过谈判签订一个皆大欢喜的协议，或者至少能够签订一个满足彼此基本利益的协议而不至于空手而归。硬式谈判又称为立场型谈判，谈判者将谈判看作一场意志力的竞争，认为在这种竞争中，立场越强硬的一方最后获得的收益也会越多。硬式风格的谈判者往往更多地关注如何维护自身的立场、抬高和加强自己的地位，总是处心积虑地要压倒对方。

根据哈佛大学谈判研究专家荣格·费舍尔的观点，这两种谈判风格都是错误的，正确的做法应该是采用所谓的原则式谈判风格。与软式谈判相比，原则式谈判也注意与对方保持良好的关系，但是并不像软式谈判那样只强调双方的关系而忽视利益的公平。与硬式谈判相比，原则式谈判主张注重调和双方的利益，而不是在立场上纠缠不清。因此，原则式谈判既不是软式谈判，也不是硬式谈判，介于两者之间。据此，费舍尔对谈判过程的关键要素重新进行了诠释。

① 人：谈判者要将谈判过程中人的因素与谈判的具体问题区别开。

② 利益：谈判者应关注双方实质性的利益，而不是表面的立场。

③ 方案：为了共同的利益，谈判者要努力创造各种可供选择的解决方案。

④ 标准：如果遇到利益冲突，谈判者应该采用客观标准来衡量彼此的利益范围。

原则式谈判是一种既注重理性又注重感情，既关心利益也关心关系的谈判风格，在谈判活动中的应用很广泛。实践证明，这种谈判风格达成的协议，在履行过程中比较顺利，毁约、索赔的情况也比较少出现。

二、谈判对手分析

对谈判对手的调查分析是谈判准备工作的重要内容，收集的信息主要包括谈判对手的基本信息、谈判环境、谈判组织等。

1．谈判对手的情况

我们必须对对方的基本情况有所了解：注册资本、营业地点、经营范围、经营状况和商业信誉等。一方可以要求对方提供相应的证明文件，如营业执照、授权证书等，并可以通过工商部门或其他途径加以核实。

谈判对手的情况复杂多样，除了以上基本信息之外，我们还应调查了解对方产品技术特点、市场占有率和供需能力、价格水平及付款方式等。此外，我们还要了解供应商的战略需求，弄清楚对方在此次谈判与合作中希望获得哪方面的收益，这样就能准确把握相互间的利益关系，为成功达成协议奠定基础。

2. 谈判环境

谈判是在一定的法律制度和受某一特定的政治、经济、文化影响下的社会环境中进行的，它们会直接、间接地影响谈判。与谈判有关的环境因素分为政治状况、宗教信仰、法律制度、商业习惯、社会习俗、财政金融状况等。

环境分析中还有一些涉及宏观环境分析、竞争环境分析及采购品分析的内容，需要用到一些技术分析工具，如“PEST 分析”“五力模型”“供应定位模型”“SWOT 分析”等，这些内容可参看本书项目三、项目五的相关阐述。

3. 谈判对手的组织结构

谈判组织体系的参与方往往涉及多个职能部门，运作中的流程和职责分工也会直接影响到谈判风格和技巧的选择，因此，对于谈判对手组建谈判队伍，如何进行谈判管理，是对对手分析中一个必不可少的工作。

对方的谈判小组可能是一个人，也可能是一个团队。我们应尽量做到对谈判团队中个体的特点及相互关系了如指掌，对对方谈判管理模式及运行特点有充分了解，便于在后续工作中适当采取不同的谈判策略，控制谈判的局势，把谈判引向有利于己方的方面。

案例链接

在一次贸易谈判的准备过程中，采购方从各种渠道得知对方的主要谈判人员也就是对方公司的总经理有个习惯：每天一到下午四五点钟时就会心烦意乱，坐立不安。于是采购方充分利用这一点，制定了谈判的策略，把每天所要谈判的关键内容拖至下午四五点钟。此举果然使谈判获得了意想不到的效果。

（资料来源：李军湘．谈判艺术新论[M]．武汉：武汉大学出版社，2007.）

三、采购谈判组织

谈判人员的选择对于谈判成功的重要性是不言而喻的，这方面的工作主要是应解决谈判队伍组建、人员配备、人员基本素质审核等问题。

1. 谈判队伍的规模

组建谈判队伍首先碰到的问题就是规模，即谈判队伍的规模多大才是最为合适的。根据谈判的规模，可将其分为一对一的个体谈判和多人参加的集体谈判。

个体谈判即参加谈判的双方各派出一名谈判人员完成的谈判。个体谈判的好处在于：在授权的范围内，谈判者可以随时根据谈判桌上的风云变幻做出自己的判断，不失时机地做出决策；同时，一个人参加谈判独担责任，无所依赖和推诿，全力以赴，因此会产生较高的谈判效率。但个体谈判也有其缺点，它只适用于谈判内容比较简单的情况。谈判往往涉及多方面的知识，要收集的资料也非常多，这些绝非个人的精力、知识、能力所能胜任的。

在通常情况下，谈判队伍都是由多人组成，谈判人员在知识结构、经验、能力上互补，有利于发挥整体优势。其次，谈判人员分工合作、集思广益、群策群力，形成集体的进取与抵抗的力量。当然，多人组成的谈判队伍也有弊端，有时意见不好统一，沟通成本相对较高。

谈判队伍人数的多少没有统一的标准，谈判的具体内容、性质、规模以及谈判人员的知识、经验、能力不同，谈判队伍的规模也不同。如果谈判涉及的内容较广泛、较复杂，需要由各方面的专家参加，可以把谈判人员分为两个部分，一部分主要从事背景材料的准备，人数可适当多一些；另一部分直接参加谈判，这部分人数应与对方人数保持相当为宜。

2. 谈判人员的配备

由于谈判涉及商业、技术、金融、法律、财务等多方面的内容，谈判所处的环境也错综复杂，面对谈判对手的挑战，不是个人的精力和能力所能胜任的。因此，谈判在大多数情况下都采用小组谈判。

根据谈判对知识和技能的要求，谈判队伍应配备以下相应人员。

（1）技术精湛的专业人员

专业人员的基本职能是：同对方进行专业细节方面的磋商；修改草拟谈判文书的有关条款；向本方首席代表提出解决专业问题的建议；为最后决策提供专业方面的论证。

（2）业务熟练的商务人员

商务人员的基本职能是：阐明己方参加谈判的愿望和条件；弄清对方的意图和条件；找出双方的分歧或差距；把握该项谈判总的财务情况；了解谈判对手在项目利益方面的期望指标；分析、计算修改中的谈判方案所带来的收益变动；为首席代表提供财务方面的意见和建议；在正式签约前提供合同或协议的财务分析表。

（3）精通经济法的法律人员

法律人员的基本职能是：确认谈判对方经济组织的法人地位；监督谈判在法律许可范围内进行；检查法律文件的准确性和完整性。

（4）熟悉业务的翻译人员

翻译人员的基本职能是：语言沟通；改变谈判气氛；增进谈判双方的了解、合作和友谊。

（5）记录人员

记录人员的基本职能是：准确、完整、及时地记录谈判内容。

（6）首席代表

首席代表的其基本职能是：监督谈判程序；掌握谈判进程；听取专业人员的建议和说明；协调谈判班子成员的意见；决定谈判过程中的重要事项；代表单位签约；汇报谈判工作。

案例链接

主谈人介绍己方成员时，说：

（1）“这是我们的财务会计李××”。

（2）“这是我们会计李××，他具有从事15年财务工作的丰富经验，曾负责审查过金额达1500万美元的贷款项目”。

对比之下，显然后一种介绍更有影响力，会在一开始的接触中，给对方一定的心理压力。

3. 谈判人员的基本素质要求

谈判人员的素质是筹备和策划谈判谋略的决定性主观因素，它直接影响着整个谈判过程的发展，影响到谈判的成功与失败，最终影响谈判双方的利益分割。作为谈判人员，应该具备以下基本素质。

（1）思想道德素质

这是谈判人员必须具备的首要条件。它首先表现在，作为谈判人员，必须遵纪守法，廉洁奉公，忠于国家、组织和职守。其次，必须具有强烈的事业心、进取心和责任感。谈判人员在谈判中不应考虑个人的荣誉得失，应以国家、企业的利益为重。

（2）知识素质

谈判是人与人之间利益关系的协调磋商过程。在这个过程中，合理的学识结构是讨价还价、赢得谈判的重要条件。合理的学识结构是指谈判人员必须具备丰富的知识，不仅要有较深的专业知识，而且还要有广博的知识面。优秀的谈判人员必须具有较深的专业知识。专业知识是谈判人员在谈判活动中必须具备的知识，没有系统而精深的专业知识功底，就无法进行成功的谈判。此外，谈判人员在具备贸易、管理、金融、营销等一些必备的专业知识的同时，还要对心理学、经济学、社会学、统计学等一些学科的知识广泛摄取，为己所用，这是谈判人员综合素质的体现。

（3）心理素质

谈判过程，特别是磋商阶段的讨价还价是一个非常艰难的过程，有时会变成一场马拉松式的较量。这不仅对谈判人员的知识、体力等方面是一个考验，而且也要求其具有良好的心理素质。健全的心理素质表现为谈判人员应具备较强的意志力和良好的心理调适能力。这种素质和能力往往被集中理解为情商（Emotional Quotient，EQ），具体表现如下。

① 了解自我：监视情绪时时刻刻的变化，能够察觉某种情绪的出现，观察和审视自己的内心世界体验，它是情感智商的核心，只有认识自己，才能成为自己生活的主宰。

② 自我管理：调控自己的情绪，使之适时适度地表现出来，即能调控自己。

③ 自我激励：能够依据活动的某种目标，调动、指挥情绪的能力，它能够使人走出生命中的低潮，重新出发。

④ 识别他人的情绪：能够通过细微的社会信号，敏感地感受到他人的需求与欲望，认知他人的情绪。这是与他人正常交往，实现顺利沟通的基础。

⑤ 处理人际关系，调控自己与他人的情绪反应的技巧。心理学家认为，情商水平高的人具有如下的特点：社交能力强，外向而愉快，不易陷入恐惧或伤感；对事业较投入，为人正直，富有同情心，情感生活较丰富但不逾矩；无论是独处还是与许多人在一起时都能怡然自得。较高的情商会赋予谈判人员理解对方思维过程的洞察力和获取信息、解决问题的机会，同时也能很好地管控自己的情绪。

（4）礼仪素质

礼仪是一种知识、修养与文明程度的综合表现，它在人际交往的许多细节中都能体现出来，例如，赴约守时，既不要早到，也不要晚到；在正式场合仪容仪表大方得体等。谈判人员要注意社交的规范性，尊重对方的文化背景和风俗习惯，这对于赢得对方的尊重和信任、推动谈判的顺利进行，往往能起到积极的作用。

任务三　采购谈判过程

一、谈判方案确定

谈判方案是指在谈判开始前，己方对谈判战略、谈判目标、谈判议程、谈判策略所做的预先安排。

在采购谈判方案中，我们对需要谈判的问题，应分清主次，合理安排谈判的先后顺序，并准备好在谈判中出现某些变化时所应采取的对策和应变措施，力争谈判成功。采购谈判方案是指导谈判人员行动的纲领，在整个采购谈判过程中起着非常重要的指导作用。

1. 明确谈判战略

采购谈判的基本战略总体上可以分为两大类，即整合性谈判和分配性谈判。

整合性谈判是指谈判双方通过合作的方法来寻求达成协议及整合各种不同的问题，这种谈判目标立场旨在建立或者是期望建立长期的合作关系。分配性谈判是指通过分配（竞争）的方法来达成协议，对于一份固定利益应分得多少进行协商，双方都追求利益最大化，一方以牺牲另一方利益为代价而获得自身的利益，被称为输赢情境或“零和”情境，这种谈判立场目标模糊或不打算建立长期合作关系，二者的对比如表 6-1 所示。

表 6-1　比较整合性谈判和分配性谈判

	整合性	分配性
基本假设	（1）谈判世界是有“开明的利己主义”所控制 （2）资源分配系统在本质上是整合性的 （3）目标是要取得相互间可接受的解决方案	（1）谈判世界是由“利己主义”所控制 （2）资源分配系统在本质上是分配性的 （3）目标是要尽可能多地获益
已确认的谈判形式	（1）组织的最大化汇报 （2）聚焦于共同利益 （3）客观地理解优势 （4）采用非对抗性的辩论技巧 （5）在实质性问题方面接受劝说 （6）注重定性目标	（1）最大化可见性资源收益 （2）一开始就提高要求 （3）采用威胁、对峙和争辩 （4）操纵他人 （5）不易于接受劝说 （6）注重定量目标以及竞争性目标
关键行为	（1）在更大的时间框架内使收益最大化 （2）考虑对方的需求、利益和态度 （3）有竞争性但非敌对性 （4）分享共同的收获 （5）集中精力与实质性的问题 （6）认为谈判是一个志愿而不是非志愿的过程	（1）从交易中获取最大化利益 （2）不考虑对方的需求、利益和态度 （3）平等地看待交易过程 （4）选择和军事作战类似的过程 （5）为以后的操纵而控制谈判

（资料来源：中交协物流人力资源培训中心. 采购与供应谈判[M]. 北京：机械工业出版社，2008.）

谈判者不管是通过双赢性谈判还是通过分配性谈判来达到各方组织目标立场时，都要通过使用不同的谈判战术和技巧来得以实施。当然，在现实的工作实施中，单纯使用一种谈判战略的情况很少见，往往要把两种谈判方法相结合起来使用，才能使利益及资源的划分在组织间达到优化平衡的效果。

2. 确定谈判议题

确定谈判议题，即明确谈判的直接目的，是对谈判的期望值和期望水平的事先确定。在谈判实务中，确定谈判议题首先须明确已方要提出哪些问题，要讨论哪些问题。要把所有问题全盘进行比较和分析：哪些问题是主要议题，列入重点讨论范围；哪些问题是非重点问题；哪些问题可以忽略。这些问题之间是什么关系，在逻辑上有什么联系；还要预测对方会提出什么问题，哪些问题是已方必须认真对待、全力以赴去解决的；哪些问题可以根据情况做出让步；哪些问题可以不予讨论。一般来说，每场谈判一般只有一个主题，因此在制订谈判方案时，就以这个主题为中心。

3. 确定谈判议程

谈判议程是有关谈判事项的程序安排，它是对有关谈判的议题和工作计划的预先编制。典型的谈判议程至少包括以下五项内容：第一，谈判应在何时举行，为期多久，若是一系列的谈判，则分几次谈判为好，每次所花时间大约多少，休会时间多久等；第二，谈判在何处举行；第三，哪些事项列入讨论，哪些不列入讨论，讨论的事项如何编排先后顺序，每一事项应占多少讨论时间等。拟订谈判议程时应注意如下几个问题。

① 谈判的议程安排要依据己方的具体情况，在程序安排上能扬长避短，也就是在谈判的程序安排上，保证己方的优势能得到充分的发挥。

② 议程的安排和布局要为自己出其不意地运用谈判策略埋下契机。对一个谈判老手来说，是绝不会放过利用拟订谈判议程的机会来运筹谋略的。

③ 谈判议程内容要能够体现己方谈判的总体方案，统筹兼顾，引导或控制谈判的速度，以及己方让步的限度和步骤等。

④ 在议程的安排上，不要过分伤害对方的自尊，损害对方的利益，以免导致谈判的过早破裂。

⑤ 不要将己方的谈判目标，特别是最终谈判目标通过议程和盘托出，使己方处于不利地位。当然，议程由自己安排也有短处。己方准备的议程往往透露了自己的某些意图，对方可经过分析猜出。对方可据此在谈判前拟定对策，使己方处于不利地位。同时，对方如果不在谈判前对议程提出异议而掩盖其真实意图，或者在谈判中提出修改某些议程，容易导致己方被动甚至谈判失败。

4. 确定谈判地点

谈判地点的选择往往涉及一个谈判环境心理因素的问题，它对于谈判效果具有一定的影响，谈判者应当很好地加以利用。有利的地点、场所能够增强己方谈判地位和谈判力量。采购谈判的地点选择与体育比赛的赛场安排有相似之处，一般有三种选择：一是在己方公司所在地谈判；二是在对方公司所在地谈判；三是在谈判双方之外的国家或地区谈判。

以上三种地点的选择有利有弊：在己方所在地进行谈判，其主要优点是以逸待劳，无须熟悉环境或适应环境这一过程；随机应变，可以根据谈判形势的发展随时调整谈判计划、人员、目标等；创造气氛，可以利用地利之便，通过热心接待对方，关心其谈判期间生活等问题，显示己方的谈判诚意，创造融洽的谈判氛围，促使谈判成功。其缺点主要是要承担烦琐的接待工作；谈判可能常常受己方领导的制约，不能使谈判小组独立地进行工作。在对方所在地进行谈判，其主要优点是不必承担接待工作，可以全心全意地投入谈判中去；可以顺便实地考察对方的生产经营状况，取得第一手的资料；在遇到敏感性的问题时，可以推说资料不全而委婉地拒绝答复。其缺点主要是要有一个熟悉和适应对方环境的过程；谈判中遇到困难时，难于调整自己，容易产生不稳定的情绪，进而影响谈判结果。在双方之外的第三地进行谈判，对于双方来说在心理上都会感到较为公平合理，有利于缓和双方的关系。但由于双方都远离自己的所在地，因此，在谈判准备上会有所欠缺，谈判中难免会产生争论，影响谈判的成功率。

不同地点对于谈判者来说，各有其优点和缺点，谈判者要根据不同的谈判内容具体问题具体分析，正确地加以选择，充分发挥谈判地点的优势，促使谈判取得圆满成功。

5. 制订方案

一个好的谈判方案必须做到简明、具体、灵活。简明的谈判方案，有利于谈判人员记住其主要内容与基本原则，能根据方案的要求与对方周旋，但也必须与谈判主题内容相结合，避免空洞和含糊。另外，谈判方案还必须有弹性，使谈判人员能在谈判过程中根据具体情况采取灵活的措施。如上所述，谈判方案的内容包括谈判目标、谈判议程和谈判策略、谈判预算等方面。

二、谈判目标及范围

采购谈判目标是指在采购目标确定之后，准备在谈判中实现的目标。范围是指谈判者能接受的最佳情况与最差情况的界限。一般来说，在最好情况和最差情况之间双方有可能达成协议。

1. 谈判目标

谈判的具体目标是谈判基本目的的具体体现。谈判的具体目标可分为最低目标、可接受目标、理想目标三个层次。

最低目标是在谈判中对己方而言毫无退让余地，必须达到的最基本的目标，是谈判人员必须坚守的最后一道防线。对己方来说，宁愿谈判破裂，也不愿意接受比最低目标更低的条件。它是必须达到的下限目标，不能实现，宁愿谈判破裂。当经过几轮谈判，对方提出的条件还是低于最低目标时，就要重新考虑谈判的基本形式或终止谈判。

可接受目标是指谈判能满足己方部分需求，实现部分经济利益，在目标体系中的上限与下限的区间内，可伸缩变动的弹性目标。可接受目标是谈判中可努力争取或做出让步的范围。它是根据主客观因素，考虑到各方面情况，经过科学论证、预测及核算后，纳入谈判计划的、要力争达到的目标。这个目标是一个区间或范围，己方可努力争取或做出让步的范围，在谈判前制订谈判计划时应充分估计到这种情况的出现，并制定相应的谈判措施。

理想目标是谈判者希望通过谈判达成的上限目标，也是己方想要获得的最高利益。实现这个目标，将最大化地满足己方利益。实践中，理想目标一般是可望而不可即的，很少有实现的可能。但是，这并不等于说谈判的理想目标是没有任何意义的。任何谈判总是要最先提出理想目标，把理想目标作为谈判开始的话题，实际上这是一种确保其他目标实现的策略。当然，己方的理想目标可能是对方最不愿意接受的条件，因此很难实现。通过定出上、中、下限目标，谈判人员就可以根据实际情况，随机应变，调整目标。

谈判中往往有多个谈判目标，必须综合平衡，通过对比、筛选、剔除、合并等手段减少目标数量，根据其重要性排除谈判目标的优先顺序，确定各目标的连带关系，使各目标之间在内容上保持协调性一致，避免互相抵触。与此同时，我们还应考虑到长期目标和短期目标的问题。

确定谈判目标的注意事项有以下几个。

① 应当遵循实用性、合理性的要求来确定谈判的各个目标层次。实用性就是谈判双方要根据自身的实力与条件来制定切实可行的谈判目标。合理性意味着谈判目标的时限合理性和空间合理性。

② 总体上谈判目标应符合协调性的要求。

③ 谈判目标尽可能量化，这样的目标才容易把握和核查。

④ 谈判目标要严格保密，尤其是底线目标务必要保密，除乙方谈判的相关重要人员以外，绝不能将底线目标透露给其他人士。

2. 目标范围

这是指谈判者能接受的最佳情况和最差情况的界限，如图 6-1 所示。最差的情况通常指达到的底线，也称拒绝点。谈判双方都需要对自己的谈判变量进行排序，双方也应使用高低两种变量来确定议价问题，在谈判中需要把要的重点，是设法确立对方变量的拒绝点。

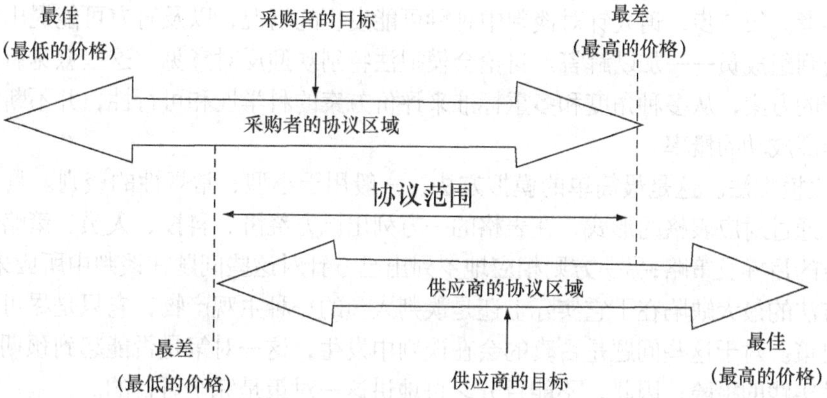

图 6-1　谈判目标范围

三、谈判战术及其运用

1．谈判战术演练

所谓谈判战术演练，主要是指己方的模拟谈判。

正式谈判开始之前，将己方谈判小组成员一分为二，一部分人扮演谈判对手，并以对手的立场、观点和作风来与另一部分扮演己方的人员交锋，预演谈判的过程。模拟谈判能使谈判人员获得一次临场的操作与实践，经过操练达到磨合队伍、锻炼和提高己方协同作战能力的目的。在模拟谈判中，通过相互扮演角色会暴露己方的弱点和一些可能被忽略的问题，以便及时找到出现失误的环节及原因，使谈判的准备工作更具有针对性。

（1）模拟谈判的方法

① 全景模拟法。全景模拟法是指在想象谈判全过程的前提下，企业有关人员扮成不同的角色所进行的实战性排练。这是最复杂、耗资最大，但也往往是最有效的模拟谈判方法。这种方法一般用于大型的、复杂的、关系到企业重大利益的谈判。

在采用全景模拟法时，应注意以下两点。

第一，合理地想象谈判全过程。要求谈判人员按照假设的谈判顺序展开充分的想象，不只是想象事情发生的结果，更重要的是想象事物发展的全过程，想象在谈判中双方可能出现的一切情形，并依照想象的情况和条件，演绎双方交锋时可能出现的一切局面，如谈判的气氛、对方可能提出的问题、己方的答复、双方的策略和技巧等问题。合理的想象有助于谈判的准备更充分、更准确。所以，这是全景模拟法的基础。

第二，尽可能地扮演谈判中所有会出现的人物。这有两层含义：一方面是指对谈判中可能会出现的人物都有所考虑，要指派合适的人员对这些人物的行为和作用加以模仿；另一方面是指主谈人员（或其他在谈判中准备起重要作用的人员）应扮演一下谈判中的每一个角色，包括自己、己方的顾问、对手和对方的顾问。这种对人物行为、决策、思考方法的模仿，能使己方对谈判中可能会遇到的问题、人物有所预见。同时，站在别人的角度上进行思考，有助于己方制定更完善的策略。

② 讨论会模拟法。这种方法类似于“头脑风暴法”。它分为两步：第一步，企业组织参加谈判人员和一些其他相关人员召开讨论会，请他们根据自己的经验，对企业在本次谈判中谋求的利益、对方的基本目标、对方可能采取的策略、己方的对策等问题畅所欲言。不管这些观点、见解如何标新立异，都不会有人指责，有关人员只是忠实地记录，再把会议情况上报领导，

作为决策参考。第二步，请人针对谈判中种种可能发生的情况，以及对方可能提出问题等提出疑问，由谈判组成员一一加以解答。讨论会模拟法特别欢迎反对意见。这些意见有助于己方重新审核拟订的方案，从多种角度和多重标准来评价方案的科学性和可行性，并不断完善准备的内容，以提高成功的概率。

③ 列表模拟法。这是最简单的模拟方法，一般用于小型、常规性的谈判。具体操作过程是这样的：通过对应表格的形式，在表格的一方列出己方经济、科技、人员、策略等方面的优缺点和对方的目标及策略；另一方则相应地罗列出己方针对这些问题在谈判中所应采取的措施。这种模拟方法的最大缺陷在于它实际上还是谈判人员的一种主观产物，它只是尽可能地搜寻问题并列出对策。对于这些问题是否真的会在谈判中发生，这一对策是否能起到预期的作用，由于没有通过实践的检验，因此，不能百分之百地讲这一对策是完全可行的。

（2）模拟谈判的总结

模拟谈判结束后要及时进行总结。模拟谈判的目的是为了总结经验、发现问题、弥补不足、完善方案。所以，在模拟谈判告一段落后，我们必须及时、认真地回顾在谈判中己方人员的表现，如对对手策略的反应机敏程度、自身班子协调配合程度等一系列问题，以便为真正的谈判奠定良好的基础。

2. 采购谈判的策略

采购谈判技能是双方组织达到谈判目标的关键技能之一，其直接影响物料供应的风险大小和采购成本的高低。谈判过程中会涉及大量的策略和技巧的使用。我们分别从整合性谈判和分配性谈判的角度来分析采购谈判策略及其运用。

（1）整合性谈判策略

① 整合性谈判的基本战术。

第一，当资源稀缺时，谈判各方寻求增加可用的资源。寻求更多可交易的资源有利于建立良好的合作关系。这种方法可以构建信任，有利于采供双方达成双赢性方案。

第二，为了回报某种让步，一方从另一方得到其他方面的补偿。整合性谈判是建立在互利互惠、彼此合作的基础之上，谈判所达成的协议至少应该使得双方都能获得发展的机会。

第三，当几个问题同时出现而有主次之分时，谈判一方在较不重要的问题上做出让步，以便对方能够在较重要的问题上让步。

第四，设计一个新方案，使双方都修正他们最初的要求。整合性谈判是原则性与灵活性相统一的谈判，开发新方案有利于双方修正他们的初始需求，也使双方更容易达成整合性协议。

第五，采购商与供应商寻求并关注共同的立场。这样能使各方构筑关系，促进理解。

第六，双方着力于解决需求和利益。创造互利问题可以提高达成一致解决方案的可能性，引导各方更好地相互理解。当各方展示他们的优先次序时，将对达成协议有所帮助，尽管优先的不一定是他们的立场。

② 达成双赢性方案的常用技巧。

除了以上基本策略之外，在特定环境背景下，下列一些技巧也可以参考使用，而这些技巧的使用本身会提高达成双赢协议的可能性。

第一，开诚布公。开诚布公是指谈判人员在谈判过程中，应该持诚恳、坦率的合作态度向对方表达己方的真实思想和观点，客观地介绍己方情况，提出要求，以促进对方进行合作，使双方能够在坦诚、友好的氛围中达成协议。

第二，暂时休会。在谈判遇到某种障碍或出现僵局时，谈判一方或双方提出中断谈判。暂时休会能使谈判双方有机会重新思考和调整对策，促进谈判的顺利进行。

第三，以退为进。在谈判中遇到棘手的问题时，我们应表现出理解并愿意考虑对方的要求，使对方在感情上有被接受的感觉，这样就容易在谈判中找到共鸣。

第四，情感交流。这种做法不仅可以增进双方友谊，融洽双方关系，创造出一种轻松愉快的气氛，还可以得到谈判桌上难以得到的东西，有时会直接促成了谈判的达成。

第五，有限权力。有限权力是指谈判人员使用权力的有限性，受到权力限制的谈判者比大权在握的谈判者往往会处于更有利的地位。

（2）分配性谈判策略

分配性谈判相对于整合性谈判具有分配性和对抗性的特点，其在谈判中可使用的策略和技巧也与整合性谈判有所不同。

① 分配性谈判的基本战术。

第一，评估对方的结果价值及他们在谈判中的极限。我们可以通过直接或间接的问题来获取所需信息。间接提问的目的在于了解一个具体的拒绝点是如何形成的。例如，询问对方"生意如何？"就可以引出利润及收益水平。同样的问题，用直接提问的方式为"供应商需要获得多少利润？"

第二，控制对方的印象，以便控制他们对我们的立场的看法。技巧包括通过向对方提供过度或不足的信息量来掩盖我们的真实信息，使其无法估计我们的立场。或给对方展示选择性信息，以便按我们所需要的方式去影响对方。这样做必须谨慎，以免对方认为我们是故意欺骗或编造信息，进而被认为是不道德。

第三，夸大无法达成协议的后果。这是引导谈判走势的重要组成部分。例如，强调在一个具体日期内无法达成协议所要求的相关成本。

第四，改变对手的观念。例如，让对手认为他们的报价没有吸引力，以此方式来获取一个更有利的交易。这样做等同于隐匿本方真实观点，有悖于商业道德。因此，需要给对方一个警示，比如信息的谨慎披露等，这是一种良好的谈判实践，尤其在谈判者对彼此都缺乏了解的情况下。

第五，通过行为来控制谈判，从而争取主动权。具体体现在以下方面。

谈判者在谈判中可抓住某一漏洞，让对方不安而尽早达成协议；采购方初始报价应尽可能低，促使供应商重新评估他们的地位；寻求一个对己方没有价值而对对方很重要的问题，在谈判中将这个问题当作交易使用；为了结束交易而增加一个小问题，类似于在交易即将完成时增加某一条款；威胁将要终止谈判，利用怒气和愧疚施加压力，表现为无法撼动立场的顽固的交易人；给对方提供过量而对达成协议毫无价值的信息，或提供残缺不全的信息。

② 分配性谈判中的常用技巧。

第一，声东击西。在谈判过程中，有时需要更好地隐藏已方的真实意图，才能更好地实现谈判的目标，尤其是在已方不能完全信任对方的情况下。常使用声东击西策略，有意识地将谈判的议题引到对已方并不重要的问题上，以分散供应商的注意力，达到已方的目的。

第二，先苦后甜。先苦后甜是指在谈判中已方为了达到自己预定的目的，先向对方提出苛刻的要求，然后再逐渐让步，求得双方一致的做法，以此来获得已方的最大利益。

第三，最后期限。一旦提出最后期限，随着期限的追近，双方会感到达成协议的时间很紧迫，因此会一改平时的拖沓和漫不经心的态度，有效地督促双方的谈判人员振奋精神，集中精力，努力从合作的角度出发，争取问题的解决。

第四，攻心为上。攻心为上是指采购者利用对方心理上的压力或感情上的软化来使供应商妥协退让的策略。

第五，疲劳战术。疲劳战术是一个十分有效的策略，它能使趾高气扬的谈判者因感觉疲劳而生厌，进而逐渐磨去其锐气，从而扭转对己方不利和被动的谈判局面。

第六，礼貌地结束谈判，提出将对方作为未来可能交易的优选供应商。尽管采购谈判的过程是很激烈的，充满了分配性和对抗性等各种不可控因素，但组织的发展还有赖于供应商对合同的有效履行。所以，谈判后对待供应商要有礼貌，并提出将其作为未来可能交易的优选供应商，拉近与供应商的距离，促使其更好地履行合同的义务。

第七，以合同相对应的条款为依据，并同时向供应商做出采购产品及服务等态度诚恳的承诺，以此来增强对此次采购交易的满意度。作为一种感情化的做事方法，采购方所做的承诺，可以弱化供应商对此次采购交易的不满，增进采购方与供应商之间的协作交流。但这种承诺是以成熟的合同条款为依据的，决不能超出合作前合同条款的约束范围而做出不能承兑的承诺。

知识延伸

通过以下测试，可以对个人谈判能力有一个简单的评估。

1. 你认为采购谈判（ ）。

A. 是一种意志的较量，谈判对方一定有输有赢

B. 是一种立场的坚持，谁坚持到底，谁就获利多

C. 是一种得妥协的过程，双方各让一步一定会海阔天空

D. 双方的关系重于利益，只要双方关系友好必然带来理想的谈判结果

E. 是双方妥协和利益得到实现的过程，以客观标准达成协议可得到双赢结果

2. 签订合同前，谈判代表提出的合作条件很苛刻，按此条件自己无权做主，还要通过上司批准。此时你应该（ ）。

A. 说对方谈判代表没有权做主就应该早声明，以免浪费时间

B. 询问对方上司批准合同的可能性，在最后决策者拍板前要留有让步余地

C. 提出要见决策者，重新安排谈判

D. 与对方谈判代表先签订合作意向书，取得初步的谈判成果

E. 进一步给出让步，以达到对方谈判代表有权做主的条件

3. 为得到更多让步，或为了掌握更多信息，对方提出一些假设性的需求或问题，目的在于摸清底牌。此时你应该（ ）。

A. 按照对方假设性的需求和问题诚实回答

B. 对于各种假设性的需求和问题不予理会

C. 指出对方的需求和问题不真实

D. 了解对方的真实需求和问题，有针对性给予同样假设性答复

E. 窥视对方真正的需求和兴趣，不要给予清晰的答案，并可将计就计促成交易

4. 谈判对方提出几家竞争对手的情况，向己方施压，说己方的价格太高，要求给出更大的让步，你应该（ ）。

A. 坚持原有的合作条件，不要轻易做出让步

B. 强调自己的价格是最合理的

C. 为了争取合作，以对方提出竞争对手最优惠的价格条件成交

D. 提问：既然竞争对手的价格如此优惠，你为什么不与他们合作？

E. 提出竞争事实，说对方提出的竞争对手情况不真实

5. 当对方提出这次谈判如果你能给予优惠条件，保证下次进行更大规模的合作，此时你应该（　　）。

A. 按对方的合作要求给予适当的优惠条件

B. 为了双方的长期合作，按照对方要求的优惠条件成交

C. 了解买主的人格，不要以“未来的承诺”来牺牲“现在的利益”，可以“以其人之道还治其人之身”

D. 要求对方将以后合作的具体情况进行说明，以确定是否给予对方优惠条件

E. 坚持原有的合作条件，对对方所提出的下次合作诱惑不予理会

6. 谈判对方有诚意购买你整体方案的产品（服务），但苦于财力不足，不能完整成交。此时你应该（　　）。

A. 要对方购买部分产品（服务），成交多少算多少

B. 指出如果不能购买整体方案，就以后再谈

C. 要求对方借钱购买整体方案

D. 如果有可能，协助贷款，或改变整体方案。改变方案时要注意相应条件的调整

E. 先把整体方案的产品（服务）卖给对方，对方有多少钱先给多少钱，欠款以后再说

7. 对方在达成协议前，将许多附加条件依次提出，要求得到你更大的让步，你应该（　　）。

A. 强调你已经做出的让步，强调“双赢”，尽快促成交易

B. 对对方提出的附加条件不予考虑，坚持原有的合作条件

C. 针锋相对，对对方提出的附加条件提出相应的附加条件

D. 不与这种“得寸进尺”的谈判对手合作

E. 运用推销证明的方法，将已有的合作伙伴情况介绍给对方

8. 在谈判过程中，对方总是改变自己的方案、观点、条件，使谈判无休无止地拖下去。你应该（　　）。

A. 以其人之道还治其人之身，用同样的方法与对方周旋

B. 设法弄清楚对方的期限要求，提出己方的最后期限

C. 节省自己的时间和精力，不与这种对象合作

D. 采用休会策略，等对方真正有需求时再和对方谈判

E. 采用“价格陷阱”策略，说明如果现在不成交，以后将会涨价

9. 在谈判中双方因某一个问题陷入僵局，有可能是过分坚持立场之故。此时你应该（　　）。

A. 跳出僵局，用让步的方法满足对方的条件

B. 放弃立场，强调双方的共同利益

C. 坚持立场，要想获得更多的利益就的坚持原有谈判条件不变

D. 采用先休会的方法，会后转换思考角度，并提出多种选择等策略以消除僵局

E. 采用更换谈判人员的方法，重新开始谈判

10. 除非满足对方的条件，否则对方将转向其他的竞争对手，并与你断绝一切生意往来，此时你应该（　　）。

A. 从立场中脱离出来，强调共同的利益，要求平等机会，不要被威胁吓倒而做出不情

愿的让步

B. 以牙还牙，不合作拉倒，去寻找新的合作伙伴

C. 给出供选择的多种方案以达到合作的目的

D. 摆事实，讲道理，同时也给出合作的目的

E. 通过有影响力的第三者进行调停，赢得合理的条件

评分参考标准：

1.	A-2分	B-3分	C-7分	D-6分	E-10分
2.	A-2分	B-10分	C-7分	D-6分	E-5分
3.	A-4分	B-3分	C-6分	D-7分	E-10分
4.	A-10分	B-6分	C-5分	D-2分	E-8分
5.	A-4分	B-2分	C-10分	D-6分	E-5分
6.	A-6分	B-2分	C-6分	D-10分	E-3分
7.	A-10分	B-4分	C-8分	D-2分	E-7分
8.	A-4分	B-10分	C-3分	D-6分	E-7分
9.	A-4分	B-6分	C-2分	D-10分	E-7分
10.	A-10分	B-2分	C-6分	D-6分	E-7分

95分以上：谈判专家；90～95分：谈判高手；80～90分：有一定的谈判能力；70～80分：具有一定的潜质；70分以下：谈判能力不合格，需继续努力。

任务四 采购谈判结案管理

一、有效沟通

沟通是指一个人对其他人的有目的地信息传递和思想交流活动的总称。谈判沟通，就是在商务环境中用一定的方法彼此交换信息，即指人与人之间用视觉、符号、电话、电视或其他媒介工具进行的信息交换。

1. 有效沟通的条件

达成有效沟通须具备两个必要条件：首先，信息发送者清晰地表达信息的内涵，以便信息接收者能确切理解：其次，信息发送者重视信息接收者的反应并根据其反应及时修正信息的传递，免除不必要的误解。两者缺一不可。

有效沟通能否成立关键在于信息的有效性，信息有效程度又主要取决于以下几个方面。

① 信息的透明程度。当一则信息应该作为公共信息时就不应该具有不对称性，公开的信息并不意味着简单的信息传递，而要确保信息接收者能理解信息的内涵。如果以一种模棱两可的、含糊不清的文字语言传递一种不清晰的、难以使人理解的信息，对于信息接收者而言该信息没有任何意义。另外，信息接收者也有权获得与自身利益相关的信息内涵，否则有可能导致信息接收者对信息发送者的行为动机产生怀疑。

② 信息的反馈程度。有效沟通是一种动态的双向行为，而双向的沟通对信息发送者来说理应得到充分的反馈。只有沟通的主、客体双方都充分表达了对某一问题的看法，才真正实现了有效沟通的意义。

2. 谈判沟通的内容

① 出价和还价：对实质性问题的讨价还价使得议价范围缩小，双方趋于一致，最终达成协议。

② 关于替代方案信息：即使不向对方透露谈判协议的最佳备选方案，它仍然会有力地影响更高目标的实现。

③ 关于谈判结果信息：这部分的实质内容应妥善保存在公司内部，如果谈判中是己方占优，对方可能会感到不快。需要和对方交流的是部分已达成一致或有潜在一致倾向的结果。

④ 关于谈判过程信息：在谈判过程中，对既往的阶段性问题进行回顾，往往能成为解决负面冲突的好办法。

⑤ 社会对失误、立场或坏消息的容忍度：很多谈判会和社会因素关联。例如，媒体对某些企业合作的特别关注，消费者对某些品牌如何采购原材料的关注等。研究发现，社会容忍度越高，谈判结果越好。

3. 采购谈判沟通的基本技巧

（1）说服

① 努力寻求双方的共同点。谈判者要说服对方，应努力寻求并强调与对方立场一致的地方，这样可以赢得对方的信任，消除对方的对抗情绪，以双方立场的一致性为跳板，因势利导地解开对方思想的纽结，这样，说服才能奏效。

② 强调彼此利益的一致性。说服工作要立足于强调双方利益的一致性，淡化相互间的矛盾性，这样对方就较容易接受己方的观点。

③ 要诚挚地向对方说明，如果接受了己方的意见将会有什么利弊得失。既要讲明接受己方的意见后对方将会得到什么样的益处，己方将会得到什么样的益处；也要讲明接受己方的意见后，对方的损失是什么，己方的损失是什么。这样做的好处有两个：一方面使人感觉到己方的客观、符合情理；另一方面当对方接受己方的意见后，如果出现了恶劣的情况，己方也可以给出合理的解释。

④ 说服要耐心。说服必须耐心细致，不厌其烦地动之以情，晓之以理，把接受己方的意见的好处和不接受己方的意见的害处讲深、讲透，一直坚持到对方能够听取己方的意见为止。在谈判实践中常遇到对方的工作已经做通，但对方基于面子或其他原因，一时还下不了台。这时谈判者不能心急，要给对方一定的时间，直到瓜熟蒂落。

⑤ 说服要由浅入深，从易到难。谈判中的说服是一种思想工作，因此也应遵照循序渐进的方针。开始时，要避开重要的问题，从那些容易达成共识的问题入手，打开缺口，逐步扩展。一时难以解决的问题可以暂时抛开，等待适当的时机。

⑥ 不可用胁迫或欺诈的方法说服。说服不是压服，也不是骗服，成功的说服必须要体现双方的真实意见。采用胁迫或欺诈的方法使对方接受意见，会给谈判埋下危机。

（2）提问

① 封闭式提问：提出答案有唯一性，范围较小，有限制的问题，对回答的内容有一定限制。提问时，给对方一个框架，让对方在可选的几个答案中进行选择。这样的提问能够让回答者按照指定的思路去回答问题，不至于跑题。通过封闭式提问，我们能在一定范围内引出肯定或否定问题的直接答复。

② 开放式提问：提出比较概括、广泛、范围较大的问题，对回答的内容限制不严格，给对方以充分自由发挥的余地。这种提问在广泛的领域内引出广泛答复，通常无法以“是”或“否”

等简单字句答复。因为开放式的问题没有统一的答案，它往往可以引发谈判对手滔滔不绝的回答，所以，我们可以从中捕捉到有价值的信息。

③ 证实式提问：针对对方的答复重新措辞，通过提问使对方证实或补充原先的答复。

④ 引导式提问：这种提问对回答具有强烈的暗示性，是反意疑问句的一种。它具有不可否认的引导性，几乎使对方没有选择的余地，只能产生与发问者观念一致的反应。

⑤ 选择式提问：选择式提问的目的是将自己一方的意见摆明，让对方在划定的范围内进行选择。由于选择式提问一般都带有强迫性，因此在使用时要注意语调得体，措辞委婉，以免给人留下专横独断、强加于人的不好印象。

⑥ 借助式提问：借助式提问可凭借权威的力量去影响谈判对手。被借助者应是当事人了解并对其产生积极影响的人或机构，否则会影响其效果，甚至适得其反。

⑦ 探索式提问：这是针对双方所讨论的问题要求进一步引申或说明的一种方法。它不仅起到探测、发掘更多信息的作用，而且还显示出发问者对问题重视。

⑧ 协商式提问：为了使对方同意自己的观点，采用商量的口吻向对方发出的提问。这种方式语气平和，对方容易接受，即使对方没有接受自己的条件，但是谈判的气氛仍能保持融洽，双方仍有继续合作的可能。

（3）倾听

在谈判中，己方的问题提出来之后，接下来要做的是听。从某种角度看，少说多听是一种非常有效的谈判策略，很多谈判高手往往只花几分钟时间表达己方观点，留下几十分钟时间让对方发言。但是，听是很难做到的，大多数人都愿意说，因为说比听容易。所以，倾听需要技巧，倾听也是一门艺术。

① 倾听回应：我们首先要对对方所说的内容做出回应。如果对方说了半天，得不到一点反应，他会以为你不感兴趣或持反对意见。因此，对方说的时候，我们要不断地回应。

② 提示问题：在听的过程中，可以提出一些问题。为了挖掘对方更多的需求，了解他的想法，我们可以提一些问题。例如，在他描述的过程中，发现他对某个问题感兴趣，可以问他："您以前有过这样的经历吗？您是怎么看待我们和竞争对手之间的差别呢？"等问题，让他说得更多。

③ 重复内容：在听的过程中可以不断重复对手所说的内容，但重复的内容一定是我们认为很重要的内容，目的是强化他所说的内容，加深问题在他自己头脑中的印象。

④ 归纳和总结：把对方所提出的问题和建议做一个归纳和总结，然后得到他的确认。

⑤ 表达感受。获得信息之后，要进行信息的确认。因为面对一大堆信息，很难确定哪些信息有用，哪些没用。因此要对信息进行相应的确认，反过来再与客户沟通，这样有利于得到更准确的信息。

二、评估谈判

评估谈判指的是根据规定的目的和目标测量谈判是否成功，评估谈判的所有阶段。在实践中，人们往往在谈判后发现本应该采取不同的方法进行谈判。如果能够预先了解，加以运用，就能更多地考虑如何改善未来的谈判准备和计划进程。

1. 评估的内容

（1）获得的结果/目标

分析之前确定的目标是否有现实意义？协议达成与执行之间这段时间，市场发生了什么变化？对结果有什么影响？对方能否实现目标等？

（2）为达到目标所采用的程序和方法

评估谈判的战略方法及每个个体的或整体的方法。明确谈判过程所采取的程序是否成功（时间、地点、日程安排），以及对方如何为此做出贡献；谈判对手的利益、立场选择、以前的谈判行为、谈判文化习惯如何影响到己方战术的选择及使用等方面。应建立"如果……"的模式来评估该项绩效。

（3）个人和团队沟通的有效性

确定团队成员在准备谈判时的作用，考虑任务是否用不同的方式被分配出去；交易结果是否被内部接受，内部谈判是否得到很好处理；通过建立合适的评价清单来评估个人在谈判中的绩效。

2. 改善未来的谈判准备和计划过程

① 确定需要解决的主要问题。

② 明确所有主要问题，以及它们之间的相互关系。

③ 了解对方问题的潜在利益。

④ 确定问题范围，包括拒绝点底线和谈判协议的最佳备选方案。

⑤ 加强内部沟通（上司或组织内部相关人员），了解本方授权的权威水平。

⑥ 分析对方的目标、问题、利益、战略、局限、选择、目的、开放度和权力。

⑦ 熟悉谈判过程的具体操作技巧，即如何开局，如何表达主要观点，如何打破僵局。

项目小结

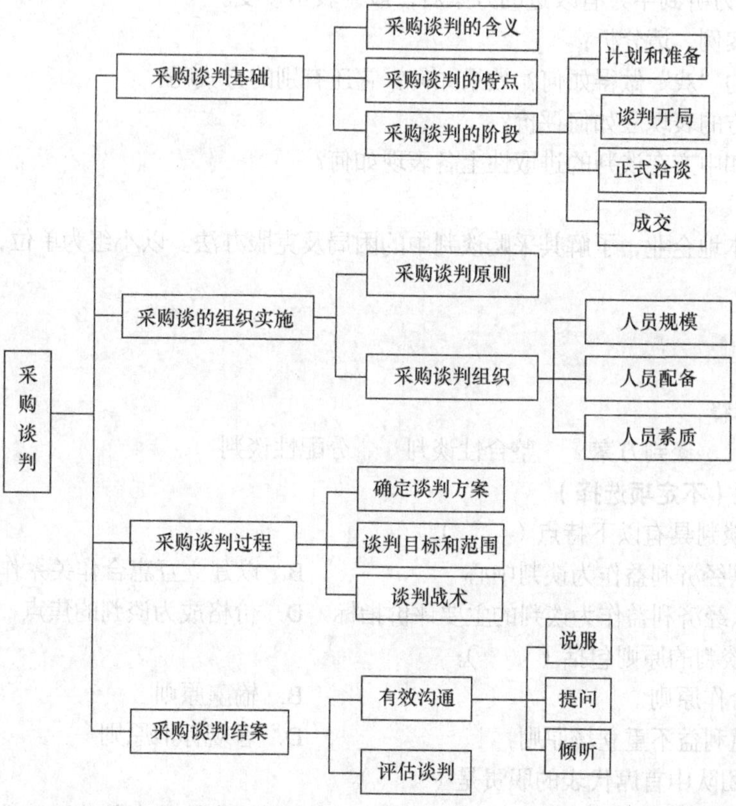

职场指南

1. 案例分析

意大利某公司与我国某公司谈判出售某项技术。由于谈判已进行了一周，但仍进展不快，于是意方代表罗尼先生在前一天做了一次发问后告诉我方代表李先生：他还有两天时间，希望我方配合，在次日拿出新的方案来。次日上午我方李先生在分析的基础上拿了一套方案：比我方原要求 （意方降价 40%）降低了标准（要求意方降价 35%）。意方罗尼先生讲："李先生，我已降了两次价，计 15%，还要再降 35%，实在困难。"双方相互评论、解释一番后，建议休会到下午 2:00 再谈。

下午复会后，意方先要我方报新的条件，李先生将其定价的基础和理由向意方做了解释并再次要求意方考虑其要求。罗尼先生还是认为我方要求太高。下午 4:00 时，罗尼先生说："我为表示诚意向中方拿出最后的价格，请中方考虑，最迟明天中午 12:00 以前告诉我是否接受。若不接受我就乘下午 2:30 的飞机回国。"说着把机票从包里抽出在李先生面前显示了一下。我方把意方的条件理清后，（意方再降 5%）表示仍有困难，但可以研究。谈判即结束。

我方研究意方价格后认为还差 15%，但能不能再压价呢？明天怎么答？李先生一方面与领导汇报，与助手、项目单位商量对策，一方面派人调查明天下午 2:30 是否有飞往欧洲的航班。

结果该日下午 2:30 没有去欧洲的飞机，李先生认为意方的最后价、机票是演戏，判定意方可能还有条件。于是在次日 10 点给意方去了电话，表示："我方很赞赏意方的努力，但双方距离仍存在，需要双方进一步努力。作为响应，中方可以在意方改善的基础上再降 5%，即从 30%，降到 25%。"意方听到中方有改进的方案后，最终表示接受。

根据以上案例，请分析：

（1）意方的"戏"做得如何？效果如何？它还有别的方式吗？

（2）对中方的表现应如何评价？

（3）意方和中方在谈判的进取性上各表现如何？

2. 实训

选择一家本地企业，了解其采购谈判中的困局及克服办法。以小组为单位，尝试替该企业设计谈判方案。

知识检测

1. 名词解释

采购谈判　　谈判方案　　整合性谈判　　分配性谈判

2. 选择题（不定项选择）

（1）采购谈判具有以下特点（　　）。

A. 以经济利益作为谈判中心　　B. 以建立互惠合作关系作为核心

C. 以经济利益作为谈判的主要评价指标　　D. 价格成为谈判的焦点

（2）采购谈判的原则包括（　　）。

A. 合作原则　　B. 输赢原则

C. 重利益不重立场原则　　D. 客观标准原则

（3）谈判团队中首席代表的职责是（　　）。

A. 掌握谈判进程　　B. 检查法律文件的准确性和完整性

C. 为最后决策提供专业方面的论证　　　D. 协调谈判班子成员的意见

（4）谈判人员必须坚守的最后防线是（　　）。

A. 理想目标　　B. 可接受目标　　C. 随机目标　　D. 最低目标

（5）下列哪些是整合性谈判常用技巧（　　）。

A. 以退为进　　B. 最后期限　　C. 暂时休会　　D. 疲劳战

3. 问答题

（1）采购谈判一般分为哪些阶段？

（2）采购谈判的队伍构成应包括哪些人员？

（3）如何理解谈判目标和范围？

多媒体学习

1. 建议阅读书目

[1] 北京中交协物流人力资源培训中心. 采购与供应谈判[M]. 北京：机械工业出版社，2012.

[2] 方其. 商务谈判：理论、技巧、案例（第 3 版）[M]. 北京：中国人民大学出版社，2011.

[3] 罗伊・J・列维奇，布鲁斯・巴里，戴维・M・桑德斯. 列维奇谈判学[M]. 北京：中国人民大学出版社，2008.

2. 网络学习资源

[1] 中国谈判与沟通网：http://www.tanpanwang.com

[2] 中国人民大学多元纠纷解决机制研究网：http://www.law-adr.com.cn

项目七

采购合同管理

案例导入

2010年年底，石家庄的小刘接到了攀枝花一食品商联系罐头业务的电话。经过双方多次磋商，价格终于谈妥，对方到厂现场提货。同时，这个食品商又向小刘打听了石家庄几种“反季节”蔬菜的价格，打算顺便贩运一车西红柿、豌豆等时鲜蔬菜到石家庄，汽车返回时装罐头。小刘了解到这种在本地夏季才收获的蔬菜，春节前特别好销，对方一算账，认为有利可图，于是双方就在电话上定了这笔蔬菜生意。此后，对方没再来电话。

2011年1月13日下午3点，该食品商突然出现在小刘的办公室，并说蔬菜已到，小刘得知装蔬菜的车已经跑了40多个小时应尽快卸车时，立即将车开到了蔬菜批发市场。而此时，市场上前几天才从攀枝花市运来几种蔬菜，市场已经饱和。小刘提出如果接货只能出报价的1/3。食品商不同意，双方久持不下，后来几名菜贩围着卡车狠劲压价，双方讨价还价了一个多小时，食品商很是着急，眼看天色已晚，如果拖到第二天，有的蔬菜便会腐烂，损失将会更惨重。无奈之下，食品商只好以比产地购价还低的价格将这10吨鲜菜脱手，亏了3 000多元运费和1 000多元本钱。食品商原以为稳赚，谁知“大意失荆州”，造成了不应有的损失。

思考与讨论：

（1）食品商与小刘是否有合同？达成了怎样的意向？

（2）如果签订一份书面合同对于食品商是否有帮助？

学习目标

知识目标

（1）掌握采购合同的形式与内容；

（2）熟悉采购合同的签订和履行过程；

（3）熟悉解决合同纠纷的解决办法和措施。

能力目标

（1）能够依据采购项目的要求拟定相应的采购合同；

（2）能够独立完成采购合同的签订与执行；

（3）能够化解合同执行过程中的矛盾与纠纷；

（4）能够处理合同纠纷中的索赔及其他相关问题。

素质目标

（1）培养契约精神，具备依法办事的理念；

（2）具备良好沟通能力，及以第三方视角看问题的能力。

任务一　采购合同的内容和形式

在整个采购流程中，最重要的采购文件之一就是采购合同。采购合同的签订，标志着采供双方达成一致，订立契约。双方对于采购活动的一切约定，都应体现在合同之中。

在我国，采购合同的定义、种类、内容及形式，均受到 1999 年 10 月 1 日正式实施的《中华人民共和国合同法》（以下简称《合同法》）的相关规定的约束。

一、合同概述

1. 采购合同的定义

采购合同是采供双方在进行交易前为保证双方的利益，协商一致确立的对采供双方均有法律约束力的正式协议，有些企业也称之为采购协议。采购合同是采购关系的法律形式，对于确立规范有效的采购活动，明确采购（买）方与供应（卖）方的权利义务关系，保护当事人的合法权益具有重大意义。采购合同是买受人通过市场购买自己所需的物品，出卖人将物品的所有权转移给买受人，买受人支付价款的合同。采购合同是买卖合同的一种，是社会经济生活经常出现的几种合同之一。它是明确平等主体的自然人、法人、其他组织之间设立、变更、终止在采购物料过程中的权利义务关系的协议，是确立物料采购关系的法律形式。

采购合同具有以下几个主要特征。

① 它是转移标的物所有权或经营权的合同。采购合同的基本内容是出卖人向买受人转移合同标的物的所有权或经营权，买受人向出卖人支付货款。因此这就必然导致标的物所有权或经营权的转移。

② 采购合同的标的物是工业品生产资料。采购合同是以工业品生产资料作为标的物的。工业品生产资料包括原料、材料、机器设备、工具等。这种合同标的物的特定性，与物品的概念和范围是一致的。

③ 采购合同的主体比较广泛。从国家对流通市场的管理和采购实践来看，生产企业、流

通企业以及其他组织和具有法律资格的自然人均可作为采购合同的主体。

④ 采购合同与商品流通过程密切联系。商品流通是社会内生产的重要环节之一，对国民经济和社会发展有着重大影响，重要的工业品生产资料的采购始终是国家调控的重要内容。采购合同是采购关系的一种法律形式，它以物料采购这一客观经济关系作为设立的基础，直接反映采购的具体内容，与流通过程密切相连。

知识延伸

企业对于技术、专利、劳务等需求的获取有时也被视为采购活动，这些活动所达成协议的标的物为非实物的知识产权或劳务关系，此类协议在《合同法》中被定义为技术合同或劳务合同，有一定的特殊性，不被视为一般意义上的采购合同。

2. 采购合同的种类

采购合同根据其主体的不同，分为政府采购合同、国有企业采购合同、非国有企业采购合同等。此外，《合同法》还规定了以下几种特殊的采购合同。

（1）分期付款的采购合同

分期付款的采购合同即在合同订立后，出卖人把标的物转移给买受人占有、使用，买受人按照合同约定，分期向出卖人支付价款的合同。分期付款采购合同的特殊性在于，买受人不是一次性支付全部货款，而是按照约定的期限分期付款，这就增加了出卖人的风险。因此这类合同往往约定：如果买受人不及时支付到期货款，出卖人享有保留标的物所有权并要求其支付全部货款等权利。

（2）凭样品采购的采购合同

样品是从一批商品中抽取出来的或者生产、加工、设计出来的，用以反映和代表整批商品品质的少量实物。凭样品采购，即是以样品表示标的物质量，并以样品作为交货依据的采购方式。在凭样品采购中，采购方应当封存样品以备日后对照，必要时应在公证处封存样品。同时，当事人可以用文字对样品的质量等状况加以说明，卖方交付的标的物应与样品及其说明的质量相一致，否则即构成违约行为。

（3）试用的采购合同

这种合同是卖方将标的物交给买方，由其在一定时期内试用，买方在试用期内有权选择购买或退回而签订的一种采购合同。试用采购合同是一种附加停止条件的合同。《合同法》第一百七十条规定，卖方有权确定试用期限，在试用期间内，试用人享有购买或者拒绝购买的选择权。如果买方在试用期满后，对是否购买试用物未做明确表示，则推定其同意购买，卖方有权请求支付货款。

（4）招标、投标的采购合同

招标是订立合同的一方当事人采取招标通知或招标广告的形式，向不特定主体发出的要约邀请。投标是投标人按照招标人提出的要求，在规定时间内向招标人发出的以订立合同为目的的意思表示。招标、投标的采购合同，是目前我国采购市场大力提倡并广泛使用的一种合同形式。它具有公开、公平、公正的特点，能够提高采购合同的透明度。

二、采购合同的基本要素及形式

1. 采购合同的基本要素

一份完整的采购合同包含很多要素，约定了合同双方当事人的具体权利与具体义务。它分为三个部分：首部、正文、尾部。

（1）首部的主要内容

① 合同的名称。

② 合同编号。

③ 采供双方的名称，要求在合同中写明其名称和地址。如果是自然人，就应写明其姓名和住所。

④ 签订地点。

⑤ 签订时间。

（2）合同正文的主要内容

① 货物名称与规格。

② 货物数量条款。数量是衡量标的物和当事人权利义务大小的尺度，指的是采购数量和交货数量，数量要采用国家规定的计量单位和方法。

③ 货物质量条款。质量是标的物的内在素质和外在形态优劣的标志。当事人应对采购合同标的物的质量做出明确的规定，要写明执行的技术标准、技术标准的编号。国家没有规定技术标准的，由双方当事人经过协商，明确其质量标准和要求。

④ 价格条款。价格的确定，要符合国家的价格政策和法规，并在合同中写明，价款计算的货币品种、单价、总价，价款的结算除国家规定允许使用现金外，应通过银行办理转账或票据结算。

⑤ 运输方式。

⑥ 支付条款。支付条款包括支付期限、支付工具等。

⑦ 交货地点。

⑧ 检验条款。采购方向对购入的货物进行检验，主要根据货物的生产类型、产品性能、技术条件的不同，采取感官检验、理化检验、破坏性检验等方法，双方应在合同中约定检验的标准、方法、期限以及索赔的条件。

⑨ 保险。保险条款包括险种、选择的保险公司及保险额。签订出口合同时，如果按 FOB 或 CFR 条件成交，保险条款可规定为“保险由买方自理”；按 CIF 签订出口合同时，一般由供方投保。我国签订进口合同时一般由采购方投保。

⑩ 违约责任。违约责任是采购合同的当事人由于自己的过错，没有履行或没有全部履行应承担的义务，按照法律规定和合同约定应承担的法律责任。对违约责任条款当事人应根据《合同法》的规定，在合同中进一步具体明确。

⑪ 仲裁。当事人在合同中约定仲裁条款或者在纠纷发生后达成仲裁协议，是仲裁机构受理合同纠纷的法律依据。因此，如果当事人要采取仲裁方法解决合同纠纷的话，就必须在采购合同中明确约定或事后达成仲裁协议。

⑫ 不可抗力。不可抗力包括不可抗力事故的范围、不可抗力事故的法律后果、出具事故证明的机构和事故发生后通知对方的期限等。

（3）合同尾部的主要内容

① 合同份数及生效日期。

② 签订人的签名。

③ 采供双方的公司公章。

一般国内采购合同不包括保险条款、仲裁条款、不可抗力条款。

2. 采购合同的形式

采购合同有许多形式，《合同法》第十条规定：“当事人订立合同，有书面形式、口头形式和其他形式。”其中，绝大多数采购合同为书面合同。

（1）口头合同形式

口头合同是指双方当事人只是通过语言进行意思表示，不是用文字等书面表达合同内容而订立合同的形式。采用口头形式订立采购合同的优点是：当事人建立合同关系简便、迅速，缔结成本低。但是口头合同发生纠纷时，当事人举证困难，不容易分清责任。

《合同法》在合同形式的规定方面，放松了对当事人的要求，承认多种合同形式的合法性，将选择合同形式的权力交给当事人，对当事人自愿选择口头形式订立采购合同的行为予以保护，体现了合同形式自由的原则。但是，《合同法》同时规定：法律规定采用书面形式的合同，必须采用书面形式。这是法律从交易安全和易于举证的角度考虑，对一些重要合同要求当事人必须签订书面合同。

（2）书面合同形式

《合同法》第十一条规定：“书面形式是指合同、信件和数据电文（包括电报、电传、传真、电子数据交换和电子邮件）等可以有形地表现所载内容的形式。”简单地说，书面形式是以文字为表现形式的合同形式。所谓有形地表现所载内容是相对于口头形式而言的，口头合同是只有当事人内心知道合同内容，如果不告知，外界无法知道合同内容。而书面合同一目了然，有据可查，权利义务记载清楚，便于履行，发生纠纷时容易举证和分清责任。

书面合同是采购活动中运用最广泛的一种合同形式。《合同法》第十条第二款规定：“法律、行政法规规定采用书面形式的，应当采用书面形式。当事人约定采用书面形式的，应当采用书面形式。”因此，书面合同是一种十分重要的合同形式，具体分为以下三类。

① 合同书。合同书是记载合同内容的文书。它是书面合同的一种，也是采购合同中最常见的一种。当事人采用合同书形式订立采购合同的，自双方当事人签字或者盖章时成立。

② 信件。信件是当事人就合同的内容相互往来的普通信函。信件的内容一般记载于纸张上，因而也是书面形式的一种。它与电子邮件不同。在采购合同中，经常是当事人在签订合同书的基础上，又围绕合同条款发生一系列信件的往来，这些信件构成书面合同形式的一部分。

③ 数据电文。数据电文是与现代通信技术相联系的书面形式，包括电报、电传、传真，它们是通过电子形式来传递信息，最终的传递结果会产生一份书面材料。数据电文还包括电子数据交换和电子邮件，它们可以以纸张为载体形成书面资料，也可以被储存在磁盘、磁带、激光盘或其他接收者选择的中介物上，这些由中介载体载明的信息记录，构成了明确、可靠的书面资料，能够充分证明合同的存在，完全符合书面合同的概念与要求，因此，电子数据交换和电子邮件也是书面合同形式的一种。这种合同在涉外采购时比较多见。随着电子商务采购的发展，这种书面形式合同会越来越多。

④ 确认书。确认书是通过信件和数据电文的方式订立采购合同时，在承诺方承诺生效之前，当事人以书面形式对合同内容予以确认的文件。它实质上是一种合同书的形式。《合同法》第三十三条规定：“当事人采用信件、数据电文等形式订立合同的，可以在合同成立之前要求签订的确认书，签订确认书时合同成立。”

确认书的使用条件有以下几个。

① 当事人采用信件或数据电文形式订立合同。

② 有一方当事人要求签订确认书。

③ 确认书一般是在合同成立前签订，因为确认书是对合同内容的最终确认，如果合同已经成立，再签订确认书就没有意义了。确认书属于承诺的一种表示。

（3）其他合同形式

其他合同形式是指除了口头合同和书面合同以外的其他合同形式，主要包括默示形式和指定形式。

案例链接

工矿产品采购合同

合同编号：　　　　　　　　　　　　　　　　　　签订日期：　　年　月　日

供方：

需方：

签订地点：

一、产品名称、数量、价格：

产品名称及牌号或商标	产地或国别	型号规格或花色品种	等级	计量单位	数量	单价	折扣	金额
合计金额（人民币）：仟　百　拾　万　仟　百　拾　元　角　分								

二、质量、技术标准和检验方法、时间及负责期限：________________；

三、交（提）货日期：________________________________；

四、交（提）货及验收方法、地点、期限：________________________；

五、包装标准、要求及供应、回收、作价办法：______________________；

六、运输方法、到达港（站）运杂费负担：________________________；

七、配件、备品、工具等供应办法：____________________________；

八、超欠幅度：交货数量超欠在______%范围内，不作违约论处；

九、合理磅差：自然减（增）量的计算，__________________________；

十、给付定金数额、时间、方法：________________________________；

十一、结算方式及期限：________________________________；

十二、保险费：以______方名义，由______方按本合同总值______%投保，保险费由____方负担；

十三、违约责任：供方不能交货，需方中途退货的，向对方偿付因不能交货或中途退货部分货款总值______%的违约金；

十四、其他未尽事宜，均按《中华人民共和国合同法》和《工矿产品购销合同条例》规定执行。

	供　方	需　方
单位名称	________________（章）	________________（章）
法定代表	________________	________________
签约代表	________________	________________
地址	________________	________________
电话	________________	________________
开户银行及账户	____________	________________
保证单位	________________（章）	________________（章）

任务二　采购合同的订立与实施

一、采购合同订立

根据《合同法》第三、第四、第五、第六、第七条的规定，采购合同的订立应当按照平等原则，自愿原则，公平原则，诚实信用原则，遵守法律、行政法规和尊重社会公德的原则进行。按照《合同法》的规定，签订采购合同采用要约、承诺方式。

1. 要约

要约是希望和他人订立采购合同的意思表示。要约应当符合下列两点规定。

① 内容具体确定。

② 表示受要约人一旦承诺，要约人即受该意思表示的约束。要约一般有特定的对象，这一点区别于要约邀请。商业广告的内容符合要约规定的，应视为要约。在订立采购合同的过程中，多为采购人向对方当事人提出要约。

2. 承诺

承诺是受要约人同意要约的意思表示。《合同法》规定：承诺应当以通知的方式做出，但根据交易习惯或者要约表明可以通过行为做出承诺的除外。同时规定：承诺的内容应当与要约的内容一致，受要约人对要约的内容做出实质性变更的，为新要约。所谓对要约的内容做出实质性变更，是指对有关采购合同的标的、数量、价款、履行期限、地点、方式、违约责任和解决争议的方法等条款做出的变更。

因此，在订立采购合同的过程中，受要约人可以向要约人承诺，也可以向要约人做出新要约。当受要约人向要约人做出新要约时，原要约人就成为被要约人，面临是否对新要约人做出承诺的选择。

知识延伸

采购合同的订立是一个复杂的系统工程，企业各层次的部门与人员都有可能涉及，为了制定一份可实施、高效率、低风险的合同，一般需要按照图 7-1 所示流程进行。

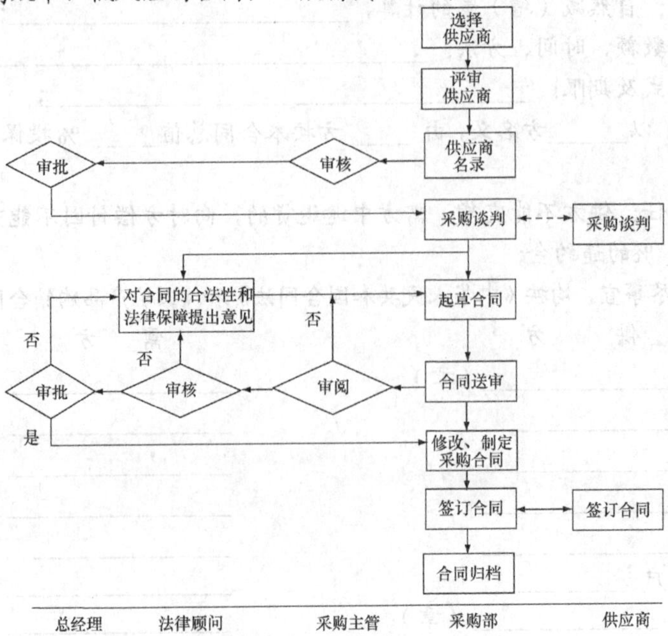

图 7-1　采购合同制定流程

二、订单跟踪

订立采购合同的目的是让买卖双方的行为都受到一定的约束以保护双方的利益不受侵害。一份好的采购合同对双方都是平等的、公正的。

1. 采购合同履行的一般规则

采购合同生效后，当事人就质量、价款、履行期限和地点等内容没有约定或者约定不明确的，可以协议补充；不能达成补充协议的，按照合同有关条款或者交易习惯确定。如果按照合同有关条款或交易习惯仍不能确定的，适用以下规定。

① 质量要求不明确的，按照国家标准、行业标准履行；没有国家标准、行业标准的，按照通常标准或符合合同目的的特定标准履行。

② 价款或者报酬不明确的，按照订立合同时的市场价格履行；依法应执行政府定价或者政府指导价的，按规定履行。

③ 履行地点不明确的，在履行义务一方所在地履行。

④ 履行期限不明确的，债务人可以随时履行，债权人也可以随时要求履行，但应当给对方必要的准备时间。

⑤ 履行方式不明确的，按照有利于实现合同目的的方式履行。

⑥ 履行费用的负担不明确的，由履行义务一方负担。

2. 采购合同的订单跟踪管理

采购方对于采购合同的管理，通常以订单跟踪管理的方式进行。对于约定一次性交货的采购合同，通常视为一张订单处理；对于约定多次交货的采购合同，则将每次交货视为一张订单。

订单跟踪管理应明确以下原则。

① 适时原则。订单交付应满足采购方生产作业计划的需求，严格依照采购方生产计划的时间安排交付。

② 适地原则。订单交付应严格依照合同指定地点交付。

③ 专管原则。订单应指定专人负责管理，跟踪订单执行情况，负责与供货方联系并处理交货相关事宜。

④ 评估原则。每一订单完成后，应及时进行评估，对供应方交货的数量、质量、时间、地点等进行评估，以便及时发现供应问题，并对供货方进行评估。

不同类型企业，对于订单跟踪及处理流程有着自己不同的需求，但都应合理安排业务流程，并将业务流程制度化、规范化，做到责任到人，并根据业务发展的需求不断地加以调整。

案例链接

生产型企业订单跟踪流程示例

订单跟踪管理流程

<table>
<tr><td rowspan="2">级别</td><td rowspan="2">二级</td><td>文件编号</td><td>YL-LC-SY-005</td><td>主导部门</td><td>业务部</td></tr>
<tr><td>版　号</td><td>A/0</td><td>实施日期</td><td>2011 年 11 月 10 日</td></tr>
</table>

一、流程框架图

节点	责任人	输入内容	工作流程	输出内容
1	生产部长 业务部长/ 跟单	生产部根据《生产批准单》下达生产计划 跟单对生产前信息进行确认	生产计划下达	《生产计划》
2	业务部长/ 跟单	跟踪生产 生产计划	订单生产跟进	异常问题反馈协调 《订单产品跟踪表》 跟进生产计划
3	品质部长 业务部长/ 跟单 业务部长/ 物流	提供检验报告 点数，发货，收集检验报告 通知发货 根据《物流操作流程》操作，货代费用支付，寄单	订单完成发货	发货完成
4	业务部长/ 业务	反馈投诉信息，按《客户投诉管理流程》处理	客户收货（客诉）	客诉解决
5	业务部长/ 业务	将信息发给生产/包装/品质部 货款催收	收款	回款
6	业务部长/ 业务 业务部长/ 跟单	执行情况反馈 跟单将信息反馈给相关部门	订单执行完毕	注意事项总结

二、流程说明

节点	说　明
1	（1）生产部根据《生产批准单》下达生产计划 （2）业务部跟单员对生产前信息进行确认
2	跟单员对生产情况进行跟踪，跟进生产计划，及时了解订单的生产情况，及时反馈异常情况与相关部门人员
3	（1）品质部提供检验报告 （2）物流点数，发货，收集检验报告 （3）业务部通知发货，根据《物流操作流程》货代费用支付后寄单
4	业务反馈投诉信息，按《客户投诉管理流程》处理 将信息发给生产/包装/品质部
5	业务按时进行货款的催收
6	跟单将信息反馈给相关部门，业务对订单执行情况反馈给客户

三、相关文件

《物流操作流程》《客户投诉管理流程》。

四、相关记录

《生产批准单》《订单产品跟踪表》《生产计划》。

编制/日期		审核/日期		批准/日期	
相关人员 会签					

三、交期管理

交期（Delivery Time）是指从采购订货日开始至供应商送货日之间的时间长短，也就是合同标的物的转移所需的时间。

标的物的所有权何时转移，是采购合同的一个核心问题。它常常关系到风险责任的承担、保险利益的归属，以及双方当事人应依法采取何种补救措施等。对此《合同法》第一百三十三条规定："标的物的所有权自标的物交付时转移，但是法律另有规定或者当事人另有约定的除外。"具体地说，采购合同标的物的交付时间，应按照下列规定处理。

（1）送货标的物的交付时间。卖方负责标的物送货的，应以卖方将标的物送到指定地点交买方接收的时间为标的物的交付时间。此时，标的物所有权随之转移。

（2）代运代邮标的物的交付时间。卖方代办运输或代邮的，卖方办理完托运或邮寄手续时为标的物的交付时间。

（3）提货标的物的交付时间。买方自己提货的，应以卖方通知和买方提货的实际日期为标的物的交付时间。

（4）事先占有标的物的交付时间。标的物在订立合同之前已为买方占有的，双方在合同中约定的交付时间即为标的物的交付时间。如果合同没有约定的，合同生效即视为标的物的交付完成。

（5）必须履行特定手续的标的物的交付时间。法律要求必须履行特定手续的，以履行完特定手续时为标的物的交付时间。

对于采购方而言，交货时间受本方生产计划安排、仓储能力限制、供方生产能力等因素的制约，需要结合生产计划、订单管理，对于实际交货时间进行严格控制，以保障生产的平稳进行。

从采购的角度来看，自向供应商发出采购订单直到货物交到指定地点为止的这段时间被称之为采购的前置时间。换句话说，从客户向供应商表达出其需求时开始计算，直到客户的需求被完全满足为止，其中所花费的时间总和便是前置时间。由此，我们可以观察出一点，实际交期的长短与前置时间有很大的关系。基本上，交期是由供应商决定而非客户随意指定。但是，我们却能通过有效的管理方法来影响整个交期的长短。

一般而言，交期可按如下交期组合公式计算

交期=行政作业前置时间+原料采购前置时间+生产制造前置时间+运送与物流前置时间+验收和检查前置时间+其他预留前置时间

公式中各项含义如下。

行政作业前置时间：行政作业所包含的前置时间为采购与供应商为完成采购行为所必需进

行的文书及准备工作花费的时间。

原料采购前置时间：供应商为了完成客户订单，也需要向它自己的供应商采购必要的原材料，需要花费一定的时间。

生产制造前置时间：这是供应商内部的生产线制造出订单上所定货物的生产时间，基本上包括生产线排队时间、准备时间、加工时间、不同工序等候时间以及物料的搬运时间，其中非连续性生产中，排队时间占总时间的一大半。

运送和物流前置时间：当订单完成后，将货物从供应商的生产地送到客户指定交货点所花费的时间为运送和物流前置时间。运送时间的长短与供应商和客户之间的距离、交货频率以及运输方式有直接关系。

验收与检查前置时间：该时间内的工作包括卸货与检查，拆箱检验，完成验收文件，将物品搬运到适当地点。

其他预留前置时间：包括一些不可预见的外部或内部因素所造成的延误以及供应商预留的缓冲时间。

对交期的控制和管理可以从交期组成公式中寻求空间。

知识链接

采购合同约定表

订购物料		规 格	
料 号		特殊要求	
单 价		订购数量	
特约条件	交货时间		
	交货地点		
	交货数量		
	运 输		
	定金		
	付款方式		
	验收办法		
	延期扣款		
甲方： 负责人： 地址： 年 月 日		乙方： 负责人： 地址： 年 月 日	

阅读与思考

交期的代价

每一周的交期将使采购成本增加 1.5%，作为采购人员，你有没有算过这笔账?

催货，对采购人员来说是再普通不过的事情了。有些采购人员甚至要花费五分之一的工作时间在收效甚微的催货上，自己却浑然不知。事实上，占用采购人员时间还算事小，重要的是交货期长短本身在无形中会对采购成本产生不小的影响。

据国外资料统计，交货期对采购成本造成的影响是：每一周的交期将使采购成本增加 1.5%。也就是说，单价 10 元的产品交期若为一周，则实际对该产品的采购成本应为 10.15 元。这额外的成本来源于供应商交货期对采购方的安全库存等因素所带来的附加成本。通常，供应商交货期越长，购买方的安全库存量也越大，由此产生的库存成本、管理成本、风险成本、资金成本也越高。

让我们来举例说明上述情况。

×公司每年因生产需要而订购 Y 零件 100 000 只，来自 A，B，C 三家供应商的报价以及它们的交期和不同交期产生的附加采购成本分析如下。

供应商报价（单价，元）	交货期	×公司实际采购成本	年采购总额（元）
A：14.00	1 周	14.00×（1+1.5%×1）=14.21	1 421 000
B：13.50	6 周	13.50×（1+1.5%×6）=14.715	1 471 500
C：13.20	10 周	13.20×（1+1.5%×10）=15.18	1 518 000

不难看出，如此一来一去，×公司光在 Y 零件的年采购总额就要相差 5 万～10 万元之多。真是“小洞不补，大洞吃苦”。

从表面上看似乎 C 公司最有优势，采购人员也往往更重视报价而忽视了其他因素。由此可见，采购成本的考虑要从总成本出发；另一方面，如果采用这种方法同你的供应商进行议价，不但可以帮助你获取更好的价格，更能促使供应商真正有效地去改善他们的交货期，从而使买卖双方达成互利双赢的长期合作关系。

任务三　采购合同的风险及控制

一、采购合同风险的内容及成因

由于现代经济社会的复杂性，采购合同的订立与执行均具有一定的风险性。依据风险程度的不同，采购合同分可为有效的采购合同、效力待定的采购合同、无效的采购合同和可撤销的采购合同四种形式。

1. 有效的采购合同

（1）有效的采购合同的含义

有效的采购合同是指采购方与出卖方订立的合同符合国家的法律规定和要求，具有法律效力，受到国家法律的保护。《合同法》第四十四条第一款规定：“依法成立的合同，自成立时生效。”由于大多数采购合同是有效合同，因此合同的成立与合同的生效是同时发生的。

（2）有效采购合同的条件

① 当事人符合法律要求的资格。这是指签订合同的主体要有相应的民事行为能力，无论采购方还是出卖方，如果是法人签订采购合同，应具有法人资格。如果是非法人经济组织签订采购合同，应取得合法的营业执照。自然人签订采购合同时必须有完全民事行为能力。无民事行为能力的人只能签订纯粹获利的合同；限制民事行为能力的人只能签订与其年龄、智力和精神状况相适应的合同。否则，其所签订的采购合同只能是效力待定的合同。

② 意思表示真实。意思表示是当事人将其希望发生、变更和终止采购合同关系的内心想法，以一定方式表示于外部的行为。只有当其意思表示与其内心想法完全一致时，采购合同才会有效。

③ 内容不违反法律和社会公共利益。内容合法是采购合同受法律保护的基本条件。如果采购合同违反法律和行政法规，损害国家、集体和社会公共利益，当然被视为无效合同。

2. 效力待定的采购合同

效力待定的采购合同是指合同已经成立，但因其不完全符合合同生效的条件，其效力能否发生尚未确定的合同。《合同法》主要规定以下三种效力待定的采购合同。

（1）限制行为能力人订立的采购合同

依据《民法通则》的规定，限制行为能力人是指年满 10 周岁但未满 18 周岁的人（16 周岁至 18 周岁，以自己的劳动收入作为主要生活来源的，可视为完全民事行为能力人），以及不能完全辨认自己行为的精神病人。限制行为能力人订立的采购合同，经法定代理人追认后生效。

与限制行为能力人签订采购合同的人，可以依法催告法定代理人对限制行业能力人所签订的合同予以追认，法律规定的追认期限为1个月。在1个月的法定期限内，法定代理人予以追认的，则采购合同生效，法定代理人未作表示或表示不予追认的，视为拒绝追认，采购合同不生效。

知识延伸

我国《民法通则》第 12 条 1 款规定："十周岁以上的未成年人是限制民事行为能力人，可以进行与他的年龄、智力相适应的民事活动；其他民事活动由他的法定代理人，或者征得他的法定代理人的同意。"《民法通则》第 13 条第 2 款规定："不能完全辨认自己行为的精神病人是限制民事行为能力人，可以进行与他的精神健康状况相适应的民事活动；其他民事活动由他的法定代理人，或者征得他的法定代理人的同意。"我国《民法通则》第 12 条 2 款规定："不满十周岁的未成年人是无民事行为能力人，由他的法定代理人代理民事活动。"第 13 条第 1 款规定："不能辨认自己行为的精神病人是无民事行为能力人，由他的法定代理人代理民事活动。"

（2）无代理权人以他人的名义订立的采购合同

这是一种无权代理行为。这种行为包括行为人没有代理权、超越代理权和代理权终止后以被代理人的名义订立合同的三种情况，《合同法》规定：无代理权人以他人的名义订立的合同，未经被代理人追认的，对被代理人不发生效力，由行为人承担责任。同时规定：与无代理权人签订合同的人可以催告被代理人在1个月内予以追认。催告的法律与限制行为能力人订立的采购合同相同。

（3）无处分权人处分他人财产的采购合同

财产处分是指法律上的处分，包括财产的赠与、转让、设定抵押等。财产只能由享有处分权的人处分，即使是共有财产，共有人也只能依法处理其占有的份额，因此无处分权人无权处分他人的财产。

3. 无效的采购合同

（1）无效的采购合同的含义

无效的采购合同是指当事人虽然协商订立，但因其违反法律规定，国家不承认其法律效力的合同。无效的采购合同从订立的时候起，就不受国家法律的保护。

（2）无效采购合同的具体表现

① 一方以欺诈、胁迫手段订立合同，损害国家利益的。

② 恶意串通，损害国家、集体或第三人利益的合同。

③ 以合法形式掩盖非法目的的合同。

④ 损害社会公共利益的合同。

⑤ 违反法律、行政法规强制性规定的合同。

4. 可撤销的采购合同

（1）可撤销的采购合同的含义

这类采购合同是指在订立时，当事人的意思不真实，或一方当事人使对方在违背真实意思的情况下签订的合同。可撤销的采购合同是一种相对无效的合同。

（2）可撤销的采购合同的具体表现

① 重大误解的采购合同。

② 显失公平的采购合同。

③ 欺诈、胁迫的采购合同。

二、违约责任及争议解决

采购合同的纠纷是由于违反采购合同的责任，即违约责任引起的。一般来说，违约当事人一方不履行合同义务或者履行合同义务不符合约定，依法应当承担继续履行、采取补救措施，或赔偿损失等违约责任。

1. 采购合同违约责任

违约责任是指合同当事人一方不履行合同义务或履行合同义务不符合合同约定所应承担的民事责任。主要有以下四种行为。

① 当事人有不履行合同义务的行为。

② 当事人有过错。

③ 当事人的违约行为给对方造成损失。

④ 守约方的损失与违约方的行为有因果关系。

2. 承担违约责任的形式

（1）买方未向卖方支付价款

在这种情况下，卖方可以要求买方支付价款，继续履行合同，还可以同时要求买方支付逾期利息，或双方约定的违约金。

（2）继续履行合同

《合同法》规定，当事人一方不履行非金钱债务或履行非金钱债务不符合约定的，对方当事人可以要求继续履行合同。例如，采购合同卖方未交付原材料、机器设备等，就属于不履行非金钱债务。此时，买受人应当在合同期限内提出继续履行合同的要求。

（3）对标的物的修理、更换、重作、退货和减价

如果采购合同的出卖方提供的标的物不符合双方约定的质量要求，则是违约行为。此时采购方根据标的物的性质及损失大小，合理选择要求对方承担修理、更换、重作、退货、减少价款等违约责任。修理、更换、重作是对标的物的补正，如果补正仍能实现合同的目的，并且对采购方没有什么损失，那么就应采取补正措施。如果不经补正采购方能够勉强使用且同意使用，

可以减价。如果标的物的补正和减价对于采购方都无意义，那么买受人可以要求退货，采购方在选择标的物的处理方法时，应切实做到公平合理。出卖方由于标的物的质量不符给采购方造成损失的，且采取修理、更换、重作、退货和减价仍不能弥补全部损失的，对于不能弥补的部分，采购方有权要求赔偿损失。

3. 解决采购合同纠纷的方法

解决采购合同纠纷常见的方法有和解、调解、仲裁、诉讼等。

采购合同当事人应在合同中约定解决合同纠纷所采用的方法。我国的经济仲裁制度，实行仲裁条款或仲裁协议的原则，当事人在合同中约定仲裁条款或在纠纷发生后达成仲裁协议，是仲裁机构受理合同纠纷的法律依据。因此，如果当事人要采用仲裁方法解决合同纠纷的话，必须在采购合同中明确约定或事后达成仲裁协议。

4. 采购损失的索赔

当事人一方违约，在继续履行合同或采取补救措施后，仍给对方造成其他损失的，应当赔偿损失。这种损失一般是指给对方当事人造成的财产损失，包括实际损失和利益损失。实际损失是现有财产的灭失、损害和费用支出，是一种现存的财产损失。而可得利益损失是致使对方当事人丧失了合同履行后可以获得的利益，这种利益是当事人签订合同时预期获得的。《合同法》规定：受害方要求的损失赔偿额，不得超过违反合同一方订立合同时预见或应当预见的违反合同可能造成的损失，而不是没有限度的。

另外，《合同法》还规定：当事人在订立合同时，可以预先约定一方违约时向对方支付损失额的计算方法。这样规定，有利于理赔执法机关对损失赔偿额的确定，也有利于促使当事人认真履行合同。

如果当事人在合同中既约定违约金，又约定定金的，一方违约时，对方可以选择适用违约金或者定金条款。也就是说，当事人只能适用违约金和定金条款中的一种作为违约责任的承担方式，而不能将两者同时并用。

案例链接

甲（某纺织厂）、乙（某服装厂）双方于2007年7月12日签订了一份简单的购销合同，约定乙方向甲方购买50万米涤纶哔叽。由于当时货物的价格变化大，不便将价格在合同中定死，双方同意合同价格只写明以市场价而定，同时双方约定交货时间为2007年年底。除上述简单约定，合同中便无其他条款。

合同签署后，甲方开始组织生产，到2007年11月月底甲方已生产40万米货物，为防止仓库仓储货物过多，同时为便于及时收取部分货款，甲方遂电告乙方，要求向乙方先交付已生产的40万米货物。乙方复函表示同意。货物送达乙方后，乙方根据相关验收标准组织相关工作人员进行了初步检验，认为货物布中跳丝、接头太多，遂提出产品质量问题，但乙方同时认为考虑到该产品在市场上仍有销路，且与甲方有多年的良好合作关系，遂同意接受了该批货物，并对剩下的10万米货物提出了明确的质量要求。

在收取货物的15天后，乙方向甲方按5元/米的价格汇去了200万元人民币货款。甲方收到货款后认为价格过低，提出市场价格为6.8元/米，按照双方合同约定的价格确定方式，乙方应按照市场价格，支付1.8元/米补足全部货款，但是乙方一直未予回复。

2007年12月20日，甲方向乙方发函提出剩下货物已经生产完毕，要求发货并要求乙方补足第一批货物货款。乙方提出该批货物质量太差，没有销路，要求退回全部货物，双方因此发出纠纷并诉之法院。

思考与讨论：

1. 案例中的甲乙双方所签订的合同有哪些问题？
2. 在合同执行过程中甲乙双方各有什么问题，应该如何补救？
3. 本合同纠纷责任划分如何界定？我国的合同法对违反合同后应承担的责任是如何规定的？

项目小结

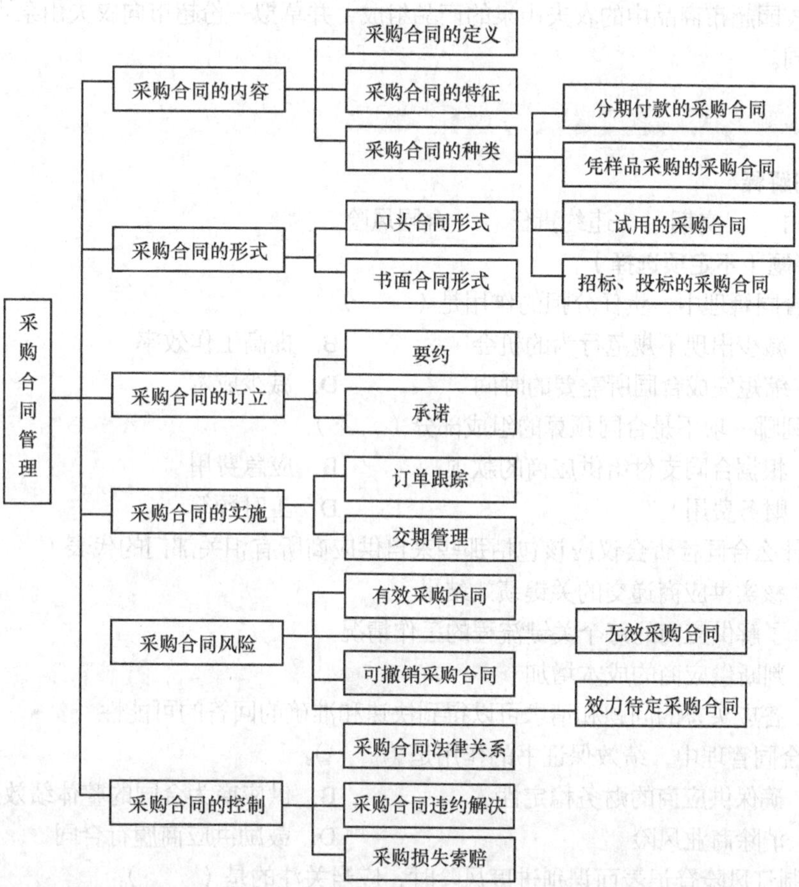

职场指南

1. 案例分析

采购合同纠纷的处理

甲厂在报纸上刊登广告："本厂有×型冲压设备一套，因闲置现转让、欲购者从速联系。"乙厂厂长因公出国，副厂长看到广告后即去甲厂考察，认为该设备说明书表明该设备性能先进，且价格合理。经与甲厂厂长协商后，其用随身携带的已加盖公章的空白合同纸填写了合同。合同内容为：甲厂供给乙厂×型冲压设备一套，价款为50万元人民币；质量标准为符合设备说明书标明的性能；运输方式为送货；送货期限为合同生效后10天内；付款期限为货到付款70%，验收合格后余款付清；违约责任依法办理；需方在加盖公章后五日内付定金3万元；合同在甲乙收到定金之日起生效。乙厂副厂长将填写完毕的合同交给甲厂厂长，甲厂厂长加盖了公章，双方各持一份。

根据以上案例，请分析：

1. 哪一种行为是要约行为？

2. 哪一种行为实施后合同生效？

3. 假设乙厂给付定金后，厂长出国回来，看到此合同后，认为价格太高，即给甲厂厂长打电话，要求降价1万元，甲厂厂长当即表示同意。这时，原合同有效吗？

2. 实训

请调查校园超市商品中的农夫山泉的产品组成，并草拟一份超市向农夫山泉本地代理商订货的采购合同。

知识检测

1. 名词解释

采购合同　　交期　　违约责任　　合同风险

2. 选择题（不定项选择）

（1）在合同管理中，责任分担的作用是（　　）。

A. 减少出现不规范行为的机会　　B. 提高工作效率

C. 缩短完成合同所需要的时间　　D. 减少成本

（2）下列哪一项不是合同预算的组成部分（　　）。

A. 根据合同支付给供应商的款项　　B. 应急费用

C. 财务费用　　D. 工时预算

（3）为什么合同检查会议应该包括那些来自供应商所有相关部门的代表（　　）。

A. 核实供应商递交的关键绩效结果

B. 了解供应商的每个关键流程的工作情况

C. 判断供应商的成本增加

D. 答应买方的问题和请求可以得到快速和准确的回答的可能性

（4）在合同管理中，绩效保证书的作用是（　　）。

A. 确保供应商的财务稳定性　　B. 供应商为合同的整体绩效提供保证

C. 消除商业风险　　D. 鼓励供应商履行合同

（5）为制订风险登记表而识别进度风险时，应当关注的是（　　）。

A. 关键路径上的工作　　B. 最早的启动时间

C. 与其他专项工作不关联的工作　　D. 缺乏信息沟通导致的时间延误

（6）对于支付合同款项经常拖延的公司，可能导致的后果是（　　）。

A. 供应商会要求采购方更换合同管理团队

B. 供应商会考虑提高报价

C. 关键线路的工作将被推迟

D. 供应商会提供回扣鼓励及时付款

（7）对于评估与项目相关的成本风险，最适合的基础是（　　）。

A. 类似大小的项目　　B. 合同预算　　C. 合同经理的经验　　D. 专家的意见

（8）对于合同管理的正确描述是（　　）。

A. 跟踪和监督合同的实施过程，以便在出现问题时能够立即采取措施加以解决

B. 作用仅限于保证合同双方履行合同所规定的义务

C. 好的合同管理，能够避免可能导致额外成本、工期延误或质量下降等问题

D. 合同类型有不同，但合同管理的方式是相同的

E. 一般来说，合同管理工作就是对许多合同进行分类和登记

（9）合同管理计划的制订一旦完成，就应该被有效实施，为此，必须保证做到（　　）。

A. 所有的工作都要与合同目标联系起来

B. 每件工作都有一个具体的目标且责任到人

C. 关键的风险领域已经被排除

D. 时间、成本和质量之间的均衡损益被清楚地理解

E. 增加支出水平

（10）作为公司的一名采购人员，在准备合同时，你应当考虑到以下哪些主要问题（　　）。

A. 通过合同，公司希望获取的和想要避免的是什么

B. 合同中应包含或排除的内容

C. 如果出现问题，如何保护公司的利益

D. 采购项目的金额

E. 合同中实际使用哪些条款

（11）供应合同管理的目的是（　　）。

A. 为高层管理提供合同进展报告

B. 确保供应商不过多的支付

C. 在供应商没有满足合同要求时，控制供应商的责任和义务

D. 涉及供应合同的许多问题能够在它们变得严重之前得到避免或解决

3. 简答题

（1）采购合同的定义和特征有哪些？

（2）采购合同的种类有哪些？

（3）采购合同的主要内容有哪些？

（4）什么是采购合同的法律关系？

（5）违约责任是什么？

（6）解决合同纠纷的办法有哪些？

多媒体学习

1. 建议阅读书目

[1] 约瑟夫·L·卡维纳托，拉尔夫·G·考夫曼. 采购手册——专业采购与供应人员指南[M]. 北京：机械工业出版社，2002.

[2] 北京中交协物流人力资源培训中心. 采购与供应中的合同与关系管理[M]. 北京：机械工业出版社，2014.

2. 网络学习资源

[1] 中国招投与采购网：http://www.chinabidding.com.cn/

[2] 中国采购经理人论坛：http://bbs.purchasingbbs.com/

项目八

采购绩效评估

案例导入

“一家公司，如果其采购物料的费用占到其销售产品成本的55%，那么采购费用每下降1%，对利润增长所做出的贡献相当于销售额增加12%～18%所带来的利润增长。”“中国的生产企业，一般情况下采购支出占产品生产成本的30%～70%，可见采购费用的下降对提高利润率有何等巨大的潜力。”无论你是准备优化内部管理的企业，还是需要提供更高效解决方案的软件厂商，埃森哲的经验之谈都值得一读。埃森哲在为客户提供供应链咨询服务的过程中和对《财富》500强企业的调查中，发现采购绩效优异的公司，在以下四个方面有独到之处。

1. 建立统一的测评机制

在大多数企业中，CEO和负责采购的副总或其他高层主管，对采购业绩各有自己的评价标准。在某种程度上，这属于正常现象，因为企业的高层管理人员，总有一些与所担任的职位相联系的具体目标，而对不同的事情有不同的优先考虑顺序。很多公司都要应对这种采购评价标准的不连贯状况。在这方面走在行业前面的公司，CEO和采购主管使用同一个平衡记分卡（Balanced Scorecard）来评估绩效，以便使每一个人都能够以大致同样的方式理解采购信息。遍及全公司的平衡记分卡，能帮助各个不同的业务部门调整它们处理业务轻重缓急的顺序，制定目标和期望，鼓励有利于业务开展的行为，明确个人和团队的责任，决定报酬和奖励，以及推动不间断的改进。

2. 积极的领导作用

有眼光的采购领导的第一个任务，也是最重要的一件任务，是确立全局的采购策略。一般而言，这个策略应该围绕企业如何采购物资和服务，如何提高绩效水平来规范业务实践、政策，以及优先考虑的事情和做事情的方法。其中最重要的一点是要把采购和整个供应链管理结合起来。企业采购供应链管理是以采购产品为基础，通过规范的定点、定价和订货流程，建立企业产品需求方和供应商之间的业务关系，并逐步优化，最终形成一个优秀的供应商群体的方法。

3. 创建性地思考组织架构

采购业务做得好的公司，最常用的组织架构形式是根据同类物品划分组织。这种架构使公司可以在全局范围内集合采购量，并且有利于集中供应基地。按同类物品划分的组织架构也有利于采购人员深入学习行业、产品和供应商方面的知识，并且学会在与供应商的对话中统一口径。但是，这种方式也有不足之处，例如，因为要与公司内跨不同事业部的内部客户打交道，协调和合作可能比较困难。地处一隅的客户可能会觉得自己离供应商的选择和管理流程太遥远，因而可能会禁不住想独自与外界的供应商发展和保持关系。为了应付这种挑战，有些公司尝试集中学习采购知识，如招标、合同、谈判、服务等，然后综合运用这些知识成立采购优化中心（Centers of Excellence）。在公司内部，这些知识能帮助提高地方用户的接受程度，降低发展关键技能所花的时间和资源，并且有助于在分散的采购环境中培养合乎法律和道德规范的行为。

4. 全企业范围内的整合

为了让有效率的、从企业出发的采购理念取得优势地位，绩效优异的公司常常依靠覆盖全企业范围的采购团队。这些团队的成员包括采购、工程和产品开发的代表，有时也会有财务、销售、分销和 IT 部门的人员参与。这些团队一起决定策略采购优先考虑的事项，设计物料占有成本模式，发展品种策略，并设计供应商选择标准。对于大多数的公司来说，在采购方面要取得好的业绩，需要有改变采购能力的意愿。在这些方面做出改进，其效益是明显的。例如，据《市场报》报道，河南正龙食品有限公司采购部门实施了零配件采购公示制度，每周对零配件供应商的名称、采购数量、价格公布一次，让实际使用这些零配件的管理人员、技术部门和工人对不同供应商的产品进行比较，并将意见反馈到采购部门。仅这一项措施就使设备维修费从每月 8 000 元降为 4 000 元。

思考与讨论：

1. 埃森哲公司是如何提升采购绩效的？
2. 埃森哲公司的做法对于企业加强采购管理有哪些启示？

学习目标

知识目标

（1）理解采购绩效评估的功用和目的；
（2）熟悉采购绩效评估的标准和指标；
（3）掌握采购绩效评估的程序和方法。

能力目标

（1）会结合企业自身情况建立采购绩效评估指标体系；
（2）能选择合适方法，依据科学程序实施采购绩效评估；
（3）能提出改进采购绩效的依据和办法。

素质目标

（1）培养采购绩效管理的意识；
（2）树立质量管理的理念。

任务一 采购绩效评估概述

一、采购绩效评估相关概念

评估即评价估量；绩效即功绩、功效，也指完成某件事的效益和业绩。采购绩效是指采购产出与相应的投入之间的对比关系，它是对采购效率进行的全面整体的评价。采购绩效评估是指通过建立科学、合理的评估指标体系，全面反映和评估采购政策功能目标和经济有效性目标实现程序的过程。

采购工作在一系列的作业程序完成之后，是否达到了预期的目标，企业对采购的商品是否满意，是需要经过考核评估之后才能下结论的。对商品采购绩效的评估可以分为对整个采购部门的评估和对采购人员个人的评估。对采购部门绩效的评估可以由企业高层管理者来进行，也可以由外部客户来进行；而对采购人员的评估常由采购部门的负责人来操作。

二、采购绩效评估的目的

当完成一项工作后，如果不对之进行有效的相应的评估，就不会找出现在工作的不足，也不能为将来的工作提供借鉴，因此，做任何工作都要根据一定的标准进行评估。绩效评估包括三个基本因素：一是评估的基准；二是责任的归属；三是责任落实的追踪考核。实现这三点都要用科学的方法。通过采购绩效评估不仅可以清楚采购部门及个人的工作表现，从而找到现状与预设目标的差距，也可奖勤罚懒，提升工作效率以促进目标的早日实现。实际上，若能对采购工作做好绩效评估，企业通常可以达到下列目的。

1. 确保采购目标的实现

各个企业采购目标各有不同，例如，国有企业的采购除注重降低采购成本外，还偏重于“防弊”，采购作业以“如期、如质、如量”为目标；而民营企业的采购单位则注重兴利，采购工作除了维持正常的产销活动外，非常注重产销成本的降低。因此，各个企业需要针对采购单位所追求的主要目标加以评估，并督促目标的实现。

2. 提供改进绩效的依据

企业实行的绩效评估制度，可以提供客观的标准来衡量采购目标是否达成，也可以确定采购部门目前的工作绩效如何。正确的绩效评估，有助于指出采购作业的缺陷所在，从而据以拟订改善措施，起到惩前毖后的作用。

3. 作为个人或部门奖惩的参考

对于采购人员工作的评估，也可以包括在采购绩效评估里面。企业通过评估，识别并奖励那些绩效突出的采购人员，同时惩罚那些绩效不好的采购人员，在员工内部形成有效的激励竞争机制，以增强采购组织的动力。越来越多的企业管理者认识到，一个配备了有能力的雇员和恰当组织的采购部门在整个企业中发挥的巨大作用。定期合理地评价采购部门的绩效可以节省费用，直接增加企业利润。

4. 协助甄选人员与训练

企业根据绩效评估结果，可以针对现有采购人员的工作能力缺陷，拟订改进计划，如安排其参加专业性的教育训练。如果在评估中发现整个部门缺乏某种特殊人才，如成本分析员或专业营销人员等，可以从公司内部甄选或向外招募。

5. 改善部门关系

采购部门的绩效，受其他部门配合程度的影响非常大。因此采购部门的职责是否明确，表单、流程是否简单、合理，付款条件及交货方式是否符合公司管理规章制度，各部门的目标是否一致等，都可以通过绩效评估予以判定，并可以改善部门之间的合作关系，提高企业整体运作效率。

6. 提高人员的士气

有效而且公平的绩效评估制度，可以使采购人员的努力成果获得适当的回报和认定。采购人员通过绩效评估，可以与业务人员或财务人员一样，对公司的利润贡献有客观的衡量尺度，成为受到肯定的员工，对采购人员和采购部士气的提升大有帮助。

三、采购绩效评估的基本要求

美国采购专家威尔兹对采购绩效评估的问题，曾提出以下几点要求。

1. 采购主管必须具备对采购人员工作绩效进行评估的能力

采购主管对商品采购工作负有领导和监督的责任，因此采购主管的业务素质和道德素质对整个采购工作的优劣起到非常重要的作用。有效合理地对采购人员工作绩效进行评估是一名采购主管所必备的能力。

2. 采购绩效评估必须遵循的基本原则

（1）持续性。评估必须持续进行，要定期地检查目标达成的程度，当采购人员知道会被评估绩效，自然能够致力于绩效之提升。

（2）整体性。评估必须以企业整体目标为出发点来进行绩效评估。

（3）开放性。采购作业的绩效，会受到各种外来因素的左右。评估时，企业不但要衡量绩效，也要检讨各种外来因素所产生的影响。

（4）评估尺度。评估时，企业可以使用过去的绩效为尺度，也可以以目标绩效作为评估的基础，更可以用与其他企业的采购绩效比较的方式来进行评估。

案例链接

某企业采购绩效考核制度

1. 总则

1.1 制定目的

为提高采购人员的士气，提升各项采购绩效，特制定本办法。

1.2 适用范围

本公司采购人员之绩效评估依本办法办理。

1.3 权责单位

（1）总经理室负责本办法的制定、修改、废除等起草工作。

（2）总经理负责本办法的制定、修改、废除的核准工作。

2. 采购绩效评估办法

2.1 采购绩效评估的目的

本公司制定采购绩效评估的目的包括以下几项。

（1）确保采购目标完成。

（2）提供改进绩效之依据。

（3）作为个人或部门的奖惩参考之一。

（4）作为升迁、培训的参考。

（5）提高采购人员的士气。

2.2 采购绩效评估的指标

采购人员绩效评估应以“5R”为核心，即适时、适质、适量、适价、适地，并用量化指标作为考核之尺度。

2.2.1 时间绩效

由以下指标考核时间管理绩效：

（1）停工断料，影响工时；

（2）紧急采购（如空运）的费用差额。

2.2.2 品质绩效

由以下指标考核品质管理绩效：

（1）进料品质合格率；

（2）物料使用的不良率或退货率。

2.2.3 数量绩效

由如下指标考核数量管理绩效：

（1）呆料物料金额；

（2）呆料处理损失金额；

（3）库存金额；

（4）库存周转率。

2.2.4 价格绩效

由如下指标考核价格管理绩效：

（1）实际价格与标准成本的差额；

（2）实际价格与过去平均价格的差额；

（3）比较使用时的价格和采购时的价格的差额；

（4）将当期采购价格与基期采购价格的比率同当期物价指数与基期物价指数的比率相互比较。

2.2.5 效率指标

其采购绩效评估指标有：

（1）采购金额；

（2）采购金额占销售收入的百分比；

（3）采购部门的费用；

（4）新开发供应商的数量；

（5）采购完成率；

（6）错误采购次数；

（7）订单处理的时间；

（8）其他指标。

2.3 采购绩效评估的方式

本公司采购人员的绩效评估方式，可以用目标管理与工作表现考核相结合的方式进行。

2.3.1　绩效评估说明

（1）目标管理考核占采购人员总绩效评估的 70%。

（2）公司的人事考核（工作表现）占绩效评估的 30%。

（3）两次考核的总和即为采购人员之绩效：绩效分数=目标管理考核 × 70%+工作表现 × 30%。

2.3.2　目标管理考核规定

（1）每年分两次，公司制定年度目标与预算。

（2）采购部根据公司营业目标与预算，提出本部门的下一年度的工作目标。

（3）采购部各级人员根据部门工作目标，制定个人下一年度的工作目标。

（4）采购部个人下一年度的工作目标经采购部主管审核后报人事部门归档。

（5）采购部依照《采购目标管理表》，对采购人员进行绩效评估。

2.3.3　工作表现考核规定

（1）依公司有关绩效考核的方式进行，参照《员工绩效考核管理办法》。

（2）工作表现由直属主管每月对下属进行考核，并报上一级主管批准。

2.3.4　绩效评估奖惩规定

（1）依公司有关绩效奖惩管理规定给付绩效奖金。

（2）年度考核分数在 80 分以上的人员，次年度可晋升 1～3 级工资，视公司整体工资制度规划而定。

（3）拟晋升职务等级之采购人员，其年度考核分数应高于 85 分。

（4）年度考核分数低于 60 分者，应调离采购岗位。

（5）年度考核分数在 60～80 分者，应加强职位训练，以提升工作绩效。

思考：你认为该企业采购绩效考核制度有哪些可取之处？还应该如何完善？

任务二　采购绩效评估指标体系

一、采购绩效评估的标准

有了绩效评估指标之后，必须考虑将何种标准设为与目前实际绩效比较的基础。一般常见的标准有以下几种。

1. 历史绩效

选择公司历史绩效作为评估目前绩效的基础，是相当可行、有效的做法。但是只有当公司的采购部门，无论是组织、职责或人员等，均没有重大变动的情况下，才适合使用此项标准。

2. 预算或标准绩效

如果历史绩效难以取得或采购业务变化比较大，可以使用预算标准绩效作为衡量的基础。标准绩效的设定，要符合下列三种标准。

（1）固定标准。预算或标准绩效一旦建立，就不能随意变动。

（2）挑战标准。挑战标准是指标准的实现具有一定的难度，采购部门和人员必须经过努力才能完成。

（3）可实现标准。可实现标准是指在现有内外环境和条件下，经过努力确实应该可以达到的水平，通常依据当前的绩效加以衡量设定。

3. 行业平均绩效标准

如果其他同行业公司在采购组织、职责以及人员等方面与本企业相似，则可与其绩效进行比较，以辨别彼此在采购工作成效上的优劣。数据资料既可以使用个别公司的相关采购结果，也可以应用整个行业绩效的平均水准。

4. 目标绩效标准

预算或标准绩效是指在现况下可以达成的工作绩效；而目标绩效则是在现况下，除非经过一番特别的努力，否则无法达到的较高境界。目标绩效代表公司管理当局对工作人员追求最佳绩效的期望值。

案例链接

从下个月开始，我们将制定一个采购目标的计划。为了让你们在制定目标的工作上更轻松，将提供若干项目标给你们参考。在下个月结束后，请提出我们未来12个月的采购目标；如果有机会去进行检查，公司将安排与你们每一位见面来讨论计划执行的情况。在第二季、第三季及第四季之初，希望你们给出一页摘要，说明到目前为止目标的进度；而今年结束时，将和你们一起检查一年来的成果。你们的成果将是用来评估你们一年来工作绩效的标准。

（1）降低采购商品的成本____%或____元。

（2）在合格供应商名单上，要增加____家新的供应商。

（3）删除____种单一供应的情况。

（4）每年的存货周转率提高至____倍。

（5）改善供应商的品质绩效____%。

（6）改善供应商的交货绩效____%。

（7）降低供应商的成本达____元。

（8）降低平均请购作业的时间到____天。

（9）增加品质认证供应商到____家。

（10）降低前置时间不足的请购案件____%。

（11）降低每一个供应商访问的平均时间到____分钟。

（12）访问____家供应商。

（13）降低不正当采购的数目到____%。

思考：

（1）企业制定采购目标的绩效考核标准，一般应包含哪几个方面？为什么？

（2）企业制定采购目标的绩效考核标准体系，对采购绩效评估有什么意义？

二、采购绩效评估指标

要控制采购过程，必须制定商品采购绩效衡量指标，并建立起方便操作实施的指标体系。

1. 采购绩效评估指标设计的基本要求

一般来说，采购绩效指标设定应包括以下几个方面的内容：一是要选择合适的衡量指标；二是绩效指标的目标值要充分考虑；三是确定绩效指标要符合有关原则。

采购绩效指标的选择要同企业的总体采购水平相适应。对于采购体系尚不健全的企业，刚开始可以选择批次质量合格率、准时交货等来控制和考核供应商的供应表现，而平均降价幅度则可用于考核采购部门的采购成本业绩。随着供应商管理程序的逐步健全、采购管理制度的日益完善、采购人员的专业水平及供应商管理水平的不断提高，商品采购绩效指标也就可以相应地系统化、整体化并且不断深化。

确定商品采购绩效指标目标值时要考虑以下前提：一是顾客的需求，尤其是要满足如生产部门、品质管理部门等的需要；二是所选择的目标以及绩效指标要同本公司的大目标保持一致；三是具体设定目标时既要实事求是、切实可行，又要具有挑战性，要以过去的表现作为参考，更加重要的是与同行的佼佼者进行比较。

2. 采购绩效评估指标体系的主要内容

（1）数量绩效指标

当采购为争取数量折扣，增加采购物料批量，以达到降低价格的目的时，却可能导致存货过多，甚至发生呆料、废料的情况。

① 储存费用指标。储存费用是指存货占用资金的利息及保管费用之和。企业应当经常将现有存货占用资金利息及保管费用与正常存货占用资金利息及保管费用进行比较考核。

② 呆料、废料处理损失指标。呆料、废料处理损失是指处理呆料、废料的收入与其取得成本的差额。存货积压的利息及保管费用越大，呆料、废料处理的损失越高，显示采购人员的数量绩效越差。不过此项数量绩效，有时受到公司营业状况、物料管理绩效、生产技术变更或投机采购的影响，并不一定完全归咎于采购人员。

（2）质量绩效指标

质量绩效指标主要是考评供应商的质量水平以及供应商提供的产品或服务的质量，它包括供应商质量体系、物资质量水平等方面。

① 质量体系。质量体系包括：通过 ISO 9000 的供应商比例，实行来料质量免检的供应商比例，来料免检的价值比例，实施 SPC（Statistical Process Control）的供应商比例，PSC（Product Special Characteristic）控制的物资数比例，开展专项质量改进（围绕本公司的产品或服务）的供应商数目及比例，参与本公司质量改进小组的供应商人数及占所有供应商的比例等。

② 物资质量。物资质量包括批次质量合格率、物料抽检缺陷率、物料免检率、物料返工率、退货率、对供应的投诉率及处理时间等。同时，采购的质量绩效可由验收记录及生产记录来判断。验收记录指供应商交货时，为公司所接收（或拒收）的采购项目数量或百分比；生产记录是指交货后，在生产过程中发现质量不合格的项目数量或百分比。若以物料质量控制抽样检验的方式进行考核，拒收或拒用比率越高，显示采购人员的质量绩效越差。

（3）时间绩效指标

这项指标是用以衡量采购人员处理订单的效率及对于供应商交货时间的控制。延迟交货，可能形成缺货现象；提早交货，可能导致买方不必要的存货成本或提前付款的利息费用。

① 紧急采购费用指标。紧急运输方式（如空运）的费用是指因紧急情况采用紧急运输方式的费用。企业对紧急采购费用与正常运输方式的差额进行考核。

② 停工断料损失指标。停工生产车间作业人员工资及有关费用的损失。除了前述指标所显示的直接费用或损失外，还有许多间接损失。例如，经常停工断料造成顾客订单流失、员工离职，以及恢复正常作业的机器必须做的各项调整（包括温度、压力等）；紧急采购会使购入的物品价格偏离，质量欠佳，连带也会产生赶工时间必须支付额外的加班费用。

（4）价格绩效指标

价格绩效是企业最重视及最常见的衡量标准。透过价格指标，企业可以衡量采购人员议价能力以及供需双方势力的消长情形。

① 实际价格与标准成本的差额。它是指企业采购物品的实际价格与企业事先确定的物品采购标准成本的差额，反映企业在采购物品过程中实际采购成本与采购标准成本的超出或节约额。

② 实际价格与过去移动平均价格的差额。它是指企业采购物品的实际价格与已经发生的物品采购移动平均价格的差额，反映企业在采购过程中实际采购成本与过去采购成本的超出或节约额。

③ 使用时的价格与采购时价格之间的差额。它是指企业在使用物品时的价格与采购时价格的差额，反映了企业采购物品的时间是否考虑市场价格的走势。如果企业预测未来市场的价格走势是上涨的，企业应该在前期多储存物品；如果企业预测未来市场的价格走势是下跌的，企业不宜多储存物品。

④ 当期采购价格与基期采购价格之比率及当期物价指数与基期物价指数之比率。该指标是动态指标，主要反映企业物品价格的变化趋势。

（5）采购效率（活动）指标

除了以上就采购人员的工作效果来衡量之外，企业还可就采购效率来衡量，具体体现在以下几个方面。

① 年采购金额。年采购金额是企业一个年度物品的采购总金额。包括生产性原材料与零部件采购总额、非生产采购总额（包括设备、备件、生产辅料、软件、服务等）、原材料采购总额占总成本的比例等。原材料采购总额按采购成本结构又可划分为基本价值额、运输费用及保险额、税额等。年采购额还可分解到各个采购员及供应商，算出每个采购员的年采购额、年人均采购额、各供应商年采购额、供应商年均采购额等。

② 年采购金额占销售收入的百分比。它是指企业在一个年度里商品或物资采购总额占年销售收入的比例，是衡量企业采购资金合理性的重要指标。

③ 订单件数。它是指企业在一定时期内采购物品的数量，主要是按 ABC 管理法，反映出 A 类商品的数量。

④ 采购人员的人数。它是指企业专门从事采购业务的人数，是衡量企业劳动效率指标的重要因素。

⑤ 采购部门的费用。它是指一定时期采购部门的经费支出，是衡量采购部门经济效益的指标。

⑥ 新供应商开发个数。它是指企业在一定期间内采购部门与新供应商的合作数量，是衡量企业采购部门工作效率的重要指标。

⑦ 采购计划完成率。它是指一定期间内企业物品实际采购额与计划采购额的比率，反映企业采购部门采购计划的完成情况。

⑧ 错误采购次数。它是指一定时期内企业采购部门因工作失职等原因造成错误采购的数量，反映企业采购部门工作质量的高低。

⑨ 订单处理的时间。它是指企业在处理采购订单的过程中需要的平均时间，反映出企业采购部门的工作效率。

知识延伸

采购目标管理卡

项目次序	目标（项目及数值）	重要性	工作计划	时间	工作进度% 3月	6月	9月	12月	工作条件	自行检讨	考评
1	降低采购成本5%～10%	35%	检讨同类物料购买数； 协议付款条件； 以1月份为参考标准	计划	15	20	30	35	加强工程设计通用性		
				实绩							
2	提高交期准确率至95%	25%	加强厂商辅导； 严格厂商评鉴与奖惩； 把握采购前置期	计划					生产计划的稳定性保证		
				实绩							
3	每月开发新供应商5家	20%	了解专业期刊资讯； 针对供应商较集中物料开发新厂商	计划					减少策略性限制		
				实绩							
4	加速呆滞物料处理，控制在库存总额5%以内	15%	每月召开呆滞物料处理会议； 审核把关订购单； 定期追踪生产变更状况	计划	25	25	25	25	减少工程设计变更		
				实绩							
5	提高事务效率，简化工作流程	5%	检讨电话订货的可行性； 扩大小量采购； 借助电脑处理	计划	20	25	25	30	电脑购买		
				实绩							

任务三　采购绩效评估的实施

一、采购绩效评估人员

1. 采购部门主管

采购部门主管对管辖的采购人员最为熟悉，而且所有工作任务的指派，以及工作绩效的优劣，都在其直接监督之下。因此，由采购部门主管负责评估，可以考虑到采购人员的综合表现，体现公平客观的原则。但是由主管进行评估会掺杂很多个人情感因素，有时会因为“人情”而使评估结果出现偏差。

2. 财务部门

当采购金额占公司总支出的比例较高时，采购成本的节约对公司利润的贡献非常大。尤其在经济不景气时，采购成本的节约对资金周转的影响也十分明显。会计部门或财务部门不但掌握公司产销成本数据，对资金的获得与付出也进行全盘管制，因此，会计和财务部门也可以对采购部门的工作绩效进行评估。

3. 工程部门或生产主管部门

当采购项目的品质与数量对企业的最终产品质量与生产影响重大时，也可以由工程或生产主管人员评估采购部门绩效。

4. 供应商

有些企业通过正式或非正式渠道，向供应商探询其对本企业采购部门或人员的意见，以间接了解采购作业绩效和采购人员素质。

5. 外界专家或管理顾问

为避免企业各部门之间的本位主义或门户之见，企业可以特别聘请外部采购专家或管理顾问，针对企业全盘的采购制度、组织、人员及工作绩效，做出客观的分析，提出合理的建议。

二、采购绩效评估的程序和方法

1. 建立采购绩效评估系统

首先，通过细致的分析，管理人员必须决定哪些活动最重要，并且要保证评价活动公正进行。

其次，必须决定数据报告的频率和格式，以及哪些人员将承担这些职责。一旦前面的决定已经做出，就要形成一个系统化的程序来收集在评价过程中可能使用的大量的历史数据和统计数据。

接下来主要是数据分析，管理人员必须找出这些数据之间的相互关系、分析手段和目的之间的联系，同时区别采购效果和采购效率。

然后进入分析阶段，形成不同的方法，对每一种方法进行分析并做出相应的改进。这一阶段要避免使用非常复杂和庞大的测量方法，简单是关键。

最后，在执行过程中通过适当的随访，定期向使用者报告结果。

在形成和实施制定的标准与方法后，企业要对产生的结果重新进行审视，对已经形成的标准和方法不断地进行提炼和改进。这样，数据的收集、分析与方案的提炼改进就形成了一个精确而复杂的循环。

在采购活动中，用适当的绩效评定方式、规范和标准建立一个评价体系有很多不同的方法，其中最常用的方法如下。

① 管理人员主观评定。由管理人员确定采购业务的目标和策略，并把这些目标和策略应用于采购活动。

② 专家评定。采购活动的目标由具有丰富采购经验的专家来确定。

③ 时间序列分析，根据过去的行为来推断将来的行为，采购绩效的评价以历史数据为基础，并假设过去活动中某种趋势将会在未来几年内持续下去。

④ 同行业不同公司之间的比较。

2. 采购绩效评估的方式

对采购人员进行工作绩效评估的方式，可分为定期式和不定期式。定期评估配合公司年度人事考核制度进行，有时难免落入俗套。一般而言，以“人”的表现如工作态度、学习力、协调精神、忠诚程度等为考核内容，对采购人员的激励以及工作绩效的提升，并无太大作用。如果能以目标管理的方式，即从各种绩效指标当中，选择当年度重要性比较高的项目为考核目标，年终按目标实际达成程度加以考核，则必能提升个人或部门的采购绩效。使用这种方法可以摒除“人”的抽象因素，以“事”的具体成就为考核重点，因此，比较客观公正。由于使用这种方法时，人们会特意追求考核目标的提高而忽略其他方面，因此对目标选择的要求比较高，要求目标选择全面。

不定期的绩效评估，是以特定项目方式进行。例如，公司要求某项特定产品的采购成本降低 10%，当设定的期限一到，即评估实际的成果是否高于或低于 10%，并就此成果给予采购人员适当的奖惩。这种评估方式，特别适用于新产品开发计划、资本支出预算、成本降低专项方案等。

3. 采购绩效评估的一般做法

采购绩效评估，必须有一套绩效管理制度，针对采购个人、单位、团队来做评核，尽量做到公平、客观、合理，以改变采购人员的思想与观念，并给予奖惩及升迁激励，来提升管理效率及降低成本。一般做法如下。

（1）设定目标

采购绩效目标就是以降低成本为主，各部门分头制定降低成本目标，公司应当由各部门组成一个降低成本团队，由采购主管负责主持，并安排固定时间召开沟通会议，共同制定各部门年度降低成本目标金额，依照工作计划执行追踪。

（2）规划沟通

采购的重点工作之一是降低成本。为此，在内部要与各部门进行事前沟通，对外则应与供应商沟通，平时拜访供应商并随时帮助供应商，建立良好互动的人际关系以及共存共荣理念，共同配合达成降低成本的目标。

（3）分析说明

要使供应商合理降低成本，公司内部必先进行成本分析，事前沟通协调，制定预购单价或是提出期望价，以便与供应商谈判，而不是用杀价或喊价方式决定价格。所以采购人员对于市场行情必须了解，并且还要知道成本如何计算，从何处可以寻找新的供应商或好的供应商，以配合采购绩效的改善。

（4）执行计划

依照年度各部门制定的降低成本目标，采购单位去执行降低成本工作，采购人员依不同供应商排定计划与议价日期，应用各种方法与技巧与供应商谈判、沟通。采购议价时会同各部门主管参与，并做出记录。

（5）追踪检讨

依照年度降低成本目标与计划金额的百分比，每一笔主动追踪，做成记录加以检讨分析，并于采购定期会议上，提出检讨报告，应用各种方法评估绩效后做成统计报表，呈送上级参考决策。

（6）整合成果

采购降低成本就是绩效管理，采购绩效要靠团队整合，绝不是采购一个部门努力的结果，所以，这成果应该与大家分享。采购部门在每月固定时间一定要提报上个月的采购金额与降低成本资料给总经理。采购对于降低成本工作确实非常重要，降低的价格就是公司的净利润。当绩效评估的结果令人满意时，采购单位应当对团队或是个人给予奖励，以鼓舞士气。

知识延伸

采购人员绩效考核表如表 8-1 和表 8-2 所示。

表 8-1　　　　　　　　采购人员绩效考核表（月度）

编号：　　　　　　　　　　　　　　　　　　　　　　　　　　年　　月

<table>
<tr><td>姓名</td><td></td><td>部门</td><td>采购部</td><td>岗位</td><td>采购员</td></tr>
<tr><td>考核时间</td><td></td><td>考核周期</td><td>月度</td><td></td><td></td></tr>
</table>

<table>
<tr><th>业绩指标</th><th>信息来源</th><th>考评人</th><th>权重</th><th colspan="3">考核标准</th><th>得分</th></tr>
<tr><td rowspan="2">按时交货情况</td><td rowspan="2">收料通知单</td><td rowspan="2">直接上级</td><td rowspan="2">20%</td><td colspan="3">标准定义</td><td rowspan="2"></td></tr>
<tr><td colspan="3">每发生 1 次不按时交货采购批次，经查实，扣 20 分。满分 100 分，得分不能为负值</td></tr>
<tr><td rowspan="2">送货规格数量准确性</td><td rowspan="2">收料通知单</td><td rowspan="2">直接上级</td><td rowspan="2">20%</td><td colspan="3">标准定义</td><td rowspan="2"></td></tr>
<tr><td colspan="3">每发生 1 次采购批次送货规格或数量不准确，经查实，扣 20 分。满分 100 分，得分不能为负值</td></tr>
<tr><td rowspan="7">采购物料质量批次不合格率（A）</td><td rowspan="7">检验合格统计表</td><td rowspan="7">直接上级</td><td rowspan="7">20%</td><td colspan="3">说明：批次不合格率 A＝因质量问题产生的不合格批次/收货批次</td><td rowspan="7"></td></tr>
<tr><td>标准定义</td><td colspan="2">得分区间</td></tr>
<tr><td>A≤1%</td><td colspan="2">91～100</td></tr>
<tr><td>1%<A≤3%</td><td colspan="2">81～90</td></tr>
<tr><td>3%<A≤5%</td><td colspan="2">61～80</td></tr>
<tr><td>5%< A≤7%</td><td colspan="2">41～60</td></tr>
<tr><td>7%<A</td><td colspan="2">0～40</td></tr>
<tr><td rowspan="7">供应商信息管理</td><td rowspan="7">供应商信息库</td><td rowspan="7">直接上级</td><td rowspan="7">30%</td><td colspan="3">说明：供应商信息管理是对供应商档案信息、价格信息和其他相关信息的收集和整理工作</td><td rowspan="7"></td></tr>
<tr><td>评分内容</td><td>权重</td><td>得分</td></tr>
<tr><td>上交及时性</td><td>10%</td><td></td></tr>
<tr><td>形式规范性</td><td>20%</td><td></td></tr>
<tr><td>内容全面性</td><td>20%</td><td></td></tr>
<tr><td>数据准确性</td><td>30%</td><td></td></tr>
<tr><td>建议合理性</td><td>20%</td><td></td></tr>
</table>

态度指标：

<table>
<tr><td>态度得分</td><td></td><td>直接上级</td><td>10%</td><td></td></tr>
<tr><td>部门经理评语</td><td colspan="4">签字：　　　　日期：</td></tr>
<tr><td>人力资源部经理评语</td><td colspan="4">签字：　　　　日期：</td></tr>
</table>

表 8-2　　　　　　　　采购人员绩效考核表（年度）

年

姓名		工号		进厂日期		
职务		职等		工资等级		
目标管理考核	项次	项目	目标	达成状况	得分	备注
人事考核	项次	项目	考核分数	项次	项目	考核分数
考核总分						
考核者评语			发展趋势评语			
初考：　复考：			提拔重用	平级调用	原级留用	降级留用

任务四　采购绩效的改进措施

一、评估机制改进

1. 选择适合企业自身的采购管理机制

采购管理与测评机制主要是解决采购管理的权限范围、采购机制和决策程序问题，也就是采购管理由谁管、管什么、怎样管的问题。

在现今的市场经济条件下，采购管理机制的基础是市场机制，通过市场进行采购。但同在市场机制下，不同的企业由于管理机制不一样，采购管理机制也有区别，而且不同的采购管理机制带来的效果也会大不一样。

（1）生产导向的采购管理机制

生产导向的采购管理机制，就是为了生产的需要而设立的采购管理组织。这通常是在生产企业中设立的采购管理组织。一个生产企业有多个车间，每个车间的生产都需要原材料、零部件、设备和工具等，而且需要的品种、数量、时间都各不相同。由于每个车间都只对自己的产品和工艺熟悉，对别的车间的生产情况不太了解。因此，如果叫它们各自提供采购需求计划表，则难免会相互遗漏、相互冲突。这个时候如果由采购部门通过研究各个车间的需求规律，为各个车间统一制订订货计划，这样可能更全面、更能满足生产的需要。这样一种站在整个生产全局的角度，根据生产的需要来考虑采购问题，就是一种生产导向的采购管理机制。

生产导向的采购管理组织的基本特点，就是它不是简单地管理采购，还要管理生产，是站在生产全局的角度来管理采购的。这种采购管理组织的权限范围宽，它要综合考虑生产的需要和整体效益最大化来制订产品的自制或采购决策。根据这个决策所产生的采购需求来研究需求规律、制订采购任务计划，进行采购。

（2）销售导向的采购管理机制

在销售导向的采购管理机制下，采购管理部门是基于销售市场而存在的。它是为了满足企业销售的需要而设立采购管理组织。它通常设立在零售企业中，也适合设立在生产企业（包括生产流通型企业）中。

例如，在一个零售企业中，它在多个地点设有多个零售店进行销售。但是商品却都由公司采购部门统一采购。公司采购部要随时掌握各个门市部的销售动态和库存变化动态，及时组织采购订货进货。一旦采购部门组织得不好，将会出现两种情况：一是商品卖空了，采购的货物却还没有到，造成缺货损失；二是零售店的商品还没有卖完，新采购的货物就已经到达，造成资金占用和库存积压。企业采购管理的工作直接关系到整个企业的整体经济效益，因此企业采购管理组织的采购决策要着眼于销售来制订。

这种采购管理机制，是立足于企业的销售情况来制订采购决策的，以销定供或以销定产再定供。这样可实现整个企业产、供、销的整体效益最大化。这时的采购决策是对企业整体效益最优的采购决策。这种采购管理机制是立足于企业的根本利益，全盘考虑企业的整个物资工作，来制订出使整个企业效益最大、成本最低的物资采购决策的一种机制，是一种较为理想的采购管理机制。

但是销售导向的采购管理机制对采购管理人员的要求很高，采购管理决策较复杂。这种采购管理决策实际上要全面考虑企业销售、生产、供应等各个方面的情况，并以此为基础来制订采购决策，相当于一种企业级的管理决策，决策级别就相当于总经理级的决策级别。所以，在实践中，这种采购管理决策机制，一般采用副总经理负责制，由副总经理负责采购管理的决策工作。

（3）采购导向的采购管理机制

采购导向的采购管理机制，就是为了采购而设立专门的采购管理组织。这种组织机构的特点是采购任务很明确，包括采购什么、采购多少，甚至包括到哪儿去采购，都已经规定好了，而且都是由别的部门规定好了的，自己只要按此执行就可以了。这种采购管理组织所做的工作，就是把收到的采购任务单整理一下，然后分配落实到各个采购员，督促各个采购员按时执行，并把采购回来的货物送到各个需求者处就可以了。

这是一种最简单、最基本，也是最落后的采购管理机制。这种采购管理组织不需要进行资源市场分析，不需要进行货品选择、供应商选择，也不需要考虑物流优化、库存量控制、降低采购成本等一系列问题。他们也不需要对需求者承担更多的责任。只要把他们需要采购的东西采购回来，交给仓库管理人员往仓库里一放，其他的就可以不管了。这样，在采购管理和需求者之间没有形成一种利益共享的关系。

传统的采购管理大多数是属于这种机制。例如，一家物资公司，由几个经营部组成。各个经营部专门进行货物销售。货物销售完，需要采购时，就制订采购任务单，规定了采购的品种、数量，甚至供应商，交公司的采购管理科。采购管理科收到各个经营部送来的采购任务单后，汇总，然后分配给各个采购员去采购，采购货物回来入库就算完成任务了。这种采购管理机制就是典型的采购导向的采购管理机制。一般的生产企业也是这样，各个车间把采购任务单交给采购管理科，采购管理科就按单子去采购，采购回来，货物往仓库一放就算完成任务了。在现实中，企业设计自己的采购管理机制时，没有必要固定选择某一种机制形式，如对小企业而言，采购导向的采购管理机制不失为低成本高效率的简单灵活的采购管理机制，但随着企业的壮大，可能就要变换为生产或销售导向的采购管理机制了。因此，企业应该根据自身的具体情况，系统、详细地设计出适合自己的采购管理机制。

2. 建立采购反馈管理机制

在改进采购测评机制时应引入反馈管理的理念。一家企业在制造其产品时依赖于外购组件越多，来自供应商的良好反馈的重要性对它来讲也就越大。在订货生产企业中，跟踪供应商以确保尽可能地在接近要求日期时收到所有物料特别重要。企业应对每一供应商应按其交货绩效、质量与价格来分等。在供应商选择中这三者都必须是主要的考虑因素。更加重要的是采购部门需要去建立反馈的安排，借以使供应商能提早告诉采购方关于预期的延迟交货的信息以便物料控制部门也能得到通知。物料控制与采购之间的关系以及它们之间所需反馈信息的类型与数量也要看作业的类型而定。在订货生产作业中，交货日期一旦确定后就比较固定；在备货生产作业中，交货日期更加可能变更，必须更加着重于供应商对日程计划中更改的反应能力。

3. 营造商品采购绩效改进的工作氛围

如果采购组织内部存在剧烈的矛盾，采购人员与供应商之间互相不信任，缺乏合作诚意，采购人员首先感觉是“如履薄冰，处处小心行事”，本来全部精力应投在工作上，但实际上确实分散了注意力。因此，任何采购组织，包括供应商，融洽、和谐、宽松的工作气氛是搞好各项工作的基础。采购人员要经常把自己的业绩与同行高水平者相比，特别是有过跨国采购经验的高级职员，他们的经验值得借鉴学习。采购组织的管理职能部门，应定期将采购人员的业绩进行评估，并进行排名，再配以相应的奖励制度，使采购业务不断改善。

4. 改进内部管理方式

与其他部门相比较，采购部门对人的依赖性更大，采购工作的大部分内容是人与人的交往。从管理角度去提升商品采购绩效主要有以下几个方面。

① 在企业内建立合格的采购队伍，提供必要的资源。

② 选聘合格人员担任采购人员，给予必要的培训。

③ 给采购部门及采购人员设立有挑战性，但又可行的工作目标。

④ 对表现突出的采购人员给予物质及精神上的奖励。

5. 规避采购绩效考核中容易出现的几类问题

有绩效衡量专家认为，目前大多数管理者和专业人士就像一个以一半的必需设备和很多测量无用数据的额外设备来驾驶飞机的飞行员。实际上，每一个公司的考评体系中都或多或少地存在着一些特定的问题和局限。

（1）关注短期的考评标准

很多中小型企业存在着关注短期标准和数据的问题。它们收集的典型数据是财务和运营数据。在采购活动中，这意味着对工作负荷和采购活动的短期关注，而忽视了长期或战略考评标准。这种问题经常出现却又很容易被忽略。

（2）绩效考评指标过多或错误

绩效考评指标过多是拥有自己的考评系统的公司最常见的问题。第二个更严重的问题是管理者关心的那些绩效考评指标通常是错误的绩效考评指标。对标准的选择一般是按惯例或者认为这些标准与成功相关，而实际可能根本不是这样。事实上，管理者遵循的考评标准有时可能与其他单位或自己部门领域运用的标准有冲突。有一个普遍现象就是极少有员工能完全监控超过 12 项以上的标准，因此制订的标准不宜过多。

（3）缺少细节

有时候报告的数据太简洁以至于使信息变得毫无意义。一个关于一季度周期供应商质量的评估报告可能就缺乏细节。例如，采购主管想知道供应商存在的典型缺陷类型有哪些，哪些缺陷使采购方承担成本以及一段时间内供应商的绩效质量。

阅读与思考

一个汽车零部件的主要区域性分销中心的运营经理收到了一个季度来客户针对分销中心因产品质量问题提出的索赔，他收到的标准必须包括以下细节。

（1）发生的问题类型（错误零部件分拣、损坏、缺货和丢失等）。

（2）哪些客户提出了索赔要求。

（3）哪些员工对质量失误负责。

（4）对该中心进行质量索赔的总成本。

（5）符合质量标准的零部件数量。

在报告中，只有包括这些细节性的问题，管理者才能凭借这些信息采取消除分销中心质量问题根源的行动。

（4）过程考评和结果考评的混用

对于企业而言，实施过程考评的不足之处在于最终结果可能与期望存在偏差。例如，追查整个公司合同的采购数量的过程考评日益变得普遍，但是更好的考评标准是追查由大的公司合同带来的总节省。另一个过程考评的例子是每季度商品团队召开会议的次数，更好的标准则是追查由团队行为所带来的绩效结果。尽管有很多实施过程考评标准，但是与最终成果有关的衡量标准才有意义。

（5）不正确的绩效标准导致错误行为

不幸的是，很多标准所促成的企业行为不是企业预想的或必需的。如果采购方以采购订单数量作为衡量标准，那么它们将在供应商之间将订单分为几部分，以尽可能多地生成采购订单。对这方面的智能考评工作是困难的，但是企业仍想寻找一些可对此进行衡量或报告的因素。然而，这些因素不可能总是正确的。

6. 防范采购绩效考评中的陷阱

在采购管理中，绩效考评扮演着一个举足轻重的角色：使用得当它可以成为大幅度提高企业采购绩效的助推器，使用不当则会变成企业变革和采购绩效提升的拦路虎。

有效地使用绩效考评方法可以对企业采购管理状况进行及时的反馈。根据这些反馈我们可以判断采购部门是否在向自己的采购战略目标迈进，采购人员是否需要培训，采购流程该如何优化重组等。作为对企业采购管理成果的反映，绩效考评为企业采购管理的改进方向提供了切实的依据。与此同时，绩效考评使用不当也有可能造成打击采购团队士气、降低团队效率、妨碍采购绩效改进等负面影响。企业绩效考评中存在 4 个最常见的陷阱。

（1）经验主义：重历史、轻未来

结果管理的基础是历史信息，它展示的是今天的结果，这样的结果往往是昨天的管理决策造成的。但是，对于今天的决策如何影响未来的结果往往并不具备参考和预测价值。在这个充满竞争和变化的时代，企业已经不能根据以往的经验判断预测未来。

提高和改进始于对结果有重大影响的关键服务、产品、流程和支持系统的识别和衡量。但是，如果采用守株待兔的方式单纯以过去的经验来做判断，就像驾驶者只看后视镜，企业早晚会驶入采购绩效下滑的泥潭。

（2）范围错位：重内部、轻外部

很多企业设计的采购绩效指标着眼于满足内部的需要。采购管理者满足于命令——控制模式，对每一项作业和工作日的每一分钟进行跟踪，采购绩效指标的设计也仅限于某些内部职能部门：成本、质量、数量等。

这种采购绩效考评的方法忽略了整体，高绩效的采购需要从外部对整体进行考评，尤其是结合供应商及对比其他采购方。这要求采购方关注潜在的供应源、寻找优秀的供应商，向生产部门低成本高效率地提供所需要的采购品，最终为顾客提供价廉物美的商品，为企业利润稳步提高提供采购上的保障。对采购经理、采购人员乃至整个采购团队的绩效衡量指标设计也应该以这个“供应商—企业—顾客”链条背后的驱动因素为出发点进行。

（3）改进对象：重个人、轻结构

与选择考评指标同样重要的是考评信息的使用。在许多企业中，采购人员抵制对价格成本、质量和采购周期等的精确衡量，因为这些详细的信息将他们的工作暴露无遗，使之成为绩效责任的直接承担者。

大量的证据表明，企业85%～90%的错误来源于组织结构、系统和过程，但是大多数的经理还是习惯从“人”身上而非结构和流程上找原因。因此，采购绩效考评者应把注意力转移到整个采购部门的组织结构、采购流程上来。

（4）知行不一：重考评、轻行动

采购绩效考评仅仅是一个指标汇报体系，不管考评体系有多么先进，考评结果只能告诉企业绩效之现状。采购绩效的提高则有赖于将采购人员组织起来对关键流程和支持系统进行分析和改进。采购绩效指标为采购部门找出问题症结所在，因此采购部门更需要做的是针对这些问题采取改进措施。如果绩效考评不能引导出绩效改进、提升的措施，那前面所做的各项考评工作完全是浪费。

采购绩效考评是提高采购绩效的一个基本工具，选择合适的工具无疑是重要的，同样重要的还有如何正确地使用工具，如何利用工具解决问题提升采购绩效，两者共同决定了企业采购绩效考核与评估管理的最终效果。

二、采购战术优化

1. 引进先进的信息技术提升采购绩效评估水平

20世纪80年代以后，越来越多的新技术被采购行业采纳并取得了良好的经济效益，最典型的就是MRP系统的推广使用及被视为新经济时代作业方式的电子商务在采购中的应用。

（1）建立企业内部网（Intranet）及使用因特网（Internet）

企业内部网络的建立使得众多部门之间无需见面，即能迅速沟通。例如，一个部门或高级管理者要向企业大部分人发布消息但又不想兴师动众时，电子邮件便成了最佳的选择。由于企业内部员工的邮箱都是相互独立的，同事之间很难共享相关信息，所以，企业应该根据实际需要设置一些公共邮箱，重要信息可以发到这些邮箱，让员工或供应商可以经常打开查阅。

如今，很多企业办公室的计算机能方便地访问因特网，使采购人员能经常从网上获取供应商信息或发布求购信息。

（2）推行 MRP 系统

MRP 系统中的数据不仅全面而且实时性好，有许多采购人员所需的数据。推行 MRP 系统可以提升整个企业的管理水平。MRP 系统的使用对规范采购作业、提升采购绩效有不可替代的作用。

（3）使用条码及与供应商进行电子数据交换（Electronic Data Interchange，EDI）

越来越多的产品包装上使用条码，它包含了物料名称、物料编号、价格、制造商等信息，工作人员只需用读码器扫描一下便可得到这些信息并自动输入到计算机中。对于采购人员来说，条码在收货时特别有效，不仅迅速快捷，而且避免了手工输入容易出错的缺点。

与供应商之间建立电子数据交换可极大地缩小采供双方的时空距离，从而更容易将企业内部的优秀管理方式延伸到供应商，把供应商作为企业的一个部门来管理。

2. 与供应商建立合作伙伴关系

供应商的表现在很大程度上制约着采购绩效的提升，而供应商的表现与采供双方之间的关系的密切程度又有很大的联系。一般来说，与供应商建立长期合作伙伴关系，供应商参与产品设计等模式都能有效实现采购绩效的提升。

3. 通过开发优秀新供应商来降低采购总成本

为了降低采购总成本，许多采购人员把相当部分的精力放到了开发优秀新供应商上，许多大企业的采购部门成立了“供应商开发小组”，甚至有的企业把它作为一个独立的部门来运作。一般要求新供应商的地理位置在采购方所在地附近，有助于解决开发过程中的问题。如果一个企业因历史原因致使大部分或主要供应商在海外，那么它的供应商开发工作其实就是“本地化”。“本地化”不仅可大大缩短交货期，而且采购单价一般可降低 20%～40%。对大部分物资而言，国内廉价的制造成本已使得海外制造企业在价格上无法和国内企业进行竞争。

4. 防止采购过程中的暗箱操作

暗箱操作将会一直伴随着采购活动而存在，企业虽然不可能完全杜绝该现象的发生，但是可以采取措施减少此类现象的出现。下面是一些采购行业就如何避免该问题总结出来的经验。

（1）三统一分

“三统”是指所有外购材料要统一采购验收、统一审核结算、统一转账付款；“一分”则是指费用要分开控制。材料和备品配件的采购要实行“三统一分”的管理机制。统一采购、统一管理，既保证需要，又避免漏洞；既保证质量，又降低价格；既维护企业信誉，又不至于上当受骗。各部门和分厂要对费用的超支负责并有权享受节约所带来的收益，有权决定采购计划和采购项目。这样，物资采购管理部门和使用单位自然形成了一种以减少支出为基础的相互制约的机制。

（2）三分一统

“三分”是指三个分开，即市场采购权、价格控制权、质量验收权要做到三权分离，各自负责，互不越位。“一统”，即合同的签订特别是结算付款一律统一管理。物料管理人员、化验人员和财务人员都不能够与客户见面，实行严格的封闭式管理。财务部依据合同规定的质量标准，对照化验单和数量测量结果，认真核算后付款。这样企业就可以形成一个以财务管理为核心，以降低成本为目的的制约机制。

（3）三公开两必须

“三公开”是指采购品种、数量和质量指标公开，参与供货的客户和价格竞争程序公开，采购完成后的结果公开；“两必须”是指必须在货比三家后采购，必须按程序、按法规要求签订采购合同。

（4）五到位、一到底

所谓“五到位”是指所采购的每一笔物资都必须有五方的签字，即只有采购人、验收人、证明人、批准人、财务审查人都在凭证上签字，才被视为手续齐全，才能报销入账；“一到底”就是负责到底，谁采购谁负责并且要一包到底，包括价格、质量、使用效果等都要记录在案，什么时候发现问题什么时候处罚。

（5）全过程、全方位的监督制度

全过程监督是指采购前、采购过程中和采购完成后都要有监督。从采购计划的制订开始，到采购物资使用的结束，共有9个需要进行监督的环节，它们是计划、审批、询价、招标、签合同、验收、核算、付款、领用。虽然每一个环节都有监督，但重点在于制订计划、签订合同、质量验收和结账付款4个环节。计划监督主要是保证计划的合理性和准确性，使其按正常渠道进行；合同监督主要是监督其合法性和公平程度，保证合同的有效性；质量监督是保证验收过程不降低标准，不弄虚作假，每一个入库产品都符合买方要求；付款监督是确保资金安全，所有付款操作都按程序、按合同履行。如果我们能够把监督贯穿于采购活动的全过程，就可以建立确保采购管理规范和保护企业利益的第二道防线。所谓全方位的监督，是指行政监察、财务审计、制度考核三管齐下，方方面面没有遗漏，形成严密的监督网。

（6）责任追究

监督机制的生命在于责任追究，这一点尤其值得我们谨记。拥有严格完备的监督机制而没有相应的惩罚措施，所有的努力都将化为泡影。因此监督的关键还在于及时进行的重罚。科学、规范的采购机制，严格完备的采购控制不仅可以降低企业的物资采购价格，提高物资采购质量，还可以保证采购人员不受外部利益的诱惑。

阅读与思考

策略采购现已被世界500强中的1/3企业采用。通过策略采购，企业一般可以降低采购成本10%～15%。更令人兴奋的是，策略采购的实施不需大的投资，在多数情况下，策略采购所带来的节约是令人吃惊的。在一般情况下，实施策略采购的第一年就能带来收益。20世纪80年代IBM的采购像所有的传统采购方式一样，各自为政、重复采购现象非常严重，采购流程各不相同，合同形式也是五花八门。这种采购方式不仅效率低下，而且无法获得大批量采购的价格优势。20世纪90年代，IBM公司决定通过集成信息技术和其他流程以统一的姿态出现在供应商面前。IBM开发了自己的专用交易平台，实施电子化采购。此项措施及时有效地降低了管理成本，缩短了订单周期，使IBM能更好地进行业务控制，IBM的竞争优势借此得到显著提高。

日产汽车的重新崛起，离不开有力的成本削减。跨部门跨企业采购团队的应用被认为对于日产大幅度降低成本具有重要贡献。在实施“日产复兴计划”的3年间，采购、研发和零部件厂商三位一体，开展“3-3-3推进活动”，在亚洲、美国和欧洲三大地区的生产基地大力开展降低成本活动，目标是降低成本6 000亿日元。为全面协调该项活动，它还专门成立了负责该项活动的“3-3-3推进室”。“3-3-3推进室”的职责是从技术、采购等公司内部相关部门和零部件厂商处搜集信息。研究降低综合采购成本的方案人员由280名来自公司内部的技术和管理人员组成，包括产品设计、试制、生产工艺和采购等各类专业人员。办公地点设在位于神奈川县厚木市的日产技术中心内，并按电子、内饰等系统划分成6大商品群。技术人员与采购人员的办公桌并排在一起，这种现象不但在全球汽车厂商中十分罕见，而且还改变了日产技术中心多年来的闭门造车、轻视成本控制的新车研发作风。

项目小结

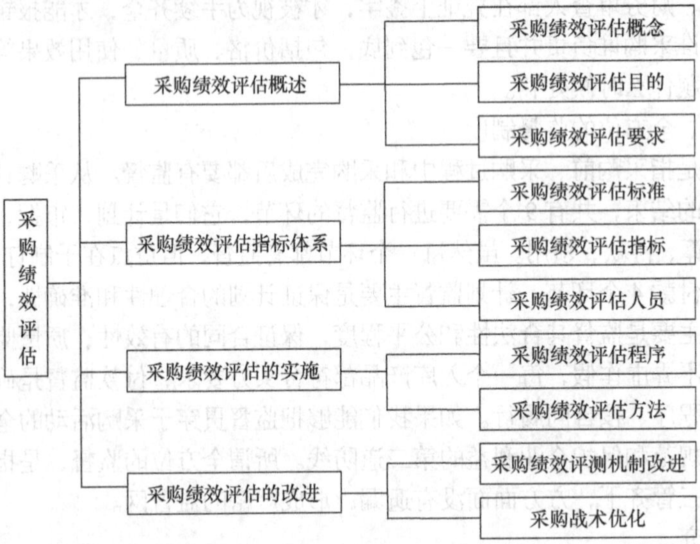

职场指南

1. 案例分析

沈阳某物资装备集团公司（以下简称沈阳物资）是一家为中石油、中石化提供加油设备的企业。2003 年，中石油、中石化对加油设备全面升级，规定供货商不能升级的原有设备将全部不予订货。沈阳物资要满足新设备的性能要求，必须对其中的主板进行特别订制。沈阳物资采购经理张卫选择了几家 IT 公司，详细提出对主板防尘、防震系数及价格等的需求。要满足张卫的要求，意味着 IT 厂商首先要花很大的成本改变主板的生产工艺。最后，几家 IT 厂商纷纷放弃了张卫的订单。只有一家 IT 公司，答应了张卫的苛求。不过，对方要求必须与沈阳物资签一份独家采购协议，也就是沈阳物资选择它作为唯一的一家产品供应商，合同期内不得再选择别家的主板，同时，分批供应产品，三个月内供应第一批货，以后陆续供应。张卫想，只要产品实行了“三包”，能够跟上本厂的生产进度就可以了。于是，双方签了两年的合约。三个月过去了，第一批货顺利送到，产品质量没得挑，以后的几个月，产品均能如期供应，张卫大大松了一口气。不过，接下来的时间内，这家公司开始拖延产品的发货时间，从三天，到一周，到两周，打电话过去对方总是说最近订单紧，宽延几天，张卫甚至一趟一趟开始求这家 IT 公司发货。主板不能及时供应，使得沈阳物资丢掉了大批中石化的订单。张卫被公司领导催得紧，实在坐不住了。如果再选择一家供货商，时间周期至少三个月，而且要付给那家 IT 公司一大笔违约金。最后，张卫决定起诉这家 IT 公司。法官认为，对方是按合同办事的，没有什么过错。张卫是哑巴吃黄连，有苦无处说。

思考：

（1）分析说明沈阳某物资装备集团公司在采购管理中存在哪些问题？

（2）结合所学的知识，为沈阳某物资装备集团公司进行采购风险防范制定策略，并说明理由。

2. 实训

选择一家企业，在对其现有采购制度深入学习的基础上为其量身定做一份采购绩效评价方案（要求学生分成若干小组，每组5～8人，形成方案设计说明书）。

知识检测

1. 名词解释

采购绩效　　采购绩效评估　　采购绩效评估指标体系

2. 选择题（不定项选择）

（1）采购绩效管理的终极目标是（　　）。

A. 相同的货物和服务，较低的成本　　B. 相同的成本，更高的货物和服务

C. 既降低成本，又提升货物或服务的质量　　D. 不可能有所谓的终极目标

（2）以下不是采购绩效评估内容的是（　　）。

A. 采购价格/成本　　B. 采购服务

C. 采购产品/质量　　D. 采购物流

（3）以下不是采购主管绩效评估指标的是（　　）。

A. 供货商关系　　B. 管理层所得到的信息

C. 业务层所得到的消息　　D. 使申请部门得到所需的材料和设备

（4）供应商绩效管理和绩效考评的方式有（　　）。

A. 类别法　　B. 加权法

C. 成本法　　D. 现场考察法

E. 德尔菲法

3. 简答题

（1）采购绩效评估应具备哪些条件？

（2）常见的采购绩效评估指标有哪些？

（3）采购绩效评估应遵循的原则和标准有哪些？

（4）采购绩效评估牵涉哪些人员？

（5）如何提升采购绩效？

多媒体学习

1. 建议阅读书目

[1] 北京中交协物流人力资源培训中心编译. 采购绩效管理[M]. 北京：机械工业出版社，2008.

[2] 韩建国. 采购管理规范化手册：职责·流程·制度·表单[M]. 北京：人民邮电出版社，2012.

[3] 李政，姜宏锋. 采购过程控制：谈判技巧·合同管理·成本控制[M]. 北京：化学工业出版社，2010.

2. 网络学习资源

[1] 中国物流与采购网：http://www.chinawuliu.com.cn/

[2] 中国采购服务网：http://www.chinascm.org.cn/

[3] 中国采购经理人论坛：http://bbs.purchasingbbs.com/

项目九

专项采购

案例导入

某医院决定投资一亿余元，兴建一幢现代化的住院综合楼，其中土建工程采用公开招标的方式选定施工单位，但招标文件对省内的投标人与省外的投标人提出了不同的要求，也明确了投标保证金的数额。该院委托某建筑事务所为该项工程编制标底。2000 年 10 月 6 日招标公告发出后，共有 A、B、C、D、E、F 这 6 家省内的建筑单位参加了投标。招标文件规定 2000 年 10 月 30 日为提交投标文件的截止时间，2000 年 11 月 3 日举行开标会。其中，E 单位在 2000 年 10 月 30 日提交了投标文件，但 2000 年 11 月 1 日才提交投标保证金。开标会由该省建委主持。结果，某建筑事务所编制的标底高达 6 200 多万元，其中的 A、B、C、D 这 4 个投标人的投标报价均在 5 200 万元以下，与标底相差 1 000 万余元，引起了投标人的异议。这 4 家投标单位向该省建委投诉，称该建筑事务所擅自更改招标文件中的有关规定，多计、漏算多项材料价格，并夸大了工程量，使标底高出实际估算近 1 000 万元。同时，D 单位向某医院要求撤回投标文件。为此，该院请求省建委对原标底进行复核。2001 年 1 月 28 日，被指定进行标底复核的省建设工程造价总站（以下简称“总站”）拿出了复核报告，证明建筑事务所在编制标底的过程中确实存在这 4 家投标单位所提出的问题，复核标底额与原标底额相差近 1 000 万元。

由于上述问题久拖不决，导致中标书在开标三个月后一直未能发出。为了能早日开工，该院在获得了省建委的同意后，更改了中标金额和工程结算方式，确定某省某公司为中标单位。

思考与讨论：

1. 上述招标投标程序中，有哪些不妥之处？请说明理由。
2. E 单位的投标文件应当如何处理？为什么？

3. 对D单位撤回投标文件的要求应当如何处理？为什么？

4. 问题久拖不决后，某医院能否要求重新进行招标？为什么？

5. 如果重新进行招标，给投标人造成的损失能否要求某医院赔偿？为什么？

学习目标

知识目标

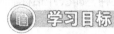

1. 明确招标投标的含义及其意义，熟悉招投标采购的流程；

2. 明确电子采购的含义，熟悉电子采购实施步骤，了解电子采购实施技术；熟悉电子采购的各种类型；

3. 熟悉政府采购流程；明确政府采购必要性；了解政府采购的相关法律法规。

能力目标

1. 能根据采购需求制作出一份简单的招标文件；

2. 能根据招标文件制作出一份简单的投标文件；

3. 能分析一些招投标文件的案例，指出招投标文件中的问题。

素质目标

1. 培养学生依法采购的意识；

2. 培养学生电子采购的习惯；

3. 树立采购质量管理的理念。

为了尽可能保证采购的公平性、提高采购质量、提高采购效率、降低采购成本，采用一些专业的采购方法就显得尤其重要。招投标采购是大型采购中经常使用的方法，电子采购则是利用电子通信手段进行的新型采购办法。

任务一　招标采购

一、招标采购的含义

招标是指招标人发出招标公告或通知，邀请潜在的投标商进行投标，招标人通过对各投标人提出的价格、质量、交货期限及该投标企业的规模、财务状况、盈利水平等因素进行综合比较，确定最佳投标人为中标人，并与其签订合同的过程。招标采购是指通过招标的方式，邀请所有的或一定范围潜在的供应商参加投标，采购实体通过某种事先确定并公布的标准从所有投标者中评选出中标供应商，并与之签订合同的一种采购方式。

二、招标采购的方式

招标采购是通过一定方式在一定范围内公开采购信息，说明拟采购物品或项目的交易条件，邀请供应商或承包商在规定的期限内提出报价以及交付货物或完成项目的承诺，经过比较分析后，按既定标准确定最优条件的投标人，并与其签订采购合同的一种高度组织化的采购方式。

招标方式主要应用于建设工程项目、长期物资供应项目、政府采购，及采购批量大的场合。

《中华人民共和国招标投标法》（以下简称《招标投标法》）第三条规定，以下三类项目必须进行招投标：第一，大型基础设施、公用事业等关系社会公共利益、公共安全的项目；第二，全部或者部分使用国有资金投资或者国家融资的项目；第三，使用国际组织或者外国政府贷款、援助资金的项目。根据各国和国际组织的规定，常用的招标和投标方式有三种，即公开招标、邀请招标、议标。

1. 公开招标

（1）公开招标的含义

公开招标又称竞争性招标，即由招标人在报刊、电子网络或其他媒体上刊发招标公告，吸引众多企业单位参加投标竞争，招标人从中择优选择中标单位并与之签约的一种招标方式。《招标投标法》第十条第二款规定，公开招标是指招标人以招标公告的方式邀请不特定的法人或其他组织投标。实施公开招标采购，把采购商品或项目置于社会公众的监督之下，有效减少采购中的腐败行为，提高采购透明度、降低采购成本，提升企业形象。

（2）公开招标的种类

按照招投标地域范围，公开招标可分为国际竞争性招标和国内竞争性招标。

① 国际竞争性招标。这种招标方式是在全球范围内进行招标，国内外符合条件的投标商均可以投标。它要求招标企业制作完整的英文标书，在国际上通过各种宣传媒介刊登招标公告。

国际竞争性招标程序比较复杂，但确实有很多的优点。第一，由于投标竞争激烈，一般可以从对买主有利的价格采购到需要的设备和工程。第二，可以引进先进的设备、技术和工程技术管理经验。第三，可以保证所有合格的投标人都有参加投标的机会。由于国际竞争性招标对货物、设备和工程的客观的衡量标准，可促进发展中国家的制造商和承包商提高产品和工程建造质量，提高国际竞争力。第四，保证采购工作根据预先制定并为大家所知道的程序和标准公开而客观地进行，从而尽可能地减少在采购中作弊的机会。

当然，国际竞争性招标也存在一定的缺陷。第一，国际竞争性招标费时较多，有一套周密而比较复杂的程序，从招标公告、投标人作出反应、评标到授予合同，一般都要半年到一年以上的时间。第二，国际竞争性招标所需准备的文件较多。招标文件要明确规范各种技术规格、评标标准，以及买卖双方的义务等内容。招标文件中任何含糊不清或未予明确的部分都有可能导致招标合同意见不一致甚至造成争执。另外还要将大量文件译成国际通用文字，因而工作量很大。第三，在中标的供应商和承包商中，发展中国家所占份额很少。在世界银行用于采购的贷款总金额中，国际竞争性招标约占 60%，其中，发达国家如美国、德国、日本等中标额就占到 80%左右。

② 国内竞争性招标。这类招标方式可用本国语言编写标书，只在国内媒体上登出广告公开出售标书，公开开标。它通常用于合同金额较小（世界银行规定一般 50 万美元以下）、采购品种比较分散、分批交货时间较长、劳动密集型、商品成本较低而运费较高、当地价格明显低于国际市场价格等类型的商品采购。

从国内采购货物或工程建筑可以大大节约时间，而且这种便利对项目的实施具有重要意义。在国内竞争性招标的情况下，如果外国公司愿意参加，则应该允许它们按照国内竞争性招标参加投标，不应人为设置障碍，妨碍其公平参加竞争。国内竞争性招标的程序大致与国际竞争性招标的程序相同。由于国内竞争性招标限制了竞争范围，通常国外供应商不能得到有关招标的信息，这与招标的原则不符，所以有关的国际组织对国内竞争性招标都加以限制。

总之，国内竞争性招标是通过只在国内刊登广告，按照国内招标办法进行的招标。一些国家的政府在不需要或不希望外商参加投标的情况下，倾向于采用国内竞争性招标。

知识延伸

世界银行对贷款项目货物及工程的采购规定了三个原则：第一，必须注意节约资金并提高效率，即经济有效；第二，要为世界银行的全部成员国提供平等的竞争机会，不歧视投标人；第三，有利于促进借款国本国的建筑业和制造业的发展。

世界银行在确定项目的采购方式时都从这三个原则出发，其中，国际竞争性招标是采用的最多、占采购金额最大的一种方式。它的特点是高效、经济、公平，特别是采购合同金额较大，国外投标商感兴趣的货物工程要求必须采用国际竞争性招标。世界银行根据不同地区和国家的情况，规定了凡采购金额在一定限额以上的货物和工程合同，都必须采用国际竞争性招标。对一般借款国来说，10 万～25 万美元以上的货物采购合同、大中型工程采购合同，都应采用国际竞争性招标。我国的贷款项目金额一般都比较大，世界银行对我国的国际竞争性招标采购限额也放宽了一些，工业项目采购凡在 100 万美元以上的，均应采用国际竞争性招标来进行。

（3）公开招标的条件

① 招标人需向不特定的法人或者其他组织（有的科研项目的招标可包括个人）发出公开招标投标邀请。招标人应当通过为全社会所熟悉的公共媒体公布其招标项目、拟采购的具体设备或工程内容等信息，向不特定的人提出邀请。任何认为自己符合招标人要求的法人或其他组织、个人都有权向招标人索取招标文件并届时投标。采用公开招标的，招标人不得以任何借口拒绝向符合条件的投标人出售招标文件；依法必须进行招标的项目，招标人不得以地区或者部门不同等借口违法限制任何潜在投标人参加投标。

② 公开招标须采取公告的方式，向社会公众明示其招标要求，使尽量多的潜在投标商获取招标信息，前来投标，从而保证公开招标的公开性。实际生活中人们经常在报纸上看到“×××招标通告”，此种方式即为公告招标方式。采取其他方式如向个别供应商或承包商寄信等方式招标的都不是公告方式，不应为公开招标人所采纳。

招标公告的发布有多种途径，如可以通过报纸、广播、网络等公共媒体。公开招标的优点在于能够在最大限度内选择投标商，竞争性更强，择优率更高，同时也可以在较大程度上避免招标活动中的贿标行为，因此，国际上政府采购通常采用这种方式。

2. 邀请招标

（1）邀请招标的含义

邀请招标又称有限竞争性招标或选择性招标，是指招标人以投标邀请书的方式邀请特定的法人或者其他组织参加投标的一种招标方式。一般根据采购项目规模大小选择 3～10 家资信良好、具备承担招标项目能力的供应商参加投标。由于被邀请参加的投标竞争者有限，不仅可以节约招标费用，而且提高了每个投标者的中标机会。然而，由于邀请招标限制了充分的竞争，因此，《招标投标法》一般都规定招标人应尽量采用公开招标。

（2）邀请招标的特点

邀请招标不使用公开的公告形式；接受邀请的单位才是合格投标人；投标人的数量有限，投标有效期大大缩短，这对采购那些价格波动较大的商品是非常必要的，可以降低投标风险和投标价格。且因为参加投标的竞争者有限，不仅可以节约招标费用，而且提高了每个投标者的中标机会。一些只有少数生产商才能生产的商品一般可以采取邀请招标，如果采用国际竞争性招标，可能导致开标后无人投标，这样的情况在实际业务中确有发生。对技术含量高、技术支持及后续服务有特殊要求的采购项目也可采取邀请招标。欧盟的公共采购规则明确规定，如果采购金额超过法定界限，必须使用招标形式的，项目法人有权自由选择公开招标或邀请招标。而由于邀请招标有上述的优点，所以在欧盟的成员国中，邀请招标被广泛使用。

（3）邀请招标的基本要求

① 招标人对市场供给情况非常熟悉，对供应商或承包商的情况也非常熟悉。

② 招标项目的专业性很强，只能从范围有限的供应商或承包商中选择。

③ 招标项目本身的价值低，招标人只能通过限制投标人数来达到节约和提高效率的目的。

3. 议标

（1）议标的含义

议标也称谈判招标或限制性招标，是指直接邀请三家以上合格供应商就采购事宜通过谈判来确定中标者。议标采购是通过综合考虑质量、信用、售后服务等因素，按照规定程序择优选定供应商的方法。议标采购，适用于采购项目专业性强，仅有少数供应商有能力承担的特殊项目，或者公开招标的成本过高，与采购项目的价值不相称的项目。

阅读与思考

从实践上看，公开招标和邀请招标的采购方式要求对报价及技术性条款不得谈判，议标则允许就报价等进行一对一的谈判。因此，有些项目比如一些小型建设项目采用议标方式目标明确，省时省力，比较灵活；对服务招标而言，由于服务价格难以公开确定，服务质量也需要通过谈判解决，采用议标方式不失为一种恰当的采购方式。但因其不具有公开性和竞争性，采用时容易产生幕后交易，暗箱操作，滋生腐败，难以保障采购质量。

《招标投标法》根据招标的基本特性，未将议标作为一种招标方式予以规定，因此议标不是一种法定招标方式。《招标投标法》第三条规定，必须招标的项目不得采用议标的方式。

（2）议标的方式

① 比价议标方式。“比价”是兼有邀请招标和协商特点的一种招标方式，一般适用于规模不大、内容简单的工程和货物采购。通常的做法是由招标人将采购的有关信息送交选定的几家企业，要求它们在约定的时间提出报价，招标单位经过分析比较，选择符合自己要求的企业，对于工期、造价、质量付款条件等细节进行协商，从而达成协议，签订合同。

② 直接邀请议标方式。直接邀请议标方式是指选择中标单位不是通过公开或邀请招标，而是由招标人或其代理人直接邀请某一企业进行单独协商，达成协议后签订采购合同。

③ 方案竞赛议标方式。这种方式是选择工程规划设计任务的常用方式。通常采用组织公开的形式，也可邀请经预先选择的规划设计机构参加竞争。一般由招标人提出规划设计的基本要求和投资控制数额，同时提供可行性研究报告或设计任务书、场地平面图、有关场地条件和环境情况的说明，以及规划、设计管理部门的有关规定等基础资料，参加竞争的单位据此提出自己的规划或设计方案，阐述方案的优势，并提出该项规划或设计任务的主要人员配置、进度安排和完成任务的时间、总投资估算和设计等，一并报送招标人。然后由招标人邀请有关专家组成的评选委员会选出中标单位，招标人与中标企业签订合同。对未中选的参审单位一般会给予一定的经济补偿。

三、招标采购的流程

招标采购是一个复杂的系统工程，如果招标失误可能会导致企业的招投标工作不能顺利进行，直接影响企业的正常生产、仓储、营销与财务等各项工作。一个完整的招标采购过程一般包括以下 6 个阶段。

1. 策划

明确招标的目标和意义，对招标采购的必要性和可行性进行充分的研究和探讨；对招标的方案、操作步骤、时间进度等进行研究，拟订招标采购工作计划，主要内容包括：招标物资名称、规格、数量、技术质量标准、估价标底、用途、招标时间、聘请专家人数，然后报公司主管领导批准后，按确定的招标方式开展招标活动。例如，是采用公开招标还是邀请招标，是自己亲自主持招标还是请人代理招标，分成哪些步骤，每一步怎么进行等；对评标方法和评标小组进行讨论研究；把以上讨论形成的方案计划以文件形式呈现出来，根据采购项目的规模大小交由企业相应决策层讨论决定。

由于招投标采购是一个技术性很强的活动，有些企业为了慎重起见，特意邀请具有丰富经验的咨询公司代理策划活动。

学习提示

标底是由业主组织专门人员为准备招标的那一部分工程、设备或（和）服务计算出的一个合理的基本价格。这个合理的基本价格一般包括成本、利润、税金等部分。标底由招标负责人、专家和主管领导共同编制，并密封保存，在定标前不得泄密。必要时还可以要求咨询公司代理。我国国内大部分工程在招标评标时，均以标底上下的一个幅度为判断投标是否合格的条件。也就是说标底一方面是防止过高的中标价格，另一方面也要防止过低的中标价格。

英国维多利亚时代著名的艺术批评家和社会评论家说过："支付太多是不明智的。但支付太少却是更恶劣的。换句话说，当你支付太多时，你可能失去你支付的部分金钱。当你支付太少时，你有时候会失去一切，因为你买来的东西不能胜任其应做的工作。交易均衡的一般法则禁止支付很少而得到很多。这是不能做的。"

他又说："如果一个报价听起来好到让人感觉不真实，它或许就是不真实的。"

2. 招标

招标采购活动方案经企业决策层审核通过后，进入第二阶段，就是招标阶段。招标阶段的具体工作，可由招标人自行组织，如果招标人因人力或技术原因无法自行组织的，可以委托给社会中介机构、咨询代理公司。

招标阶段的工作主要有以下几个部分。

（1）资格预审

资格预审是指在招投标活动中，招标人在发放招标文件前，对报名参加投标的申请人的承包能力、业绩、资格和资质、历史工程情况、财务状况和信誉等进行审查，并确定合格的投标人名单的过程。

资料预审通告是对于大型或复杂的成套设备或土建工程，在正式组织招标以前，如果有必要进行资格预审时，招标人应事先在指定的媒体上发布资格预审通告，说明预审资格的要求，发售资格预审文件的时间、地点及提交资格预审文件的最迟日期。企业通过资格预审，缩小投标人的范围，避免不合格投标人不必要的支出，同时也减轻了招标人的工作量，提高了工作效率。

① 资格预审的内容。资格预审的内容主要涉及两个部分，即基本资格预审和专业资格预审。

投标人应在规定的截止时间前报送资格预审文件。由招标人负责组织评审小组，包括财务、技术方面的专门人员对资格预审文件进行完整性、有效性及正确性的资格预审。

第一，合法性。对投标人是否合法注册，有无存在违法违纪行为，投标人合法地位和信誉等基本情况进行合法审查。

第二，财务方面。审查投标人是否有足够的资金承担本工程。投标人必须有一定数量的流动资金。投标人的财务状况将根据其提交的经审计的财务报表以及银行开具的资信证明来判断，其中特别需要考虑的是承担新工程所需要的财务资源能力，进行中工程合同的数量及目前的进度，投标人必须有足够的资金承担新的工程。其财务状况必须是良好的，对承诺的工程量不应超出本人的能力。不具备充足的资金执行新的工程合同将导致其资格审查不合格。

第三，以往的相关工作经验、业绩。是否承担过类似本工程的项目，特别是具有特别要求的施工项目；近年来施工的工程数量、规模。投标人要提供近几年中完成的令业主满意的相似类型和规模及复杂程度相当的工程项目的施工情况。同时还要考虑投标人过去的履约情况，包括审查过去的项目委托人的调查书。过去承担的工程中如有因投标人的责任而导致工程没有完成的，将构成取消其资格的充分理由。

第四，承担此项目所配备的人员情况。投标人所具有的工程技术和管理人员的数量、工作经验、能力是否满足本工程的要求。投标人应认真填报拟选派的主要工地管理人员和监督人员及有关资料供审查，应选派在工程项目施工方面有丰富经验的人员，特别是派往做工程项目的负责人，其经验、资历非常重要。投标人不能派出有足够经验的人员将导致被取消资格。

第五，承担此项目配备的机械、设备等情况。审查投标人所拥有的施工设备是否能满足工程的要求。投标人应清楚地填报拟投入该项目的主要设备，包括设备的类型、制造厂家、型号，设备是自有的还是租赁的，设备的类型应与工程项目的需要相适合，数量和能力要满足工程施工的需要。

第六，售后维修服务包括人员结构、维修网点的分布等。

经过上述六方面的评审，招标人对每一个投标人统一打分，得出评审结果。投标人对资格预审申请文件中所提供的资料和说明要负全部责任。如提供虚假信息，招标人保留取消其资格的权力。

② 资格预审程序。在招标人进行资格预审时，要编制资格预审文件，并邀请潜在的投标人参与资格预审，发售资格预审文件，然后进行资格评定。

第一步，编制资格预审文件。不同国家和地区通常对资格预审文件的格式与基本内容有统一规定，并制定标准的资格预审文件范本。在招标采购中，资格预审文件一般由招标人编制，也可以有招标人参与，由咨询机构协助编制。

第二步，招标人邀请潜在的投标人参与资格预审。资格预审一般是通过官方媒体发布预审通告的方式进行的。具体内容包括招标人的名称、采购项目名称、规模、主要工程量、开工时间、完工时间，以及发售资格预审文件的时间、地点和售价及提交资格预审文件的最迟时间。

第三步，发售资格文件和提交资格预审申请。资格预审通告发布后，招标人应立即开始发售资格预审文件，并在规定的时间内接受投标人提交的资格预审申请书，截止日期后所提交的申请书一律拒收。

第四步，资格评定。招标人在规定的时间内，按照通告中规定的标准和方法，对提交资格预审申请书的投标人进行资格审查。只有经审查符合条件的投标人才有资格继续参加投标。

（2）招标文件的准备

招标文件，即招标书，是招标活动的核心文件，需要认真起草。

招标文件是指由招标人或招标代理机构编制并向潜在投标人发售的明确资格条件、合同条款、评标方法和投标文件相应格式的文件。它是供应商准备投标文件和参加投标的依据，同时也是评标的主要依据，因为评标是按照招标文件规定的评标标准和方法进行的。招标文件的主要内容有以下几个方面。

第一，招标通告。招标通告就是向潜在的投标人说明招标的项目名称和简要内容，发出投标邀请，并说明招标书编号、投标截止日期、投标地点、电话、邮件、传真、地址等相关信息。招标通告至少应包括以下内容。

① 招标书编号。

② 招标人的名称和地址。

③ 招标货物的性质、数量及交货地点，需进行工程的性质和地点，或所需采购的服务的性质和提供地点。

④ 要求供应货物的时间或工程竣工的时间或提供服务的时间表。

⑤ 评审投标人的标准和程序。

⑥ 获取招标文件的办法和地点。

⑦ 采购实体对招标文件收取的费用及支付方式。

⑧ 提交投标书的地点和日期。

⑨ 开标日期、时间和地点等。

第二，投标须知。即具体制定投标的规则，使投标商在投标时有所遵循。投标须知的主要内容包括以下几个方面。

① 资金来源。

② 如果没有进行资格预审的，要提出对投标商的资格要求。

③ 货物原产地要求。

④ 招标文件和投标文件的澄清程序。

⑤ 投标文件的内容要求。

⑥ 投标语言。尤其是国际性招标，由于参与竞标的供应商来自世界各地，必须对投标语言做出规定。

⑦ 投标价格和货币规定。对投标报价的范围做出规定，即报价应包括哪些方面，统一报价口径便于评标时计算和比较最低评标价。

⑧ 修改和撤销投标的规定。

⑨ 标书格式和投标保证金的要求。

⑩ 评标的标准和程序。

⑪ 国内优惠的规定。

⑫ 投标程序。

⑬ 投标有效期。

⑭ 投标截止日期。

⑮ 开标的时间、地点等。

第三，合同条款。合同条款主要描述任务明细、货币价格、支付方式、运输方式、运费计算、税费处理、违约处理等内容的约定和说明。一般包括一般合同条款和特殊合同条款。

一般合同条款主要包括一些基本性的规定，如买卖双方的权利和义务；运输、保险、验收程序；价格调整程序；付款条件和程序；合同中止程序；违约责任的处理程序；工程图纸的规定，解决争端的程序和方法；合同适用法律的规定；有关税收的规定等。

特殊合同条款是因具体采购项目的性质和特点而制定的补充性规定，是对一般条款中某些条款的具体化，并增加一般合同中未做规定的特殊要求。特殊合同条款包括交货条件、验收和检测的具体程序、履约保证金的具体数额及缴纳方式、保险的具体要求、付款方式和货币的要求、解决争端的具体规定等。在合同中，如果一般条款与特殊条款出现不一致的，要以特殊条款为准。

第四，技术规格。技术规格规定所购物资、设备的性能和标准。技术规格是招标文件和合同条款的重要组成部分，也是评标的关键依据之一。货物采购技术规格应该采用国际或国内公认的标准，除不能准确或清楚地说明拟招标项目的特点外，各项技术规格均不得要求或标明某一特定的商标、名称、专利、设计、原产地或生产厂家，不得有针对某一潜在投标人或排斥某一潜在投标人的内容。

第五，投标书的编制要求。投标书是投标供应商对其投标内容的书面声明，包括投标文件构成、投标保证金、总投标价和投标书的有效期等内容。投标书中的总投标价应分别以数字和文字表示。投标书的有效期是投标商确认受其投标书约束的期限，该期限应与投标须知中规定的期限一致。

第六，投标保证金。投标保证金的作用是防止投标商在投标有效期内任意撤回其投标，或中标后不签订合同，或不缴纳履约保证金，使采购方蒙受损失。

投标保证金的金额不宜过高，可以确定为投标价的1%～5%，也可以定一个固定数额。由于按比例确定投标保证金的做法很容易导致报价泄露，因而确定固定投标保证金的做法较好，它有利于保护各投标商的利益。国际性招标采购的投标保证金缴纳的有效期一般为投标有效期加上30天。

投标商有下列行为之一的，应没收其投标保证金：投标商在投标有效期内撤回投标；投标商在收到中标通知书后，不按规定签订合同或不缴纳履约保证金；投标商在投标有效期内有违规违纪行为等。

在下列情况下应及时把投标保证金退还给投标商：中标商已按规定签订合同并缴纳履约保证金；没有违规违纪行为的未中标投标商。

第七，供应一览表、报价表和工程量清单。供应一览表应包括采购商品品名、数量、交货时间和地点等。在国境内提供的货物和在国境外提供的货物在报价时要分开填写。在报价表中，境内提供的货物要填写商品品名、商品简介、原产地、数量、出厂单价、出厂价境内增值部分占的比例、总价、中标后应缴纳的税费等。境外提供的货物要填写商品品名、商品简介、原产地、数量、离岸价单价及离岸港、到岸价单价及到岸港、到岸价总价等。工程量清单由分部分项清单、措施项目清单和其他项目清单组成，应由具有编制招标文件能力的招标人或受其委托具有相应资质的中介机构进行编制。

第八，投标文件格式。有的招标文件把这一部分叫作“附件”。这一部分就是要告诉投标者，他们将来的投标文件应该包括一些什么文件，每种文件的格式应当如何。例如，有一份招标文件，把下面的部分作为附件。

① 附件一，规定投标书的格式。

② 附件二，规定资格文件的内容，包括投标方公司全称、公司历史简介及现状、公司营业执照复印件、公司的组织结构和主要成员及属于何集团、开户银行名称和开户银行出具的资格证明书、有关授权代理人的资料和制造商的授权书（若投标方为代理商），还包括质量保证能力，提供2～3个能代表其公司业绩水平，且与本项目类似的项目简介，如项目名称、项目单位联系方法、实施时间和内容等，还要出具工程验收证明。

③ 附件三，包括完成项目的详细方案和技术说明要求。

总之，这一部分规定了投标方投标时所需要提供的所有文件的内容和格式。

（3）发布招标公告

招标公告的内容因项目而定，一般应包括：采购者的名称和地址，资金来源，采购内容简介，希望或要求供应货物的时间或工程竣工的时间或提供服务的时间表，获取招标文件的办法和地点，采购者对招标文件收取的费用及支付方式，开标日期、时间和地点。

（4）发售招标文件

招标人在向投标供应商提供招标文件前，应按招标文件要求对供应商资信进行预审，然后采用适当的方式，将招标书送到潜在投标供应商手中。多数情况下标书需要花钱购买，有些标书规定还要交一定的保证金以后才能得到。

3. 投标

投标是指投标人应招标人特定或不特定的邀请，按照招标文件规定的要求，在规定的时间和地点主动向招标人递交投标文件并以中标为目的的行为。

（1）投标准备

标书发售后至投标前，投标人要根据实际情况合理确定投标准备时间。投标准备时间确定得是否合理，会直接影响招标的结果。投标涉及的问题很多，投标商要准备预算、编制计划、考察项目现场、寻找合作伙伴和分包单位。

（2）投标人

参与投标的投标人可以是法人、个人或两个以上的法人、其他组织机构组成的联合体。但是投标人必须具备能够承担招标项目的能力和规定的资格条件。

（3）投标文件

投标文件是描述投标人实力和信誉状况、投标报价竞争力及投标人对招标文件响应程度的重要文件，也是评标委员会和招标人评价投标人的主要依据。投标人在物资和实力上能够满足招标文件要求的前提下，编制出高水平的投标文件，是在竞争中能否获胜的关键。

投标文件的内容要根据招标文件的内容要求来进行准备，投标的主要内容要体现在投标书上。

投标书是对招标文件做出的书面回应，投标书的基本内容主要包括表明参与招标项目投标的意愿，简要说明该招标项目的标底和主要条件。同时招标书要对投标文件的组成及附件、正本数和副本数做出说明，并声明投标人愿意遵守招标文件给出的具体约定、规定、义务，最后要由授权代表签字盖章。

此外，投标文件的内容还要包括项目人员配备情况，如简历、业绩等。另外，注意投标文件应该在招标文件规定的截止日期前送达招标地点。如果投标人需要修改、补充或撤回已提交的投标文件，应通知招标人。

4. 开标

投标结束后，进入开标阶段。开标是指在招标投标活动中，由招标人主持、邀请所有投标人和行政监督部门或公证机构人员参加的情况下，在招标文件预先约定的时间和地点当众对投标文件进行开启的法定流程。

（1）开标参加人

开标是公开进行的，一般情况下，由招标人主持。在招标人委托招标代理机构代理招标时，开标也可由该代理机构主持。主持人按照规定的程序负责开标的全过程。其他开标工作人员办理开标作业及进行记录等事项。邀请所有的投标人或其代表出席开标，可以使投标人得以了解开标是否依法进行，有助于使他们相信招标人不会任意做出不适当的决定；同时，也可以使投标人了解其他投标人的投标情况，做到知己知彼，大体衡量一下自己中标的可能性，这对招标人的中标决定也将起到一定的监督作用。此外，为了保证开标的公正性，招标人一般还邀请相关单位的代表参加，如招标项目主管部门的人员、监察部门代表等。有些招标项目，招标人还可以委托公证部门的公证人员对整个开标过程依法进行公证。

（2）开标时间

① 开标时间应当在提供给每一个投标人的招标文件中事先确定，以使每一投标人都能事先知道开标的准确时间，以便届时参加，确保开标过程的公开、透明。

② 开标时间应与提交投标文件的截止时间相一致。将开标时间规定为提交投标文件截止时间的同一时间，目的是为了防止招标人或者投标人利用提交投标文件的截止时间之后与开标时间之前的一段时间间隔做手脚，进行暗箱操作。实践中可能会有两种情况：如果开标地点与接收投标文件的地点相一致，则开标时间与提交投标文件的截止时间应一致；如果开标地点与提交投标文件的地点不一致，则开标时间与提交投标文件的截止时间应有合理的间隔。

③ 开标时应当众检查和启封投标书，宣读供应厂商投标文件的主要内容，宣布评标、定标原则和办法。开标时招标人发现投标文件不符合规定要求的应宣布该投标书无效。

（3）开标地点

为了使所有投标人都能事先知道开标地点，并能够按时到达，开标地点应当在招标文件中事先确定，以便使每一个投标人都能事先为参加开标活动做好充分的准备。招标人如果确有特殊原因，需要变动开标地点，则应当按照《招标投标法》第二十三条的规定，书面通知每一个提交投标文件的投标人。

（4）开标程序

① 由投标人或者其推选的代表检查投标文件的密封情况，也可以由招标人委托的公证机构检查并公证。投标人数较少时，可由投标人自行检查；投标人数较多时，也可以由投标人推举代表进行检查。是否需要委托公证机关到场检查并公证，完全由招标人根据具体情况决定。招标人或者其推选的代表或者公证机构经检查发现密封被破坏的投标文件，应当予以拒收。

② 经确认无误的投标文件，由工作人员当众拆封。投标人或者投标人推选的代表或者公证机构对投标文件的密封情况进行检查以后，确认密封情况良好，没有问题，则可以由现场的工作人员在所有在场的人的监督之下进行当众拆封。

③ 宣读投标人名称、投标价格和投标文件的其他主要内容。即拆封以后，现场的工作人员应当高声唱读投标人的名称、每一个投标的投标价格以及投标文件中的其他主要内容。其他主要内容，是指投标报价有无折扣或者价格修改等。如果要求或者允许报替代方案的话，还应包括替代方案投标的总金额。如建设工程项目，其他主要内容还应包括：工期、质量、投标保证金等。这样做的目的在于，使全体投标者了解各家投标者的报价和自己在其中的位置，了解其他投标的基本情况，以充分体现公开开标的透明度。

开标过程应当记录，并存档备查。这是保证开标过程透明和公正，维护投标人利益的必要措施。对开标过程进行记录、存档备查，也是国际通行做法，《联合国采购示范法》《世界银行采购指南》《亚行采购准则》等有关法律都对此做了规定。

（5）开标会

第一步，招标人签收投标人递交的投标文件。在开标当日且在开标地点递交的投标文件的签收应当填写投标文件报送签收一览表，招标人设专人负责接收投标人递交的投标文件。提前递交的投标文件也应当办理签收手续，由招标人携带至开标现场。在招标文件规定的截标时间后递交的投标文件不得接收，由招标人原封退还给有关投标人。在截标时间前递交投标文件的投标人少于三家的，招标无效，开标会即告结束，招标人应当依法重新组织招标。

第二步，投标人出席开标会的代表签到。投标人授权出席开标会的代表本人填写开标会签到表，招标人设专人负责核对签到人身份，保证出席人与签到的内容一致。

第三步，开标会主持人宣布开标会开始。主持人宣布开标人、唱标人、记录人和监督人员。主持人一般为招标人代表，也可以是招标人指定的招标代理机构的代表。开标人一般为招标人或招标代理机构的工作人员，唱标人可以是投标人的代表或者招标人或招标代理机构的工作人员，记录人由招标人指派。

第四步，开标会主持人介绍主要与会人员。主要与会人员包括到会的招标人代表、招标代理机构代表、各投标人代表、公证机构公证人员、见证人员及监督人员等。

第五步，开标会主持人宣布开标会程序、开标会纪律和当场废标的条件。

投标文件有下列情形之一的，应当场宣布为废标：逾期送达的或未送达指定地点的；未按招标文件要求密封的。

第六步，核对投标人授权代表的相关资料。核对投标人授权代表的身份证件、授权委托书及出席开标会人数。法定代表人出席开标会的要出示其有效证件。主持人还应当核查各投标人出席开标会代表的人数，无关人员应当退场。

第七步，主持人介绍投标人确认。主持人介绍招标文件、补充文件或答疑文件的组成和发放情况，投标人确认。

第八步，主持人宣布投标文件截止和实际送达时间。在截标时间后送达的投标文件应当场废标。

第九步，代表共同检查各投标书密封情况。招标人和投标人的代表共同（或公证机关）检查各投标书密封情况。密封不符合招标文件要求的投标文件应当场废标，不得进入评标。

第十步，开标由指定的开标人在监督人员及与会代表的监督下当众拆封，拆封后应当检查投标文件组成情况并记入开标会记录，开标人应将投标书和投标书附件以及招标文件中可能规定需要唱标的其他文件交唱标人进行唱标。在递交投标文件截止时间前收到投标人撤回其投标的书面通知的投标文件不再唱标，但须在开标会上说明。

第十一步，开标会记录签字确认。投标人的授权代表应当在开标会记录上签字确认。投标人对开标有异议的，须当场提出，招标人应当场予以答复，并做好记录。投标人基于开标现场事项投诉的，应当先行提出异议。

第十二步，公布标底。招标人设有标底的，标底必须公布。唱标人公布标底。

第十三步，送封闭评标区封存。投标文件、开标会记录等送封闭评标区封存。实行工程量清单招标的，招标文件约定在评标前先进行清标工作的，封存投标文件正本，副本可用于清标工作。

第十四步，主持人宣布开标会结束。

5. 评标

开标后，进入第五阶段，也就是评标阶段。在评标阶段，招标人应重点关注以下内容。

（1）评标委员会

评标由招标人依法组建的评标委员会负责。评标委员应当依照“公正、科学、合法”的原则和招标文件确定的评标标准和方法，对投标文件进行评审和比较。设有标底的，应当参考标底。评标委员会完成评标后，应当向招标人提出书面评标报告，并推荐合格的中标候选人。招标人根据评标委员会提出的书面评标报告和推荐的中标候选人确定中标人。招标人也可以授权评标委员会直接确定中标人。评标委员会成员为不少于 5 人以上的单数，依照《招标投标法》第三十七条的规定，评标委员会必须有技术、经济等方面的专家，且人数不得少于成员总数的 2/3。

招标会开始后，招标人将投标文件交给投标人检查，签封完毕后当面开封。投标人可以拿自己的投标书当着全体评标小组陈述自己的投标书。对于投标文件中含义不明确的地方，评标委员会可以要求投标商做简要解释，但所做的解释不能超过投标文件记载的范围，或实质性地改变投标文件的内容。

（2）评标流程

科学合理地制定评标程序有利于最终选择比较优秀的供应商。评标一般包括以下几个阶段。

第一步，初步评标。初步评标包括以下内容。

① 投标人资格是否符合条件。

② 投标文件是否符合招标文件的要求。

③ 投标文件的内容是否完整。

④ 投标人是否按规定方式提交投标保证金。

⑤ 有无计算上的错误等。

经过招标人初步评标后，如果投标人资格不符合要求，或对投标文件未做出实质性的反应，都应作为无效投标处理。凡是符合要求的投标人就要核定投标书中的相关指标有无计算和累计方面的错误。在修改计算错误时，必须要遵循两条原则：如果数字表示的金额与文字表示的金额不一致，要以文字表示的金额为准；如果价格和数量的乘积与总价不相等，要以单价为准。但是如果采购单位认为有明显的小数点错误，此时要以标书的总价为准，并修改单价。如果投标人不接受根据上述修改方法而调整的投标价，可拒绝其投标并没收其投标保证金。

第二步，详细评标。只有在初步评标中确定为基本合格的招标人，才有资格进入下一步详细评定和比较阶段。招标人依据招标文件的规定，并按评标价由低到高评定出各投标的排列次序。

在评标时，当出现最低评标价远远高于标底或缺乏竞争性等情况时，应废除全部投标。

第三步，编写并上报评标报告。评标工作结束后，应由采购单位编写评标报告并上报采购主管部门。评标报告具体内容包括以下几个方面。

① 招标通告刊登的时间、购买招标文件的单位名称。

② 投标商名单。

③ 开标日期、开标汇率。

④ 评标的原则、标准和方法。

⑤ 价格评比基础。

⑥ 投标报价及调整后的价格。

⑦ 授标建议和意见。

第四步，资格后审。如果在投标前没有进行资格预审，在评标后则需要对最低评标价的投标人进行资格后审，如果审定结果认为这个投标人有资格、有能力承担合同任务，就可以把合同授予他；如果认为他不符合要求，则应对下一个评标价最低的投标人进行类似的审查，直到选出合适的投标人。

6. 定标

经过评标委员会评比分析后，选择出中标人，这样就可以进入最后阶段，就是定标阶段。定标阶段应当做好以下工作。

第一，评标结束后，招标办公室在投标有效期内向中标供应商发出《中标通知书》；同时向落标供应商发出《落标通知书》，并及时退还投标保证金。有时候还要与落标供应商进行个别座谈，一方面对他们表示感谢，另一方面可以向供应商做一些解释，并倾听供应商的一些有益的建议。但是与落标供应商的座谈不能改变中标结果。

第二，中标人在接到中标通知书后，应在指定时间内在指定地点与招标人签订供需合同。

具体的合同签订方法有以下两种。

方法一，在招标人向中标投标人发中标通知书的同时，将合同文本寄给中标人，让其在规定的时间内签字退回。

方法二，中标人收到中标通知书后，在规定的时间内派人前去签订合同。合同签订后并在中标供应商按要求提交了履约保证金后，合同就正式生效，采购工作进入了合同实施阶段。

不同国家与地区的招标采购流程可能会略有差别，但是大体上不会有太大差异，图 9-1 就是一个标准的招投标流程图。

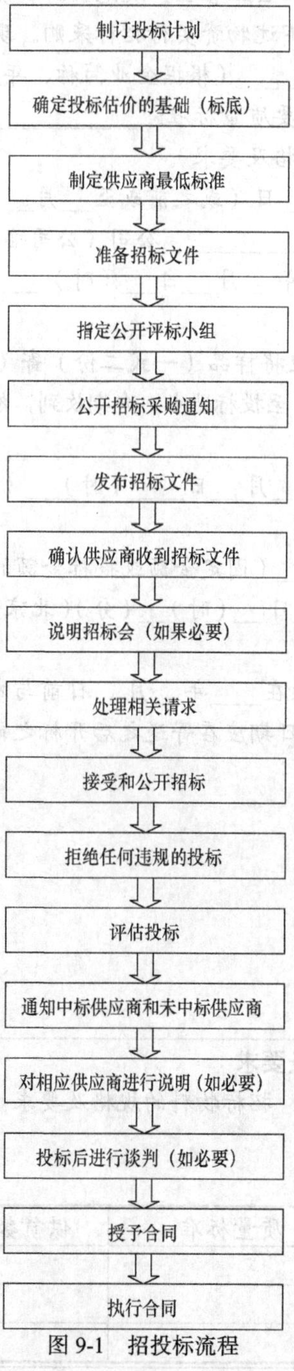

图 9-1 招投标流程

知识延伸

采购招标书正文

第一部分 投标邀请书

投标邀请书

为进一步深化企业改革，加强企业管理，规范企业物资采购工作，达到降低成本、提高经济效益的目的，本公司决定对下述物资实行招标采购。现邀请合格的投标方前来投标。

1. 招标编号:________________（根据企业简称、年度和日期编写）。

2. 招标货物名称、数量及主要质量标准:________________________________（详细内容见第二部分:招标物资的规格及要求）。

3. 交货期: ______年__月 _日（或之前或至__月___日）。

4. 投标地点: ______________________公司（公司名称全称，下同）。

5. 投标截止时间: ______年 __月 __日__（时）___ （分）（北京时间），逾期收到或不符合规定的投标文件恕不接受。

6. 投标截止日前，投标方应将样品（一式二份）寄（送）至投标地点，需检验的样品应于___年___月___日前寄（送）至投标地点，逾期收到，恕不接受。（该内容根据实际情况决定是否需要保留）。

7. 开标时间、地点: ___年___月___日____（时）____（分）（北京时间）（*投标截止时间和开标时间必须一致）。

8. 所有的投标书内均附有___（固定金额或投标金额的某一百分比（2%～5%））的投标保证金，并应于______年 __月___日___（时）___（分）（北京时间）前递交到____________（详细地址）。

9. 若对本次招标有疑问，请在_____年 ___月___日前与本公司联系。技术、质量方面的询问请以信函或传真的形式（该条日期应在寄送之后开标之前的合理时间）。

地址:

邮编:

电话:

传真:

联系人:

×××公司

年 月 日

第二部分 招标物料的规格及要求

招标物料的规格及要求

1. 产品概况

（1）产品质量及要求。

产品名称	单位	质量标准	供货数量	交货地点

（2）供货时间：___年___月___日（或之前或至___月___日）。
（3）供货方式：中标方负责送货，并自行承担运输费用。
（4）验收方式：招标方按第 1 条所述质量标准进行验收。
（5）付款条件和结算方式。
2. 其他说明
（1）物料的数量可能在以上内容的基础上有所增减，以最后签订合同为准。
（2）本部分所涉及的条款和未涉及的其他条款，以最后签订的合同为准。

第三部分　投标方须知

投标方须知

一、说明
1. 适用范围：本招标文件仅适用于本招标邀请书所述项目的货物采购。
2. 定义
（1）“招标方”系指第一部分所指的组织本次招标的招标机构。
（2）“投标方”系指向招标方提交投标文件的制造商或供货商。
3. 合格的投标方：为合法独立的企业法人单位，具有履行合同所需的财务、技术和生产能力。若生产特殊产品还应提交相应的许可证。
4. 投标费用：无论投标的过程和结果如何，投标方自行承担与参加投标有关的全部费用。
二、招标文件说明
1. 招标文件的构成
招标文件由下述部分组成：
（1）投标邀请书
（2）招标物资的规格及要求
（3）投标方须知
（4）合同条款
（5）投标文件格式（附件 1、附件 2、附件 3）
2. 除非有特殊要求，招标文件不单独提供招标货物使用地的自然环境、气候条件、交通状况、公用设施等情况，投标方被视为熟悉上述与履行合同有关的一切情况。
3. 招标文件的澄清
投标方对招标文件如有疑问，可要求澄清，应在投标截止时间前____天（一般为 15 天）按投标邀请中的地址，以书面形式通知招标方，招标方将视情况确定采用适当方式予以澄清或以书面形式予以答复。
4. 招标文件的修改
（1）在投标截止日期____日。应给予投标方合理时间修改投标文件，为国家规定必须进行招标的项目，该时间不得少于 15 日前，招标方可主动地或依据投标方要求澄清的问题而修改招标文件，并以书面形式通知每一投标方，投标方在收到通知后应立即以传真的方式予以确认。
（2）为使投标方在准备投标文件时有合理的时间考虑招标文件的修改，招标方可酌情推迟投标截止时间和开标时间，并以书面形式通知每一投标方。
（3）招标文件的修改书将成为招标文件的一部分，对投标方有约束力。

三、投标文件的编写

1. 投标文件的组成

（1）投标书、开标一览表、授权委托书（见附件1、2、3）。

（2）投标资格证明文件：企业法人营业执照、特殊行业许可证等。

2. 投标报价

（1）投标方可选择招标邀请书中的单个、多个或全部货物投标。

（2）投标方应在招标文件所附的“开标一览表”中写明投标货物的单价，投标方根据不同的付款时间，对每一种货物只允许有一个报价，招标方不接受同一付款时间条件下有任何选择的报价。

（3）投标报价币种为人民币。

3. 投标文件的签署及规定

（1）投标方应准备一份正本和____份副本（副本数量一般根据评标小组人数确定，两者相等），在每一份投标文件上明确注明“正本”和“副本”字样，一旦正本和副本有差异，以正本为准。

（2）投标文件需打印并由投标方法定代表人或经正式授权的投标方代表签字。

（3）除投标方对错处作必要修改外，投标文件中不许有加行、涂抹或改写。若有修改须由签署投标文件的人进行签字。

（4）电报、电话、传真形式的投标概不接受。

4. 投标文件从开标之日起，投标有效期为____天（期限的确定原则以开标后定标所需时间为依据，一般30天左右为宜）。

四、投标文件的递交

1. 投标文件的密封和标记

（1）投标方应将投标文件正本和副本分别用信封密封，并标明招标编号、投标货物名称及正本和副本。

（2）每一密封信封上应注明“于________年____月__日___（时）____（分）（北京时间）之前不准启封”字样，并加盖投标人公章。

（3）为便于招标方分类“唱标”“评标”，每一信封上应注明投标货物名称。

（4）样品一式两份，其中一份注明“于______年___月__日___（时）___（分）（北京时间）之前不准启封”字样，并加盖投标人公章。另一份注明“招标方检验”字样（假定《招标邀请书》第6条存在）。

（5）如果投标文件和样品（假定《招标邀请书》第6条存在）由专人送交，投标方应将投标文件按（1）～（4）中的规定进行密封和标记后，按投标邀请书注明的地址送至招标方。

（6）如果未按上述规定进行密封和标记，招标方对投标文件的误投或提前折封概不负责。

2. 投标方应在投标截止时间前将投标文件以邮寄或专人送交的方式交至招标方。

3. 投标方应按第一部分《投标邀请书》第6条规定的时间将样品寄（送）至招标方，逾期恕不接受（假定《招标邀请书》第6条存在）。

4. 招标方将拒绝在投标截止时间后收到的投标文件

5. 投标文件的修改和撤销

投标方在提交投标文件后，可对其投标文件进行修改或撤销，但招标方须在投标截止时间之前收到该修改或撤销的书面通知，该通知须由投标方法定代表人或经正式授权的投标方代表签字。

五、开标和评标

1. 开标

（1）招标方在投标邀请书规定的时间和地点开标。

（2）开标时，查验投标文件密封情况，确认无误后拆封唱标，唱正本“开标一览表”以及招标方认为合适的其他内容并记录。

（3）投标方不按照招标书要求缴纳保证金的，投标书将被拒绝。

2. 评标小组

招标方将根据招标采购货物的特点组建评标小组，评标小组对投标文件进行审查、质疑、评估和比较。

3. 对投标文件的审查和响应性的确定

（1）开标后，招标方将组织审查投标文件是否完整，文件是否正当地签署。若投标文件不完整或文件签署不恰当，其投标将被拒绝。

（2）招标方将确定每一投标是否对招标文件的要求作出了实质性的响应，而没有重大偏离。实质性响应的投标是指投标符合招标文件的所有条款、条件和规定且没有重大偏离或保留。重大偏离或保留指影响到招标文件规定的供货范围、质量性能或限制了招标方和投标方义务的规定，而纠正这些偏离将影响到其他提交实质性响应投标的投标方的公平竞争地位。

（3）招标方判断投标文件的响应性仅基于投标文件本身而不靠外部证据。

4. 投标文件的澄清

为了有助于对投标文件进行审查、评估和比较，招标方有权向投标方质疑，请投标方澄清其投标内容。投标方有责任按照招标方通知的时间、地点指派专人进行答疑和澄清。

5. 对投标文件的评估和比较

（1）招标方及其组织的评标小组将对投标文件进行评估和比较。

（2）评标时除考虑投标价外，还考虑以下因素：

- 投标文件中所报交货期及付款方式；
- 货物的技术水平、性能和供货能力；
- 货物的质量及适应性；
- 货物发到最终目的地的运输、保险及其他费用。

6. 评标原则及方法

（1）对所有投标方的投标评估，都采用相同的程序和标准。

（2）评标严格按照招标文件的要求和条件进行。评标规则如下：

根据采购物资特点及购方需求情况，从投标报价、付款方式、合作情况、售后服务、投标方综合实力等方面综合考虑确定评价项目。评价项目总分 10 分，根据实际情况确定各评价项目的权重，计算投标方综合得分。

（3）根据第 5 条考虑因素，经综合分析、比较，确定每种货物的最低评标价标。

（4）招标方对投标书中的投标货物有单个、多个或全部的选择权。

7. 保密

（1）有关投标文件的审查、澄清、评估和比较以及有关授予合同的意向的一切情况都不得透露给任何一投标方或与上述评标工作无关的人员。

（2）投标方不得干扰招标方的评标活动，否则将废除其投标。

六、授予合同

1. 定标准则

（1）合同将授予其投标符合招标文件要求，并能圆满地履行合同的，对买方最为有利的最低评标价标的投标方。

（2）最低报价不是被授予合同的保证。

2. 资格最终审查

招标方将审查最低评标价标的投标方的财务、技术、生产和供货能力及信誉，确定其是否能圆满地履行合同。

3. 接受和拒绝任何投标的权力

招标方在授予合同之前仍有选择或拒绝任何投标的权力，并对所采取的行为不作任何解释。

4. 招标方有权对同一产品确定 2 个（或 3 个）中标单位（或招标方将根据评标结果确定一个中标单位）。

5. 中标通知

（1）评标结束后___日内，招标方将以书面形式发出《中标通知书》，发出时间不超过投标有效期。

（2）《中标通知书》将作为签订合同的依据。

6. 授予合同时变更数量的权力

招标方在授予合同时有权对第二部分中规定的货物数量予以增加或减少。

7. 签订合同

（1）中标单位应在收到中标通知后___日内同招标方签订合同。

（2）招标文件、中标方的投标文件及澄清文件等，均为签订合同的依据。

第四部分　合同条款

合同条款

购货方：（以下简称甲方）

供货方：（以下简称乙方）

根据招标编号：________________的招标文件和中标通知书，为明确双方的权利义务，确保双方实现各自的经济目的，经甲乙双方协商一致，签定本合同，以资双方信守执行。

第一条　购销产品

产品名称	产品规格	质量标准	供货数量

注：质量标准根据需要亦可另用一条款约定。

第二条　交货地点和方式

1. 交货方法：乙方送货，分次发货。

（1）第一批货物数量________，________年___月___日至___年___月___日期间到货；

（2）第二批货物数量________，________年___月___日至___年___月___日期间到货；

（3）第三批货物数量________，________年___月___日至___年___月___日期间到货；

（4）第四批货物数量________，________年___月___日至___年___月___日期间到货。

注：也可乙方送货，一次性全部发货，_____年__月___日至___年___月____日期间到货。

2. 交货地点：乙方负责将货物送至甲方仓库所在地。

3. 运输方式：___________。

第三条 运输费用负担

运输费用由乙方负担。

第四条 合理损耗计算方法：（该条根据实际情况取舍）

1. 每次交货数量的正负尾差不超过______；

2. 合理磅差不超过_____；

3. 在途自然减量不超过________________________________。

第五条 包装方式及包装品的回收及处理

1. 包装方式：______________。

2. 包装材料及规格：______________________________。

3. 包装费用承担：包装费用由乙方承担，不得向甲方另外收取。

4. 包装物需要退回的，甲方配合乙方退回，因此而产生的费用由乙方承担。

第六条 验收标准、方法、期限

1. 按照本合同约定的质量标准作为验收标准。

2. 甲方应自收货之日起___日内进行验收。

3. 质量检验方法：_______________。

第七条 对产品提出异议的时间和办法

1. 甲方在验收中或使用中，如发现产品的品种、规格、数量、质量等不符合合同要求，应一面妥善保管，一面向乙方提出异议。

2. 乙方接到甲方书面异议后应在___日内负责处理，否则，即视为默认甲方提出的处理意见。

第八条 在途货物的风险承担

乙方在将货物送至甲方仓库前，标的物的毁损、灭失的风险由乙方承担；在合同约定的交货地点交甲方接受后，标的物毁损、灭失的风险，由甲方承担。

第九条 付款日期及结算方式

1. 付款日期：为甲方收货验收合格后___天。

（1）第一批货付款日期：___年___月___日。

（2）第二批货付款日期：___年___月___日。

（3）第三批货付款日期：___年___月___日。

（4）第四批货付款日期：___年___月___日。

2. 结算方式：①支票（ ）；②汇票（ ）；③现金（ ）。

第十条 乙方的违约责任

1. 如乙方不能交货，除应赔偿因此给甲方造成的损失外，还应向甲方偿付不能交货部分货款的___%的违约金。

2. 如乙方所交产品品种、规格、数量、质量不符合合同规定，如果甲方同意利用的应当按质论价；如果甲方不能利用，甲方有权退货或要求乙方换货；乙方负责退换，并承担因退货或换货而支付的费用。如乙方不能调换，按不能交货处理。

3. 如乙方因产品包装不符合合同规定而造成货物损坏或灭失，乙方应负赔偿责任。

4. 如乙方逾期交货，应向甲方偿付逾期交货部分的价款每日__%的违约金。

5. 产品错到交货地点，乙方应负责运交合同规定的交货地点并承担因此而支付的费用和逾期交货的违约金。

6. 如乙方逾期交货，应在发货前与甲方协商，甲方仍需要，乙方应照数补交，并负逾期交货的违约责任；如甲方不再需要，应当在接到乙方通知后__日内通知乙方，办理合同解除手续。逾期不答复的，视为同意发货。

第十一条　甲方的违约责任

1. 货物已经发运，如甲方无正当理由，中途退货，应向乙方偿付退货部分货款__%的违约金。

2. 如甲方违反合同规定，应当承担因此给乙方造成的损失。

3. 甲方对乙方提出错误异议的，应当承担因此给乙方造成的损失。

第十二条　合同的变更和解除

合同的变更或解除应以书面方式作出或通知。

1. 因客观条件发生变化，经双方协商一致，可以变更合同。

2. 如因标的物质量不符合质量要求而影响实现合同的目的，甲方有权解除合同，解除合同的通知应在接货后___日内发出。该情形下货物毁损、灭失的风险由乙方承担。

3. 如乙方逾期___日交货，甲方不再需要货物，甲方有权解除合同。

4. 经双方协商一致，可以解除合同。

第十三条　不可抗力

如遇不可抗力的情况，可以分情形全部或部分免除对方的责任，但一方应将不可抗力的情况尽快书面告知对方并提供有效机构出具的有关证明。

第十四条　本合同在执行中发生纠纷，双方应协商解决，不能解决的，应依法向购货方有管辖权的人民法院提起诉讼。

第十五条　本合同未尽事宜，由双方协商，作出补充规定，补充规定与本合同具有同等效力。

第十六条　其他约定事项

例如，甲方可以根据生产计划调整购货总量，但调整后的合同总量不得低于原合同总量的__%。

第十七条　本合同正本一式四份，双方各执两份，具有同等效力。

第十八条　本合同自双方签字盖章之日起生效。

甲方：　　　　　　　　乙方：

代表人：　　　　　　　代表人：

年　月　日　　　　　　年　月　日

附件 1：投标书

投标书

致：×××公司：

根据贵方招标采购货物的投标邀请____（招标编号），签字代表___（全名、职务）经正式授权并代表投标方__________________（投标方名称、地址）提交下述文件：

A. 委托书（非法定代表人签字，应提交委托书）

B. 开标一览表

C. 资格证明文件，包括但不限于企业法人营业执照（或开业证明）、税务登记证明、生产许可证、向其他主要客户供货的名单等

据此函，投标方同意如下：

1. 所附开标一览表中规定的应提供和交付的货物：_____________（货物名称）投标单价为人民币_______元。

2. 投标方将按招标文件的规定履行责任和义务。

3. 投标方已详细审查全部招标文件，包括修改文件（如有的话）以及全部参考资料和有关附件。我们完全理解并同意放弃对这方面有不明及误解的权利。

4. 其投标自开标日起有效期为__日。

5. 投标方同意提供按照贵方可能要求的与其投标有关的一切数据或资料，完全理解贵方不一定要接受最低价的投标或收到的任何投标。

6. 与本投标有关的一切正式往来通信请寄：

地址：

邮编：

电话：

传真：

投标方名称：（公章）

投标方代表签字：

年　月　日

附件 2：开标一览表

开标一览表

投标方名称：

招标编号：

产品名称	数量	单价（元）	运费	质量标准	交货期	交货地点	付款时间

投标方名称：（公章）

投标方代表签字：

年　　月　　日

注：本文件是根据《招标投标法》及本公司实际情况而制定的。投标方如欲改动，请电话咨询：　　　　　　　　　　联系人：

附件 3：授权委托书

授权委托书

本授权委托书声明：我________（姓名）系____________[投标单位名称]的法定代表人，现授权委托__________（单位名称）的________（姓名）为我公司代理人，以本公司名义参加________（招标单位）的__________（招标编号）的投标活动。代理人在开标、评标、合同谈判过程中所签署的一切文件和处理与之有关的一切事务，我方均予以承认。

代理人无转委托权。特此委托。

代理人：　　　　　　单位：　　　　　　职务：

投标单位：（盖章）

法定代表人：（签字）

年　　月　　日

四、招标采购的评标方法

评标必须以招标文件规定的评标方法为依据，不得使用招标文件以外的标准和方法进行评标，也不得改变招标确定的标准和方法。目前评标方法很多，最常用的也是最有实际操作性的评标方法有三种：最低评标价法、寿命周期成本评标法、综合评标法。

1. 最低评标价法

采用最低评标价法评标的，在商务、技术条款均满足招标文件要求时，评标价格最低者为推荐中标人。

最低评标价法是《政府采购货物和服务招标投标管理办法》明文规定的评标方法之一。根据《政府采购货物和服务招标投标管理办法》第五十一条的规定，最低评标价法，是指以价格为主要因素确定中标供应商的评标方法，即在全部满足招标文件实质性要求前提下，依据统一的价格要素评定最低报价，以提出最低报价的投标人作为中标候选供应商或者中标供应商的评标方法。最低评标价法适用于标准定制商品及通用服务项目。

适用最低评标价法进行评标的前提条件是投标人全部满足招标文件的实质性要求。然后根据招标文件规定的价格要素评定出各投标人的“评标价”。再剔除低于成本的报价和明显不合理的报价，以提出“最低评标价”的投标人作为中标候选人。

2. 寿命周期成本评标法

这种方法是在综合评标价法的基础上，再加上一定运行年限内的费用作为评标价格。有时候，采购整座工厂成套生产线或设备、车辆等，采购后若干年运转期内的各项后续费用（零件、油料、燃料、维修等）很大，有时甚至超过采购价；不同投标书提供的同一种设备，相互间运转期后续费用的差别，可能会比采购价格间的差别更为重要。在这种情况下，就应采取寿命周期成本法。以汽车为例，一般采购价总是小于包括后续期维修费和燃料费用在内的后续费用，相互间的比例甚至可达到 1∶3。采用设备寿命周期成本评标法，应首先确定一个统一的项目评审寿命期，然后将投标报价和因为其他因素而需要调整（增或减）的价格，加上今后一定的运转期内所发生的各项运行和维护费用（如零部件、燃料、油料、电力等）再减去寿命期末项目的残值。计算运转期内各项费用，包括所需零部件、油料、燃料、维修费以及到期后残值等，都应按招标文件规定的贴现率折算成净现值，再计入评标价中。

3. 综合评标法

综合评标法：俗称“打分法”，把涉及的投标人各种资格资质、技术、商务以及服务的条款，都折算成一定的分数值，总分为 100 分。评标时，对投标人的每一项指标进行符合性审查、核对并给出分数值，最后，汇总比较，取分数值最高者为中标人。评标时的各个评委独立打分，互相不商讨，最后汇总分数。

（1）综合评标法的优点

第一，比较容易制定具体项目的评标办法和评标标准；

第二，评标时，评委容易对照标准“打分”。

（2）综合评标法的操作要点

第一，必须在招标文件中，事先列出需要考评的具体项目和指标以及分数值。第二，按照有关法律法规来制定评标标准，不得擅自修改。例如，价格分占 30%～60%的比例，不能改变超出范围。第三，分数值的标准不宜太笼统。例如，不能笼统地说“技术分 30 分”，而是应细分“技术分 30 分”中每项的指标（如标准体系、速度、稳定性、误差、能耗等子考核指标），以及每项子考核指标应该如何计分，并说明各投标人的具体分数值如何计算。

（3）综合评标价法的操作难点

第一，难以细致制定评分标准，精确到每一个分数值；第二，难以找出制定技术和价格等标准分值之间的平衡关系；第三，难以事先制定并且公布具体计算的“基准价格”等参数和计算办法，特别是在目前不正当竞争行为比较多的情况下，容易被个别的投标人或者评委人为地破坏；第四，难以在标准细化后，最大程度地满足招标人的愿望。

（4）综合评标价法的缺点

第一，具体实施起来，评标办法和标准可能五花八门，很难统一与规范；第二，在没有资格预审的招标中，容易由于资格资质条件设置的不合理，导致出现“歧视性”条款，造成不公，引起质疑和投诉；第三，如果评分标准细化不足，则评标者在打分时的“自由裁量权”容易过大；第四，容易发生“最高价者中标”现象，引起对于政府采购和招标投标的质疑。

（5）综合评标价法的影响

第一，交货期。以招标文件规定的具体交货时间作为标准，当投标书提出的交货期在一定范围内早于或迟于规定时间，则按投标价的某一百分比计算评标折算价。对于工程设备一般不给予提前交货的评标优惠，因为施工还不需要时的提前到货，不仅不会使项目法人获得提前收益，反而要增加仓储管理和设备保养费。

第二，付款条件。投标单位应按照招标文件中规定的付款条件来报价。当投标单位支付要求的偏离条件在可接受范围内的情况下，按招标文件中规定的贴现率换算成评标时的净现值，调整投标报价后作为评标价格。

第三，设备性能、生产能力。投标设备应具有招标文件技术规范中规定的性能、生产能力。如果所提供设备的性能、生产能力中某些非关键性技术指标没有达到技术规范要求的基准参数，则按每种参数的某一百分比计算折算价，将其加到投标价上去。

第四，零配件和售后服务。零配件一般以设备运行两年内各类易损备件的获取途径和供应价格作为评标要素。售后服务内容一般包括安装监督、设备调试、提供备件、负责维修、人员培训等工作。如果这些费用已要求投标单位包括在投标价之内，则评标时不再考虑这些因素，反之则应将投标单位填报的备件价格、可能需购置的数量，以及售后服务价格加到投标价上去。

第五，从交货地到安装地的运输费用。这部分为招标单位可能支付的额外费用包括运费、保险费和其他费用，如运输超大件设备需要对道路加宽、桥梁加固所需支出的费用等。换算为评标价格时，可按照运输部门（铁路、公路、水运）、保险公司，以及其他有关部门公布的收费标准，计算货物运抵最终目的地将要产生的费用。

案例链接

某国有医院利用自有资金采购一套大型医疗设备，已按照商务部《机电产品国际招标投标实施办法》履行了相关备案手续，采用国际公开招标方式进行招标。共有4家投标人进入评标程序，各投标文件相关内容如下。

投标人A：投标价格为CIF 1 010 000美元，迟交货超过规定的交货时间22天，投标设备一般性能及参数存在6项负偏离和3项正偏离，内陆运输费、保险费及其他伴随服务费用20 000元人民币。投标价格含W功能且W功能报价30 000美元。投标有效期90天。

投标人B：投标价格为CIF 870 000美元，投标设备一般性能及参数存在9项负偏离，内陆运输费、保险费及其他伴随服务费用21 000元人民币。投标价格含W功能且W功能报价20 000美元。投标有效期60天。

投标人C：投标价格为CIF 825 000欧元，投标设备一般性能及参数存在2项负偏离和2项正偏离，10%的合同金额要求提前5周支付，内陆运输费、保险费及其他伴随服务费用22 000元人民币。投标价格含W功能且W功能报价26 000美元。投标有效期120天。

投标人D：投标价格为CIF 830 000欧元，内陆运输费、保险费及其他伴随服务费用24 000元人民币。投标价格不含W功能。投标声明内容为：投标报价中包含了U功能，价值10 000欧元。投标有效期90天。

经备案同意的招标文件采用最低评标价法评标，同时规定了评标价量化因素及评标价格调整方法。

（1）以招标文件规定的交货时间为基础，每超过交货时间一周，其评标价将在其投标总价的基础上增加0.5%，不足一周按一周计算，提前交货不考虑降低评标价。

（2）合同条款中规定了招标人提出的付款计划，买方可接受的偏离范围为不超过15%。对于需提前支付的金额，评标时将按 0.2%周利率计算提前支付所产生的利息，并将利息增加计入其评标价中，优惠的支付条件不考虑降低评标价。

（3）一般性能及参数任何一项存在负偏离，其评价价格将在其投标总价的基础上增加1%，最多负偏离项数不得超过10项。W功能是招标内容要求的设备配置功能，U功能不是招标内容要求的设备配置功能。

（4）若投标人不提供招标文件要求的功能、部件或服务，按所有进入开标程序的其他投标人提供的该项功能、部件或服务的最高的投标价格对其评标价格进行加价。招标文件还规定投标有效期为90天，不允许有备选投标方案。投标报价要求：境内货物投标报价报货到医院价格。境外货物投标报价报CIF价，同时报内陆运输费、保险费和伴随服务费。

开标当日按规定可以使用的汇率折算标准为1欧元=1.4美元，人民币=0.146美元。设备进口关税4%，增值税17%。招标人招标的范围和设备数量无调整。

思考：

（1）在商务评议、技术评议阶段，哪些投标人评审不合格？请说出理由。

（2）针对设备技术评议，投标人A的投标设备一般性能及参数存在6项负偏离和3项正偏离，负偏离和正偏离项数抵减后，实际只存在3项负偏离，其评价价格将在其投标总价的基础上增加3%，即增加30 300美元。上述技术评议方法是否正确？为什么？

（3）投标人D投标声明其投标报价中包含了U功能，价值10 000欧元。在计算评标价格时，可否在投标价格基础上核减10 000欧元？为什么？

任务二 政府采购

一、政府采购的含义

政府采购是指各级国家机关、实行预算管理的事业单位和社会团体采取竞争、择优、公正、公平、公开的形式使用财政预算内、外资金等财政性资金，以购买、租赁、委托或雇佣等方式获取货物、工程和服务的行为。政府采购是公共财政体系中的一个重要组成部分，是市场经济国家管理购买性支出（如政权建设、公共设施等）的一项基本手段，也是国际上通行的政府加强财政支出管理和调控经济的重要手段。

政府采购不仅是指具体的采购过程，而且是采购政策、采购程序、采购过程及采购管理的总称，是一种对公共采购管理的制度。

为了有效规范政府采购行为，我国从2003年1月1日起实施《中华人民共和国政府采购法》，2015年1月30日李克强总理又签署了中华人民共和国国务院令第658号《中华人民共和国政府采购法实施条例》（以下简称《条例》），这些都为政府采购的操作提供了法律依据。

二、政府采购过程

1. 编制政府采购计划

采购人应当根据集中采购目录、采购限额标准和批复的政府采购项目及资金预算编制政府采购实施计划，报同级人民政府财政部门。

（1）公开招标采购编制采购计划时间规定

货物或服务项目实行公开招标方式采购的，应当保证投标人编制投标文件所需的合理时间，自招标文件开始发出之日起至投标人提交投标文件截止之日止，不得少于20日。但符合下列情形之一的，自招标文件开始发出之日起至提交投标文件截止之日止的期限可以适当缩短，但最短不得少于10日。

① 采购人或采购代理机构已在财政部门指定媒体上发布一揽子本年度政府采购项目预备采购公告，且自发布公告之日起至发布具体采购项目的招标公告之日止已超过20日的。

② 采购人或采购代理机构本年度已在财政部门指定媒体上发布具体采购项目预备招标公告，且自发布预备招标公告之日起至发布正式招标公告之日止已超过20日的。

③ 采购人或者采购代理机构分批采购标准相同的采购项目中第二批以后的采购项目，且已事先在财政部门指定的政府采购信息发布媒体上发布预备分批招标公告的。

④ 公开招标不能成立，需重新进行公开招标的。

（2）邀请招标采购编制采购计划时间规定

货物或服务项目实行邀请招标方式采购的，采购人与被邀请供应商就缩短提交投标文件期限事宜达成一致意见，并签订书面协议的，自招标文件开始发售之日起至提交投标文件截止之日止的期限可以适当缩短，但最短不得少于10日。

2. 选择采购方式

（1）公开招标采购

县级以上地方人民政府采购项目的公开招标具体数额标准，可以由省级人民政府授权的同级地方人民政府制定。

采购人采购公开招标数额标准以上的货物或者服务项目，有下列情形之一的，经县级以上人民政府财政部门批准，可以采用非公开招标采购方式。

情形一，公开招标未能成立，且招标文件没有不合理条款、招标程序符合规定，重新公开招标将影响采购项目实施的。

情形二，采购项目具有特殊性，符合资格条件供应商不足三家的。

情形三，采购时间紧急，采取公开招标采购方式难以满足工作需要的。

财政部门应当自收到申请之日起7个工作日内做出是否批准的决定。因项目情况复杂，不能在规定期限内做出决定的，可以适当延长批复期限，但延长时间最长不得超过7个工作日，并将延长理由告知申请人。

（2）邀请招标采购

采用邀请招标采购的，采购人应当按以下方式之一确定被邀请供应商。

①《条例》规定必须进行供应商资格预审，从符合相应资格条件的供应商中随机选择三家以上的供应商。

② 从省级以上人民政府财政部门设立的供应商库符合相应资格条件的供应商中随机选择三家以上的供应商。

（3）单一来源采购

采取单一来源采购方式进行采购的，采购人或采购代理机构应当事先取得采购人同级财政部门的批准。

采购人或采购代理机构应当在财政部门批准前将采购信息和唯一供应商名称在财政部门

指定的媒体上公告，公告的时间不得少于5个工作日，特殊情况[①]除外。

3. 采购预算

部分供应商报价超过采购预算，致使报价未超过采购预算的供应商不足三家的，视同投标人的报价均超过了采购预算。

在招标采购中，采购人或采购代理机构应当在开标前公布采购预算。未在开标前公布采购预算的，评标结束后，不能以供应商报价均超过了采购预算、采购人不能支付为由予以废标。

4. 保证金

招标文件可以规定投标人缴纳投标保证金。投标人未按照招标文件规定缴纳投标保证金的，应当认定其投标无效。

投标保证金可以采用支票、汇票、本票或担保保函等形式缴纳，投标保证金金额不得超过采购项目预算的1%，且最高不得超过人民币10万元。

采购人或采购代理机构应当在中标通知书发出后5个工作日内主动退还未中标供应商的投标保证金，在采购合同签订后5个工作日内主动退还中标供应商的投标保证金。

竞争性谈判或询价采购中如要求参加谈判和询价的供应商缴纳保证金的，参照《条例》有关投标保证金的规定执行。

5. 评标方法

政府采购招标评审方法分为最低评标价法和综合评分法。

采购人或采购代理机构应当在招标文件中明确具体的评审方法、评审因素、评审细则和评审标准。招标文件中没有明确规定的内容，不得作为评审依据。

6. 评标委员会

省级以上人民政府财政部门应当按国务院财政部门规定的专业分类组建政府采购评审专家库。

政府采购评审专家应当遵循公平、公正、客观、择优原则，按照采购文件规定独立进行评审，并对自己的评审意见承担法律责任。

评审专家对采购文件或评审报告有异议的，应当在报告上签署不同意见，并说明理由，否则视为同意。

评标委员会或谈判、询价小组不得擅自改变采购文件所确定的评审程序、评审方法、评审因素、评审细则和评审标准。对采购文件规定与有关法律、法规和规章相违背的，应当拒绝进行评审并向采购人或采购代理机构说明有关情况。

采购人或采购代理机构应当对各评审专家的专业技术水平、职业道德素质和评审工作等情况进行评价。

7. 招标文件发售

招标文件公开发售时间不得少于5个工作日。

8. 投标无效或取消招标

招标文件应当明确规定投标文件实质性响应的内容。投标文件未全部响应招标文件规定的实质性条款的，应当认定其投标无效。

在招标采购中，在投标截止时间前提交有效投标文件的供应商，或开标后符合资格条件的供应商，或对招标文件实质性条款做出响应的供应商不足三家的，除采购任务取消外，采购人或采购代理机构应当向县级以上人民政府财政部门报告，由财政部门按照以下情形处理。

① 详见：政府采购法第三十一条第（二）项、第（三）项和本条例第四十六条规定情形的除外。

① 招标文件没有不合理条款且招标程序符合规定的，应当根据采购项目的实际情况，批准采取竞争性谈判、询价或者单一来源等方式采购。采取竞争性谈判、询价采购方式的，采购人或采购代理机构应当按照规定程序重新组织采购活动。

② 招标文件存在不合理条款或招标程序不符合法律规定的，应当责成采购人或采购代理机构修改招标文件，并按照规定程序重新组织招标活动。

9. 采购代理

采购人、采购代理机构及其工作人员不得在评审工作开始前或评审工作过程中，向评标委员会、竞争性谈判小组或询价小组进行任何有倾向性、误导性的解释或说明。

采购代理机构应当在评审结束后 5 个工作日内将评审报告送交采购人，采购人应当在 5 个工作日内在评审报告推荐的中标、成交候选人中按顺序确定中标、成交供应商。

在中标、成交通知书发出以前，采购代理机构发现评标委员会或谈判、询价小组未按照采购文件中规定的评审方法、评审因素、评审细则和评审标准进行评审的，经采购人书面同意，可以要求原评标委员会或谈判、询价小组进行一次重新评审，并应同时将重新评审的理由书面通知所有参加采购活动的供应商。重新评审意见为最终评审意见。

采购人或供应商对评标委员会或谈判、询价小组的评分的计算结果有异议的，采购代理机构应当组织该评标委员会或谈判、询价小组进行复核。经复核后需要改变中标、成交结果的，应当在原信息公告媒体发布变更公告。

三、政府采购合同

《条例》对政府采购合同管理进行了以下规定。

1. 标的物

采购人与中标、成交供应商应当按照采购文件确定的事项签订政府采购合同，采购合同中的采购标的、规格型号、采购金额、采购数量、质量标准等实质性内容应当与采购文件一致。

2. 主要条款

政府采购合同的主要条款应当包括当事人名称、标的、价款酬金、数量、质量、履约时间和地点、争议处理的方式等。

政府采购合同应当列示节能环保、自主创新、扶持中小企业等政府采购政策内容。

适用优先或强制政府采购优惠政策的采购项目不得采取分包方式履行合同。

3. 违约金

采购人不得向供应商收取履约保证金，不得将中标、成交供应商缴纳的投标保证金转为履约保证金。

4. 违约责任

中标、成交通知书发出后，除发生不可抗力外，中标、成交供应商应当与采购人签订政府采购合同。

中标、成交供应商放弃中标、成交项目，拒绝与采购人签订合同的，其投标保证金应当由采购人没收并上缴同级国库，给采购人造成损失的，还应当赔偿损失，并作为不良行为记录在案。采购人可以按顺序确定下一中标、成交候选人为中标、成交供应商，并与其签订政府采购合同。

采购人改变中标、成交结果的或以超出采购文件规定的理由拒绝与供应商签订政府采购合同的，应当依法承担法律责任。

5．验收

采购人或采购代理机构应当按照采购文件、政府采购合同规定的标准和方法，及时组织对政府采购项目的验收。

6．资金支付

采购人应当按照政府采购合同，及时向中标、成交供应商支付采购资金。

政府采购项目资金支付程序，应当按照国家有关财政资金支付管理的规定执行。采购资金属于财政预算安排的资金，应当按照国库集中支付制度的有关规定执行。

政府采购合同或相关协议确定合同金额或合同标的时，不得采取赠品、回扣等方式。

7．文件管理

采购文件可以以电子档案方式保存，但应当与采购文件的原始记录完全一致。

任务三　电子采购

一、电子采购的含义

进入 20 世纪 90 年代，电子信息技术和网络技术飞速发展，越来越多的企业通过互联网进行信息交换，完成采购和销售的各项活动，并提供相应的售前、售中和售后服务。

1．电子采购的含义

电子采购也称网上采购，是指利用信息通信技术，以网络为平台与供应商之间建立联系，并完成获得某种特定商品和服务的过程，包括从采购商品信息查询、认定采购需求直到支付采购货款的全部过程，也涵盖延迟付款这类活动，如合同管理、供应商管理与开发等。电子采购是由采购方发起的一种采购行为，是一种不见面的网上交易，如网上招标、网上竞标、网上谈判等。人们把企业之间在网络上进行的这种招标、竞价、谈判等活动定义为 B2B 电子商务，事实上，这也只是电子采购的一个组成部分。

2．电子采购的优势

电子采购比一般的电子商务和一般性的采购在本质上有了更多的概念延伸，它不仅完成采购行为，而且利用信息和网络技术对采购全程的各个环节进行管理，有效地整合了企业的资源，帮助供求双方降低了成本，提高了企业的核心竞争力。在这一全新的商业模式下，随着买方和卖方通过电子网络而联结，商业交易开始变得具有无缝性，其自身的优势是十分显著的。

第一，提高采购效率，缩短了采购周期。采购方企业通过电子采购交易平台进行竞价采购，采购流程自动化、一体化。采购人员能在很短时间内得到比以前更广泛、更全面、更准确的相关资料，可以根据采购方企业的要求自由设定交易时间和交易方式，大大地缩短了采购周期。自采购方企业竞价采购项目正式开始至竞价结束，一般只需要 1～2 周，较传统招标采购节省 30%～60%的采购时间。

第二，节约大量的采购成本。据美国全国采购管理协会（www.napm.org）称，传统采购方式生成一份订单平均需要 150 美元，使用基于 Web 的电子采购解决方案则可以将这一费用减少到 30 美元。企业通过竞价采购商品的价格平均降幅为 10%左右，最高时可达到 40%多。通用电气公司估计通过电子采购将每年节约 100 亿美元。美国 CFO 杂志指出：“降低 1%的采购成本就等于增加 2.3%的营业收入。”

第三，优化采购流程。采购流程的电子化不是用计算机和网络技术简单替换原有的方式方法，而是要依据更科学的方法重新设计采购流程，便于企业把不同部门、不同地点、不同人员的采购行为集中统一在网上实现，这样既降低采购价格，又使采购活动统一决策，协调运作。电子采购是一种“即时性”采购，从提出采购到物资到位可以做到各环节紧密衔接，有效缩短采购周期，而且对于供应商的供货资料能够即时统计，因此可以降低企业的安全库存，提高资本的利用率。

第四，减少过量的安全库存。世界著名的家电行业跨国企业海尔集团在实施电子采购后，采购成本大幅降低，仓储面积减少一半，降低库存资金约 7 亿元，库存资金周转天数从 30 天降低到了 12 天以下。

第五，电子采购的另外一个优势是信息共享。不同企业，包括各个供应商都可以共享信息，不但可以了解当时采购、竞标的详细信息，还可以查询以往交易活动的记录，这些记录包括中标、交货、履约等情况，帮助买方全面了解供应商，帮助卖方更清楚地把握市场需求及企业本身在交易活动中的成败得失，积累经验。这使供求双方之间的信息更加透明。

第六，电子采购有助于整合企业采购信息系统与其他系统通过与其他企业应用系统的集成，实现供需双方企业资源计划（ERP）的对接和数据交换，使供需双方信息共享，包括供应商库存、生产计划和能力、交货期、采购企业的耗用速率等，提高企业信息处理的准确和及时性。

第七，电子采购有利于双方建立战略协作伙伴关系。为了降低成本，采购商会请供应商共同设计改造生产流程，开展多种形式的技术合作，并要求供应商按照规定的时间、地点、质量、数量等将货物准时送到，降低采购商的库存成本；同时供应商更多从采购商的需求出发，帮助企业设计、产出价格低、质量好的材料。电子采购使双方更好地成为利益共同体。

国内外无数企业实施电子采购的成功经验证明，电子采购在降低成本、提高商业效率方面，比在线零售、企业资源计划（ERP）更具潜力。电子采购的投资收益远远高于过去 10 年内已经在企业中占主导地位的任何商业革命，包括企业流程再造、策略性采购等。

二、电子采购的主要模式

目前主要有以下几种采购模式，它们分别是卖方一对多模式、买方一对多模式、第三方系统门户、企业交易平台、反向拍卖。不同的企业可根据自己特定的市场环境选择不同的模式。

1. 卖方一对多模式

卖方一对多模式是指供应商在互联网上发布其产品的在线目录，采购方则通过浏览来取得所需的商品信息，以做出采购决策，并下订单及确定付款和交付方式，如图 9-2 所示。

在卖方一对多模式中，作为卖方的某个供应商为增加市场份额，开发了它们自己的因特网网站，允许大量的买方企业浏览和采购自己的在线产品。登录卖方系统通常是免费的，而且供应商确保采购的安全。电子商店大都采用这种模式。

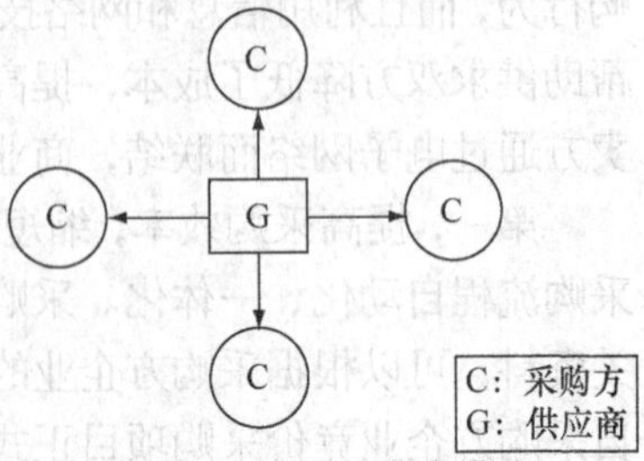

图 9-2 卖方一对多模式

使用这种模式对供应商是十分有益的，例如，供应商很容易对目录进行更新，节约了做广告的开销以及处理销售方面的成本。对于潜在的采购方也是有益的，例如，采购方在一天内的任何时间都可以访问目录获取信息，可以方便快捷地订购自己所需要的商品。缺点是买方企业没有自动化，买方的后勤财务系统不能与卖方企业实现电子数据交换，难以跟踪和控制采购开支。对于拥有数百个供应商的采购商来说，每次登录不同供应商的网站都要重复输入公司名称、通信地址、电话号码、账户等信息，然后更新自己内部的 ERP 系统。

随着电子市场的普及，这种模式采用了新的以 XML 为基础的标准，使购买者的 ERP 系统接收简单的文件形式（如采购订单、收据）成为可能。但是，因为采购程序包括了其他许多相互作用的形式（如折扣、合同术语、买者、运输和接货安排），能够获得更高水平的相互操作能力，达成更加一致的信息交流议定书标准，所以大部分过程保留的就仅仅是电子加强版的有纸化系统。

当然，许多人也会提出异议：虽然因特网采购形式和雇员采购 ORM（Operating Resource Management，运营资源管理，通常指对运营中需要的耗材进行整理）材料变得简单可行，但同样轻松的使用容易导致滥用权力，如职员可能会绕过公司采购政策随意从在线供应商那里采购；尤其是对大量采购人员的大量的零散采购进行监管是一项庞大的工程，几乎是不可能实现的，而这种零散采购一整年汇总起来的总额并不少。

2. 买方一对多模式

买方一对多模式是指采购方自建网站发布所需商品的信息，由供应商在采购方的网站上登录寻找自己能提供的商品信息，并按照采购商的要求把信息提供给采购商，供采购方浏览、比较和评估，采购方对众多供应商择优选择后再通过采购方网站进行进一步信息沟通，完成采购业务的全过程，如图 9-3 所示。

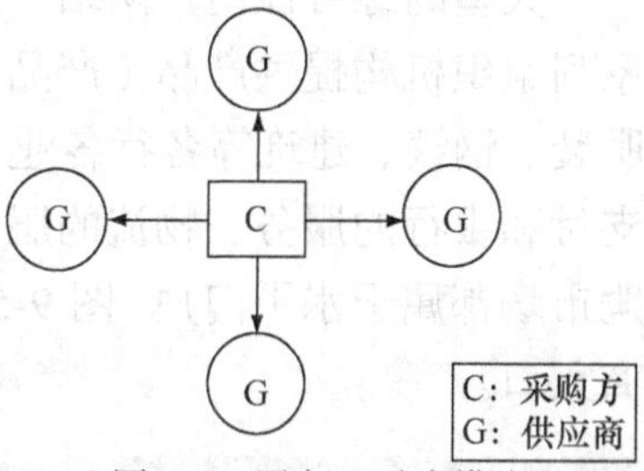

图 9-3　买方一对多模式

买方一对多模式由采购方建立、维护和更新商品目录。采购方可以限定目录中所需商品的种类、数量、规格以及采购人员的权限。此外，内部员工通过一个界面就可以对所有可能的供应商的商品的信息进行对比和分析。同时采购方网站与采购方信息系统之间更容易实现无缝连接，采购方更容易对网上文档进行识别与处理。

在买方一对多模式中，采购方的采购部门可以控制在线目录上可获得的产品和服务，也更容易控制采购人员的权限，例如，进行采购数量限制，设置采购价格上限或其他标准。缺点是，维持和更新这个错综复杂的买方目录，需要投入大量操作人员，提高了系统维护的成本，并且需要大量人员来维持与供应商之间的谈判和合作。

买方一对多模式适用大规模的企业进行的大批量物资采购。只有大规模企业有建立、维护和更新错综复杂的采购商品目录的能力。

3. 第三方系统门户

第三方系统门户是指要把卖方目录和买方目录的缺点减少到最少，把整个处理过程外包给一个电子市场或者一个采购联合体。通过一个电子市场或者一个采购联合体，多个买方和多个卖方能够相遇，并进行商业交易。如图 9-4 所示。世界范围内任何人都可以进入这个门户网站的单个网站站点，只要交一定的费用。它允许任何人参与或登录并进行商业交易。门户网站的主要内容包括查看目录、下订单、循序交货、支付款项等。

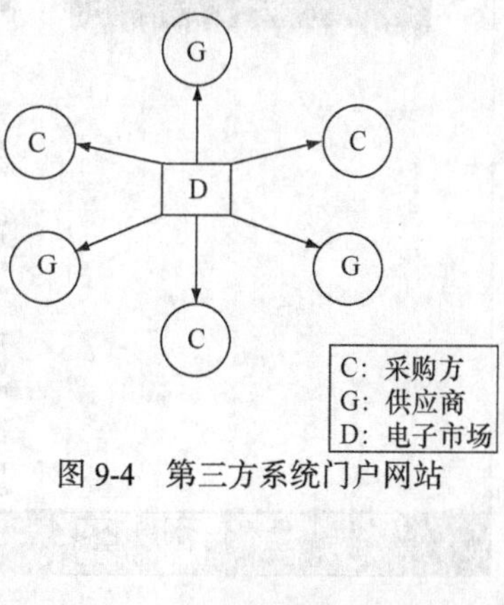

图 9-4　第三方系统门户网站

为了提高在市场中商品交易的效率，在互联网上有两类基本门户：一类是水平门户网站，一类是垂直门户网站。

（1）垂直门户网站

垂直门户网站是针对某一特定的行业提供产品或服务的市场。垂直门户网站的特色就是专一。它们只做自己熟悉领域的事，不追求大而全。它们是各自行业的权威、专家，吸引顾客的方式就是做得更专业、更权威、更精彩。它们通常由一个或多个领导型企业发起和支持。化工行业是在线市场发展比较早的行业。因为化工产品大部分是符合国家标准的，如质量、商标、数量、内容等，容易在线交易。

垂直门户交易市场的优势是采购方和生产商自己作为发起资助人，都倾向于从供应商向其行业的高效供应中来获取高额收益。

国内比较典型的垂直门户网站有：专注于IT领域的“中关村在线”、专注汽车的“汽车之家”、专注体育的“虎扑体育”、专注财经的“东方财富”、专注房产的“搜房网”、专注教育资源的“中国教育出版网”、专注工程机械的“中国工程机械商贸网”等。

（2）水平门户网站

大型的综合性门户网站一般都是水平门户网站。水平门户网站向不同市场模块中的一系列组织机构提供产品（产品涵盖各行各业，例如，阿里巴巴涵盖了机械、电子、化工、服装、钢铁、建筑等各行各业），而不是针对某一特定行业。因此，水平市场还可以提供支付和银行的服务、物流的服务，如 Free Markets 和 Ariba Commerce One 等 B2B 网络采购市场都属于水平门户。图 9-5 和图 9-6 分别是 Ariba Commerce One 网站的采购商与供应商入口。

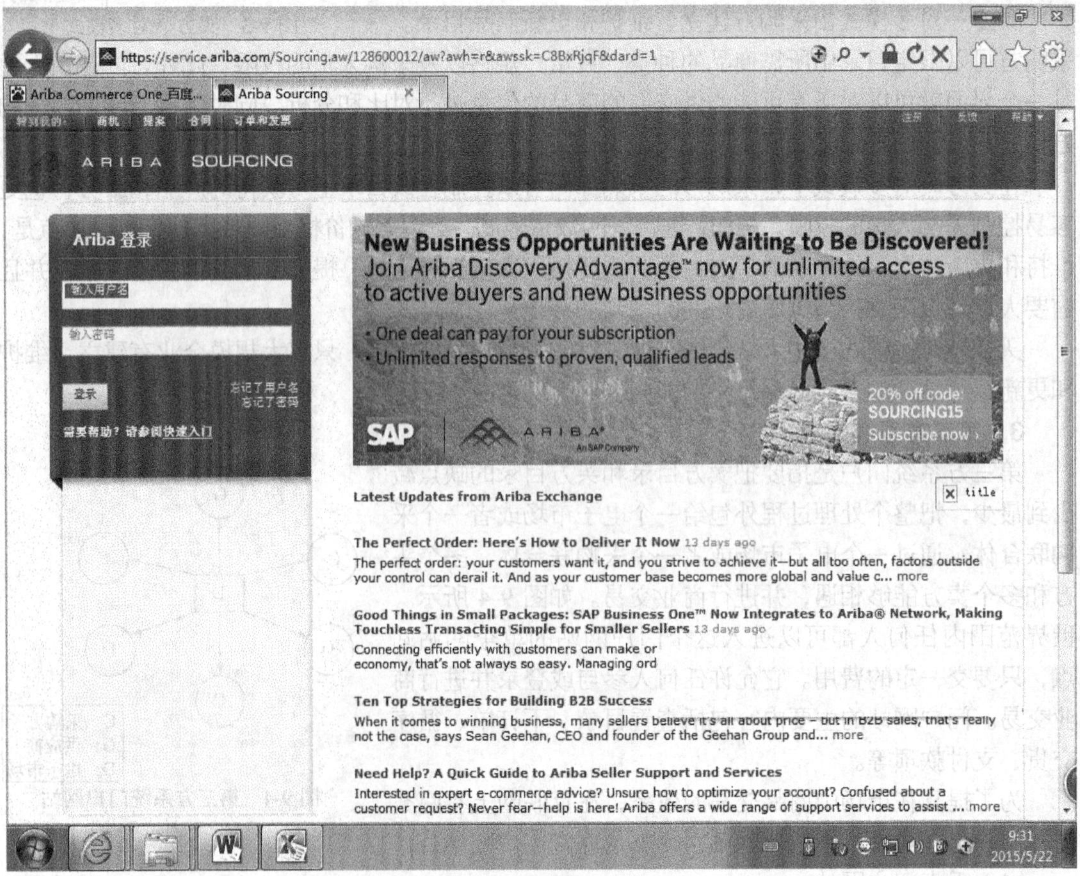

图 9-5　Ariba 网站采购商入口

图 9-6 Ariba 网站供应商入口

三、电子采购的实施步骤

电子采购是一种非常有前景的采购模式，它主要依赖于电子商务技术的发展和物流技术的提高，依赖于人们思想观念和管理理念的改变。

电子采购一般是通过应用相关的软件来实现的。不同的软件提供不同的解决方案。不同的解决方案都有各自的特点，基本包括以下几个步骤。

第一步，要进行采购分析与策划对现有采购流程进行优化，制定出适宜网上交易的标准采购流程。

第二步，建立电子采购的基础平台，也就是相关网站，要按照采购标准流程来组织页面。可以通过虚拟主机、主机托管、自建主机等方式来建立网站，特别是加入一些有实力的采购网站，通过它们的专业服务，可以使人们享受到非常丰富的供求信息，起到事半功倍的作用。

第三步，采购单位通过互联网发布招标采购信息（即发布招标书或招标公告），详细说明对物料的要求，包括质量、数量、时间、地点，对供应商的资质要求等。也可以通过搜索引擎寻找供应商，主动向他们发送电子邮件，对所购物料进行询价，广泛收集报价信息。

第四步，供应商登录采购单位网站进行网上资料填写和报价。

第五步，对供应商进行初步筛选，收集投标书或进行贸易洽谈。

第六步，网上评标，根据程序按设定的标准进行自动选择或由评标小组进行分析评比选择。

第七步，在网上公布中标单位和价格，如有必要对供应商进行实地考察后签订采购合同。

第八步，采购实施，中标单位按采购订单通过运输交付货物，采购单位支付货款，处理有关善后事宜。按照供应链管理思想，供需双方需要进行战略合作，实现信息的共享。采购单位可以通过网络了解供应单位的物料质量及供应情况，供应单位可以随时掌握所供物料在采购单位中的库存情况及采购单位的生产变化需求，以便及时补货，实现准时化生产和采购。

四、电子采购的技术支持

1. 计算机及网络技术

计算机网络技术是通信技术与计算机技术相结合的产物。计算机网络是按照网络协议，将地球上分散的、独立的计算机相互连接的集合。连接介质可以是电缆、双绞线、光纤、微波、载波或通信卫星。计算机网络具有共享硬件、软件和数据资源的功能，具有对共享数据资源集中处理及管理和维护的能力。

计算机网络包括计算机和网络两部分，其中计算机是一种能够按照程序运行，自动、高速处理海量数据的现代化智能电子设备，由硬件和软件所组成；没有安装任何软件的计算机称为裸机。常见的形式有台式计算机、便携式计算机、大型计算机等，较先进的计算机有生物计算机、光子计算机、量子计算机等。而网络就是用物理链路将各个孤立的工作站或主机相连在一起，组成数据链路，从而达到资源共享和通信的目的。所以计算机网络是指将地理位置不同的多台自治计算机系统及其外部网络通过通信介质互联，在网络操作系统和网络管理软件及通信协议的管理和协调下，实现资源共享和信息传递的系统。

2. 数据库技术

数据库技术是通过研究数据库的结构、存储、设计、管理以及应用的基本理论和实现方法，并利用这些理论来实现对数据库中的数据进行处理、分析和理解的技术。即数据库技术是研究、管理和应用数据库的一门软件科学。

数据库技术研究和管理的对象是数据，所以数据库技术所涉及的具体内容主要包括：通过对数据的统一组织和管理，按照指定的结构建立相应的数据库和数据仓库；利用数据库管理系统和数据挖掘系统设计出能够实现对数据库中的数据进行添加、修改、删除、处理、分析、理解、报表和打印等多种功能的数据管理和数据挖掘应用系统；利用应用管理系统最终实现对数据的处理、分析和理解。

当前，已经有一些流行的，也比较成熟的软件产品能够很好地支持关系型数据模型，这些产品也因此称为关系型数据库管理系统（Relational DataBase Management System，RDBMS）。例如，微软公司的 Microsoft Access 和 MS-SQL Server，Sybase 公司的 Sybase，甲骨文公司的 Oracle 以及 IBM 公司的 DB2。其中，Microsoft Access 是一个中小型数据库管理系统，适用于一般的中小企业；MS-SQL Server，Sybase 和 Oracle 基本属于大中型的数据库管理系统；而 DB2 则属于大型的数据库管理系统，并且对计算机硬件有很高和专门的要求。

按照数据模型的发展演变过程，数据库技术从开始到如今短短的 30 年中，主要经历了四个发展阶段：第一代是网状和层次数据库系统，第二代是关系数据库系统，第三代是以面向对象数据模型为主要特征的数据库系统，第四代是云数据库系统。

3. EDI技术

EDI（Electronic Data Interchange，电子数据交换）简单地说就是企业的内部应用系统之间，通过计算机和公共信息网络，以电子化的方式传递商业文件的过程。换言之，EDI就是供应商、零售商、制造商和客户等在其各自的应用系统之间利用EDI技术，通过公共EDI网络，自动交换和处理商业单证的过程。

电子数据交换技术可以实现以下功能。第一，节约时间和降低成本。由于单证在贸易伙伴之间的传递是完全自动，所以不再需要重复进行输入、传真和电话通知等的工作，从而可以极大地提高企业的工作效率，降低运作成本，使沟通更快更准。第二，提高管理和服务质量的手段之一。将EDI技术与企业内部的仓储管理系统、自动补货系统、订单处理系统等企业MIS系统集成使用之后，可以实现商业单证快速交换和自动处理，简化采购程序、减低营运资金及存货量、改善现金流动情况等，也使企业可以更快地对客户的需求进行响应。第三，业务发展的需要。许多国际和国内的大型制造商、零售企业、大公司等对于贸易伙伴都有使用EDI技术的需求。当这些企业评价一个新的贸易伙伴时，其是否具有EDI的能力是一个重要指标。某些国际著名的企业甚至会减少和取消给那些没有EDI能力的供应商的订单。因此，采用EDI是企业提高竞争能力的重要手段之一。

EDI技术主要应用于以下领域。第一，商业贸易领域。在商业贸易领域，EDI技术可以将不同制造商、供应商、批发商和零售商等商业贸易者之间各自的生产管理、物料需求、销售管理、仓库管理、商业POS系统有机地结合起来，从而使这些企业大幅提高其经营效率，并创造出更高的利润。商贸EDI业务特别适用于那些具有一定规模的、具有良好计算机管理基础的制造商，采用商业POS系统的批发商和零售商，为国际著名厂商提供产品的供应商。第二，运输业领域。在运输行业，通过采用集装箱运输电子数据交换业务，可以将船运、空运、陆路运输、外轮代理公司、港口码头、仓库、保险公司等企业之间各自的应用系统联系在一起，从而解决传统单证传输过程中的处理时间长、效率低下等问题，有效提高货物运输能力，实现物流控制电子化，从而实现国际集装箱多式联运，进一步促进深圳市港口集装箱运输事业的发展。第三，通关自动化。在外贸领域，EDI技术可以将海关、商检、卫检等口岸监管部门与外贸公司、来料加工企业、报关公司等相关部门和企业紧密地联系起来，从而可以避免企业多次往返多个外贸管理部门进行申报、审批等，大大简化进出口贸易程序，提高货物通关的速度，最终起到改善经营投资环境，加强企业在国际贸易中的竞争力的目的。第四，其他领域。税务、银行、保险等贸易链路的多个环节之中，EDI技术同样也具有广泛的应用前景。企业通过EDI和电子商务技术（ECS），可以实现电子报税、电子资金划拨（EFT）等多种应用。

4. 网络安全技术

网络安全技术指致力于解决诸多如何有效进行介入控制，以及如何保证数据传输的安全性的技术手段，主要包括物理安全分析技术、网络结构安全分析技术、系统安全分析技术、管理安全分析技术，及其他的安全服务和安全机制策略等。

网络安全四大要素：传输保密性（如WINRAR传输中的加密解密技术）、数据完整性、信息不可否认性（如可确认IP地址）、证明交易原始性。为了实现这四大要素，常见的网络安全技术如下。

（1）防火墙技术

网络防火墙技术是一种用来加强网络之间访问控制，防止外部网络用户以非法手段通过外部网络进入内部网络，访问内部网络资源，保护内部网络操作环境的特殊网络互联设备。它对两个或多个网络之间传输的数据包，如链接方式，按照一定的安全策略来实施检查，以决定网络之间的通信是否被允许，并监视网络运行状态。

防火墙产品主要有堡垒主机，包括过滤路由器、应用层网关（代理服务器）以及电路层网关、屏蔽主机防火墙、双宿主机等类型。

（2）入侵检测技术

入侵检测系统是新型网络安全技术，目的是提供实时的入侵检测及采取相应的防护手段，如记录证据用于跟踪和恢复、断开网络连接等。

实时入侵检测能力之所以重要，首先是因为它能够对付来自内部网络的攻击，其次它能够缩短黑客入侵的时间。

（3）安全扫描技术

网络安全技术中，另一类重要技术为安全扫描技术。安全扫描技术与防火墙、安全监控系统互相配合能够提供很高安全性的网络。

安全扫描工具源于黑客在入侵网络系统时采用的工具。商品化的安全扫描工具为网络安全漏洞的发现提供了强大的支持。

安全扫描工具通常也分为基于服务器和基于网络的扫描器。

（4）认证签名技术

认证技术主要解决网络通信过程中通信双方的身份认可，数字签名是身份认证技术中的一种具体技术，同时数字签名还可用于通信过程中的不可抵赖要求的实现。

（5）VPN 技术

① 企业对 VPN 技术的需求。企业总部和各分支机构之间采用互联网网络进行连接，由于互联网是公用网络，因此，必须保证其安全性。我们将利用公共网络实现的私用网络称为虚拟私用网（VPN）。因为 VPN 利用了公共网络，所以其最大的弱点在于缺乏足够的安全性。企业网络接入到互联网，暴露出两个主要危险：第一，来自互联网网络的未经授权的对企业内部网的存取；第二，当企业通过互联网网络进行通信时，信息可能受到窃听和非法修改。

完整的集成化的企业范围的 VPN 安全解决方案，体现在互联网网络上安全的双向通信，以及透明的加密方案以保证数据的完整性和保密性。

② 数字签名。数字签名是数字证书认证中心（Certificate Authority，CA）发放的，使用公共密钥系统（如 RSA）产生的私有/公共密钥对，来验证发送者身份和消息完整性，赋予文件法律认可的真实性。数字证书认证中心是发放、管理、废除数字证书的机构。它的作用是检查证书持有者身份的合法性，并签发数字证书，以防证书被伪造或篡改，以及对证书和密钥进行管理。发信方使用私有密钥计算其数字签名，而利用数字证书认证中心提供的公共密钥，任何人均可验证签名的真实性。由于目前基本采取 128 位加密技术，要破解一个加密的文件，按现行普通计算机的计算能力，往往需要几千年或者更长时间，因此，伪造数字签名从计算能力上基本是不可行的。

5. 金融电子化技术

金融电子化（Financial Computerizing）是指采用现代通信技术、计算机技术、网络技术等现代化技术手段，提高传统金融服务业的工作效率，降低经营成本，实现金融业务处理的自动化、业务管理的信息化和金融决策的科学化，从而为客户提供更为快捷方便的服务，达到提升市场竞争力的目的。

项目小结

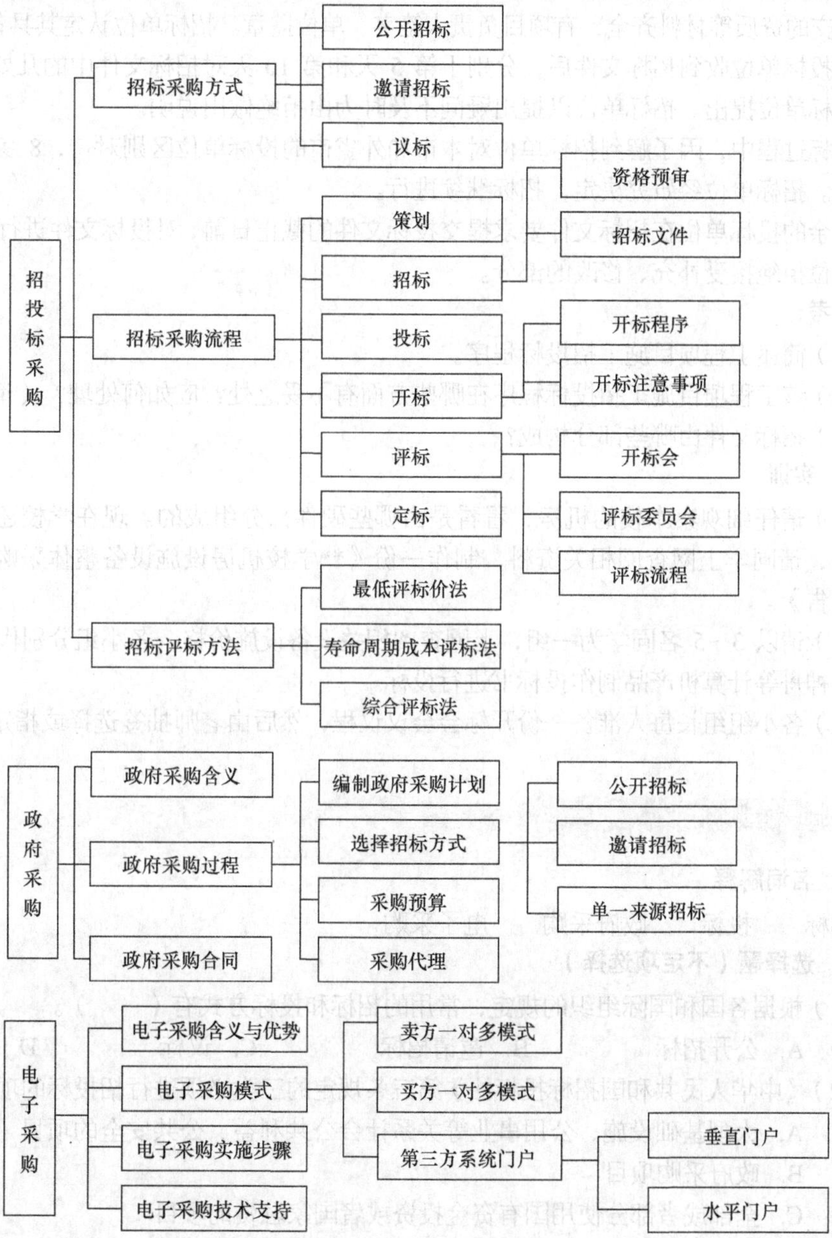

职场指南

1. 案例分析

某事业单位（以下称招标单位）有一建设某工程项目，该项目受自然地域环境限制，拟采用公开招标的方式进行招标。该项目初步设计及概算应当履行的审批手续，已经批准；资金来源尚未落实；有招标所需的设计图纸及技术资料。

考虑到参加投标的施工企业来自全国各地，招标单位委托咨询单位编制了两个标底，分别用于对本市和外省市施工企业的评标。

招标公告发布后，有 10 家施工企业做出响应。在资格预审阶段，招标单位对投标单位概况、近两年完成工程情况、目前正在履行的合同情况、资源方面的情况等进行了审查。其中一家本地公司提交的资质等材料齐全，有项目负责人签字、单位盖章。招标单位认定其具备投标资格。

某投标单位收到招标文件后，分别于第 5 天和第 10 天对招标文件中的几处疑问以书面形式向招标单位提出。招标单位以提出疑问不及时为由拒绝做出说明。

投标过程中，因了解到招标单位对本市和外省市的投标单位区别对待，8 家投标单位退出了投标。招标单位经研究决定，招标继续进行。

剩余的投标单位在招标文件要求提交投标文件的截止日前，对投标文件进行了补充、修改。招标单位拒绝接受补充、修改的部分。

思考：

（1）简述工程项目施工招投标程序。

（2）该工程项目施工招投标程序在哪些方面有不妥之处？应如何处理？（请逐一说明）

（3）招标文件由哪些部分构成？

2．实训

（1）请仔细观察本校的机房，看看是由哪些硬件部分组成的。现在学校还需要一个类似的机房，请同学上网查阅相关资料，制作一份《**学校机房设施设备整体采购项目公开招标采购公告》。

（2）请以 3～5 名同学为一组，上网查阅相关设备设施价格，各小组分别代表联想、HP、戴尔、神舟等计算机产品制作投标书进行投标。

（3）各小组组长每人准备一份开标会会议议程，然后由老师抽签选择或指定一名组长主持开标。

知识检测

1．名词解释

招标　　投标　　政府采购　　电子采购

2．选择题（不定项选择）

（1）根据各国和国际组织的规定，常用的招标和投标方式有（　　）。

A．公开招标　　B．邀请招标　　C．议标　　D．一对一谈判招标

（2）《中华人民共和国招标投标法》第三条规定的三类必须进行招投标的项目是（　　）。

A．大型基础设施、公用事业等关系社会公共利益、公共安全的项目

B．政府采购项目

C．全部或者部分使用国有资金投资或者国家融资的项目

D．使用国际组织或者外国政府贷款、援助资金的项目

（3）邀请招标一般邀请（　　）家企业来投标。

A．2～3　　B．3～10　　C．10～20　　D．越多越好

（4）某国政府打算未来十年要完成一个巨大的高速铁路工程，你认为应该采取（　　）招标投标方式。

A．公开招标　　B．邀请招标　　C．议标　　D．一对一谈判招标

（5）供应商绩效考核指标体系中，第一位的是（　　）。

A．成本　　B．交货　　C．质量　　D．支持服务

（6）评标委员会成员为不少于（　　）人以上的（　　）。

A. 5　单数　　B. 5　双数　　C. 7　单数　　D. 7　双数

（7）依照《招标投标法》第三十七条的规定，评标委员会必须有技术、经济等方面的专家，且人数不得少于成员总数的（　　）。

A. 1/2　　B. 2/3　　C. 3/4　　D. 4/5

（8）在制定寿命周期较长的资本性采购项目的预算时，最佳选择是（　　）。

A. 采购项目的价格最低

B. 采购项目的相关运行费用最低

C. 采购项目的寿命周期成本最低

D. 采购项目的使用培训及维护费用最低

（9）为了保证招标在一定时间范围内保持有效，招标文件应该明确描述（　　）。

A. 提交报价保证书或者保证金

B. 接受部分报价，而不一定要全部报价

C. 供应商必须遵守确定的投标有效期

D. 不完整的投标不能解除供应商的义务

（10）邀请招标意味着（　　）。

A. 高度专业化的需求

B. 只有被邀请的供应商可以参加投标

C. 采购方不希望任何单个供应商可以满足所有的采购说明

D. 在采购公司中，只有被批准的人可以参加招标流程

E. 价格是最重要的评估标准

3. 简答题

（1）招标文件主要由哪几个部分组成？

（2）投标文件一般包括哪些内容？

（3）哪些情况下可以使用议标？

（4）如何理解政府采购不仅仅是一个采购过程？

（5）开标会上，哪些情况可以直接宣布为废标？

（6）如何理解电子采购安全，它主要包括哪 4 个方面？

（7）为了保障电子采购顺利进行，需要哪些技术保障？

多媒体学习

1. 建议阅读书目

[1] 国际贸易中心（ITC 联合国贸发组织/世界贸易组织）编著，中国物流与采购联合会编译. 如何获取和选择报价[M]. 北京：机械物资出版社，2006.

[2] 项叶生，等. 采购管理的 100 种最实用方法[M]. 北京：中国经济出版社，2014.

[3] 申纲领. 采购管理实务[M]. 北京：电子工业出版社，2014.

[4] 孙功苗，白士强. 采购管理[M]. 北京：化学工业出版社，2014.

2. 网络学习资源

[1] 中国招投与采购网：http://www.chinabidding.com.cn/

[2] 中国采购经理人论坛：http://www.purchasingbbs.com/

[3] 中国采购服务网：http://www.chinascm.org.cn/

参考文献

[1] 米歇尔·R·利恩德斯，P·弗雷泽·约翰逊，安娜 E·弗林. 采购与供应管理（第 13 版）[M]. 北京：机械工业出版社，2009.

[2] 彼得·贝利，法摩尔，琼斯. 采购原理与管理（第 10 版）[M]. 北京：电子工业出版社，2009.

[3] 徐杰，鞠颂东. 采购管理（第 3 版）[M]. 北京：机械工业出版社，2014.

[4] 邓明荣，冯毅. 采购组织与绩效管理[M]. 北京：中国物资出版社，2009.

[5] 约瑟夫·L·卡维纳托，拉尔夫·G·考夫曼. 采购手册——专业采购与供应人员指南[M]. 北京：机械工业出版社，2002.

[6] 中交协物流人力资源培训中心. 采购与供应关系管理[M]. 北京：机械工业出版社，2007.

[7] 中交协物流人力资源培训中心. 采购与供应中的合同与关系管理[M]. 北京：机械工业出版社，2014.

[8] 中交协物流人力资源培训中心. 采购与供应谈判[M]. 北京：机械工业出版社，2012.

[9] 王峰. 物流法律法规知识（第 3 版）[M]. 北京：北京理工大学出版社，2015.

[10] 涂高发，刘礼武. 供应商管控[M]. 广州：广东经济出版社，2010.

[11] 方其. 商务谈判：理论、技巧、案例（第 3 版）[M]. 北京：中国人民大学出版社，2011.

[12] 李方峻. 采购管理实务[M]. 北京：北京大学出版社，2010.

[13] 计国君，蔡远游. 采购管理[M]. 厦门：厦门大学出版社，2012.

[14] 申纲领，王永志. 采购管理实务（第 2 版）[M]. 北京：电子工业出版社，2014.

[15] 温卫娟，郑秀恋. 采购管理[M]. 北京：清华大学出版社，2013.